The World
of the Early Christianity

초기 기독교의 세계

초기 기독교의 세계

The World of the Early Christianity
−The Rise, Expansion and the Secularization of the Early Church

written by Ah−chung Park, Ph. D.

The World
of the Early Christianity

초기 기독교의 세계

박아청 지음

머리말

초대교회사는 로마제국사와의 깊은 관련이 있기 때문에 초대교회
에 대한 이해는 단지 신학이나 종교와의 관계만이 아닌, 로마제국의 역
사와 함께 다룰 때 가능하다고 볼 수 있다. 로마는 그리스의 고전문학
을 발전시켰으며, 기독교를 '세계의 종교'(world religions)로 발전시킴으로
써 기독교는 서양문명의 모체가 되었다.[1]

그러므로 로마는 초대교회의 기독교가 발흥할 수 있었던 토양이었
던 사실을 감안할 때, 기독교와 로마제국이 빚었던 정치적 이해와 갈등
의 양상을 살펴보는 것은 중요한 의미가 있음을 알 수 있다.

AD 313년 이전까지 초대교회는 정치적 · 종교적 · 사회적 요인 등
여러 원인으로 박해를 받았다. 하지만 그 박해의 종국은 역설적이게도
기독교 공인과 로마제국의 국교화(國敎化)였다. 막강한 군사력을 바탕으
로 넓은 영토를 군림한 로마의 거대한 정치권력이 그토록 보잘것없고
군사적 저항조차 없었던 팔레스타인 변방 종교인 기독교에 접수당해
국교화 되었는지에 대해서는 일찍부터 많은 학자들의 관심을 불러일

---

1. Cameron, Averil, "Constantine and the 'peace of the church.'" In Mitchell, M.; Young, F. (eds.), *The Cambridge History of Christianity*. Vol.1. (Cambridge University Press, 2006), 537–538.

으켰다.[2]

원래 기독교는 전통적인 그리스-로마 종교에서 보이는 것과 같은 사회정치적 질서와는 판이하게 다른 세계관을 가지고 있었다. 왜냐하면 그들의 하나님은 비싼 제물을 정확하게 순서에 따라 많이 바치는 권력자나 부자들을 가까이하는 신(神)이 아니라, 가난하고 슬프고 애통한 사람들을 부르는 신이었기 때문이었다.

처음 기독교는 부유한 자들도 없는 것은 아니었지만, 주로 노예나 하층민을 중심으로 전파되었다. 모든 주변 민족의 종교를 로마화하여 정치적인 틀에 맞추어 실용적으로 수용하였던 로마 사람에게 기독교가 처음에는 매우 이질적인 종교였다.

무엇보다도 종교 자체가 정치와 긴밀한 관계 속에서 발달하였으며, 황제가 바로 제사장이며 정치적 수장이었던 로마 사람들에게 "가이사의 것은 가이사에게 하나님의 것은 하나님에게"라는 예수 그리스도의 말씀은 실로 충격적인 것이었다. 화합하기 힘들 것 같던 이 두 세계는 드디어 콘스탄티누스 황제 하에서 화해를 모색하게 되었다.[3]

콘스탄티누스 황제는 기독교를 자신의 권력 틀의 연장선상에 연결하였다. 그는 전통의 제사장직 폰티펙스 막시무스의 권위를 교회에서도 행사하기를 주저하지 않았고, 기독교 관련 각종 종교회의를 소집하

---

2. Watts. *The Final Pagan Generation*. (Oakland, California: University of California Press, 2015), 25–40.

3. 초기 기독교에 대한 콘스탄티누스 황제의 역할을 부정적 또는 긍정적으로 보는가에 대한 의견은 유세비우스(Flavius Josephus)를 필두로 근대의 역사학자들에 이르기까지 그 의견이 매우 다양하다. H. Drake, *The Impact of Constantine on Christianity*. (Cambridge University Press, 2006), 111–136.

고 칙령을 반포하였다.[4]

이제 기독교는 권력층의 종교가 되었고, 기독교인들이 권력 헤게
모니를 장악하게 되었다. 이들이 인척, 혈연적 · 제도적 · 경제적 · 문화
교육적 헤게모니를 장악하게 되면서 기독교의 주류 세력은 점차 변질
되고 사회변동을 억제하는 장애물로 나타나게 된 것이다.[5]

기독교가 황제숭배를 국가의 정립 이데올로기로 삼았던 로마제국
에 침투하여 제국의 종교, 즉 국교(國敎)가 된 사실은 로마 사회에 천지
개벽을 초래하게 하는 격동적인 사건임이 틀림없다. 이런 사건이 나타
난 것은 "로마 사람들에게 있어서 중요한 종교 및 신(神)의 역할은 승리
의 보장이었고, 로마화 된 종교에서는 기독교이건 이교이건 상관없이,
또 진실이나 정의의 문제와 무관하게 정치, 군사적 성공이 훨씬 더 중
요한 기준이기 때문이었다."[6]

그런데 기독교 신앙적인 측면에서 볼 때, 달갑지 않은 사실은 기독
교의 공인으로 박해받던 교회가 특권을 누리는 교회로 대중들의 메시
아적 희망을 심어준 공동체가 특권층의 기득권을 누리는 제도적 교회
로, 종말론적 시간의 공동체가 현실에 안주하는 공간의 공동체로 변화
됨으로써 교회 본래의 기원과 목표, 그리고 과제와 기능을 상실하기 시
작했다는 것이다.

정부로부터 받은 특권에 도취된 기독교는 당시 로마제국의 모순된

---

4. August Franzen and John Dolan, *A History of the Church*, (Palm Publishers, 1949–55th Avenue, Dorval–Montreal, 1968), 59.

5. 오토 마듀로(Otto, Maduro), 『사회적 갈등과 종교』(*Religion and Social conflicts*), 강인철 역 (서울: 한국신학연구소, 1993), 212–215.

6. 최혜영, "로마 시대 종교의 '승리 이데올로기.'" 『복현사림』 제26집 (경북사학회, 2003), 20.

정치적·경제적 권력체제를 승인하거나 정당화함으로써 기독교회의 기대하지 않았던 변질을 초래하게 되었다. 즉 공인으로 인한 로마교회의 세속화가 일어나게 된 것이다.

1, 2세기에 걸친 국가에 대한 교회의 태도는 복종과 순응의 태도가 주도적이었다. 이것은 베드로전서 2장과 로마서 13장, 요한계시록 13장 등의 신약성경 본문에 근거한 사도들의 입장과 클레멘스(Clemens)와 폴리카르푸스(Polycarpus=폴리캅) 등 사도 교부(使徒敎父=속(續)사도)들의 서신에 잘 나타나 있다.

3세기 교회는 세속국가로부터 교회를 엄격하게 구별하려고 했다. 유대인 역사가 유세비우스(Eusebius, AD 265–339년)가 증언한 대로, 사모사타의 파울로스(Παῦλος, 200?–275년?)가 안디옥 종교회의(268년, 269년)에서 파문된 사건에서 볼 수 있듯이 감독으로서의 부적절한 덕목, 즉 그 당시 로마 총독과 같은 고위 관료의 흉내를 냈다는 것이 기소의 대상이 되었다. 그러나 이와 같은 상황은 4세기가 되면 급변하게 된다.

즉 콘스탄티누스 황제의 기독교 공인 이후, 교회의 세속화 혹은 세속정치화로 인해 교회 지도자들의 혜택과 특권은 당연한 것으로 여겨졌고, 보편적인 현상이 되었다. 성직자의 특권을 부여하고 시민의 의무, 즉 병역의무와 납세의 의무 등으로부터 면제시킴으로써 감독들은 국가로부터 부여받은 면책특권과 다양한 명예 칭호를 통해서 고위 공직자와 같은 대우를 받았다.

이러한 교회에 대한 국가, 곧 로마제국의 태도 역시 기독교가 로마 정부로부터 공인을 받은 313년을 기점으로 큰 변화가 있었다. 초기 3세기 동안 로마황제숭배를 거부하는 기독교에 대한 종교정책은 박해가 주된 현상이었고, 박해를 하지 않은 시기에도 보통은 적대적이거나 비우호적이었다.

그런데 4세기에 이르러서는 초대교회는 로마제국의 통일과 평화를 위한 중추적 협력자로 간주되어 관용과 우호, 심지어 비호(庇護)와 특혜를 받게 되었다. 4세기 말에 이르러서는 권력의 상층부까지 영향력이 미쳤고, 이방인들과 이교도들에게 강압적인 자세로까지 변화되기도 했다. 이렇게 교회의 모습은 1-3세기까지의 박해와 순교의 모습과는 현격하게 구별되는 특징들을 보였다.

결국 고대로마사연구가인 람세이 맥뮬렌(Ramsay MacMullen) 교수가 그의 『로마제국의 기독교화』(Christianizing the Roman Empire)[7]에서 주장하고 있듯이, 기독교는 로마제국의 국가종교로서 자리를 잡게 되면서부터 로마 사회의 여러 사회적 현상에는 세속화된 기독교가 깊게 관련되었던 것이다.

이 책에서는 이러한 초기 기독교의 교회와 로마제국과의 관계를 파악하기 위해 로마제국의 역사와 정치적 상황, 제국 내의 기독교 사회의 상황과 특징이 어떠했는지를 고찰하려고 한다. 구체적으로는 기독교 교회의 발흥(勃興)[8]과 확장(擴張)[9] 및 기독교의 변질(變質)[10] 또는 세속화(世俗

---

7. MacMullen, Ramsay, *Christianizing the Roman Empire: (A.D. 100-400)*. (Yale University Press, 1984).
8. 로드니 스타크(Rodney Stark), 『기독교의 발흥: 사회과학자의 시선으로 탐색한 초기 기독교 성장의 요인』(*The Rise of Christianity: a sociologist reconsiders history*) 손현선 역 (서울: 좋은씨앗, 2016), 18-20. Julien M. Ogereau, "The Rise and Expansion of Christianity in Macedonia." *Early Christianity*, 2023, Vol.14 (3), 291.
9. Roderic L. Mullen, *The Expansion of Christianity: A gazetteer of its first three centuries*. (Leiden; Boston: Brill, 2004), 23-57. 김은수, "초기 기독교 확장에 대한 선교역사적 성찰." 「선교신학」 제38집 (한국선교신학회, 2015), 113-139.
10. 최혜영, "비잔틴 제국에서의 기독교 변질 현상." 「부산장신논총」 제1집 (부산장신대학교, 2001), 36-54.

化)[11] 과정을 탐색하려고 한다.

책을 집필하는 데는 많은 선학들의 논문과 문헌으로부터 귀중한 도움을 받았다. 극히 당연한 이야기지만 그분들의 앞선 연구들이 없었더라면 이 책을 쓸 수 없었을 것이다. 사족(蛇足) 같은 이야기를 하는 이유는 우리 신학자들의 원어에 충실한 학문적 연구와 문헌을 읽을 때마다 나는 그분들의 심도 있는 연구에 경탄과 아울러 존경의 마음을 금치 못하기 때문이다.

선학들의 학문에 대한 열정과 노력에 감심(感心)하면서 다시 한번 그분들에게 고마움을 표하고자 한다. 이 조그마한 책이 감히 선학들의 연구 분야를 계승하는 한 알의 씨앗이라도 되기를 기대하는 마음을 가져 본다. 내용에 오류나 잘못이 있다면 당연히 그것은 필자의 책임이다. 잘못을 지적해 주시면 고마운 마음으로 고칠 것이다.

책이 햇빛을 보게 된 기쁨을 나와 함께 인생을 같이하는 후원자이며 동역자인 사랑하는 아내 김순희 권사와 함께 나눈다.

---

11. 이천희, "기독교 공인으로 인한 초기 로마교회 세속화 연구" (온석대학교 박사학위논문, 2020), 66-85.

목차

제 1 장

초대교회와
로마제국과의 관계

1. 초대교회의 배경: 그리스-로마의 세계

바이올라 대학(Biola University)의 고대사학과의 제임스 제퍼스(James Jeffers) 교수는 1세기 기독교의 배경을 탐색하기 위해서 집필한 『신약시대의 그리스-로마 세계』의 제1장 "신약시대에 대한 역사적 배경"(Historical Background to the New Testament Era)에서 다음과 같은 말로 시작한다.

유대인 지배계급에 속한 당신이 만일 1세기 예루살렘의 가정에 있는 자신을 발견한다면 아마도 당신은 당신의 모습을 보고 놀랄 것이 틀림없다. 아마도 당신은 가장으로서 그리스어로 손님을 접대하고 있으며, 능숙한 라틴어와 아람어로 말하는 모습이다. 그리스식의 복장을 하고 시민권을 갖고, 유대의 신을 예배하고 유대인의 음식 규례를 엄숙히 지키고 있다. 당신은 유대인이 좋아하는 음식보다는 아테네나 로마의 음식을 더 좋아한다. 당신 주위에는 노예들이 분주하게 돌아다니면서 자기의 맡은 특정한 일에 최선을 다하고 있다.[1]

---

1. J. S. Jeffers, *The Greco-Roman World of the New Testament Era: Exploring the Background of Ealry Christianity.*(Illinois: IVP Academic, 2009), 14.

제퍼스 교수는 1세기 기독교의 역사적 배경으로 이상과 같은 예를 들어 설명한 것은 유대인들이 새로운 시대를 맞이하고 있음을 강조하기 위해서였다. 말하자면 그는 문화적으로 정치적으로 격동기에 초대교회가 탄생했음을 말해 준다.

한때 번성한 독립국이었던 유대가 아시리아와 바빌론에 의해 조국을 잃고 막강한 외세에 적응해 살아가야 하는 민족으로 전락한 것이다. 이제는 점차적으로 외국의 문화와 풍습과 사상을 그들의 새로운 문화로 받아들여 살아가지 않을 수 없게 된 것이다.

일상생활

많은 점에서 고대 로마 사회에서는 노동과 직업을 구분했었다. 많은 경우, 고대인들은 그들의 수입 대부분이 농업으로 얻고 있지만 그들은 농업인보다는 법률가라든가 높은 공직자를 선호했다.

그들은 높은 명예를 지녔던 의사, 예술가, 또는 과학자들은 개인적인 영역에 속하여 국가에 기여하는 직업으로 삼았다. 때로는 이전에 노예였던 사람이 생산한 작업에 대해서는 귀중히 여기지 않았다.

일반적으로 근대 사회에서는 음식물 생산은 대체로 시골에서 이뤄졌지만 상품은 주로 도회지에서 생산되었다. 고대사회에서는 아마도 90퍼센트의 노동자들이 농업이나 목축업에 종사하였을 것으로 짐작된다.

신약성경, 특히 복음서에는 그 시대의 다른 문헌들보다 훨씬 더 많이 농업을 구체적으로 기술하고 있다. 노동자들과 종(노예)들에게 임금을 지불하는 이야기는 복음서에 자주 등장한다. 독립적인 농업인들은 일 년에 100일 정도 일한 것으로 나와 있다.

특히 로마를 위시한 이탈리아에서 많은 농장주들과 목축업자들은 그들의 땅 또는 가축들을 노예들이나 자유스러운 청지기들에게 맡겼다. 이 내용은 예수의 달란트 비유에서 잘 드러난다. 일반적으로 그리스나 로마에서는 목자들이 대부분의 시간을 위생적으로 지저분한 목장에서 보낸다고 보아 목동들을 천하게 여겼다.[2]

무역과 경제생활

많은 부(富)를 투자하는 것은 역시 많은 모험이 따르나 성공 시에는 많은 상업적인 이윤을 가져다주었다. 로마의 공무원들은 무역을 추잡한 사업으로 보고 무역업 종사자들의 사업 덕택에 경제적 부를 누리면서도 그 종사자들을 업신여겼다.

예수님께서는 장기 여행을 떠나는 주인의 비유를 통해서 종들의 무역업으로 인한 수입 창출에 대한 귀중한 지혜를 가르치고 있다. 곡식의 매매와 무역은 개인의 기업이지만 일반적으로 도회지 사람들에게 부과된 직업이기도 하였다.

성경은 경제 서적은 아니지만 하나님이 그의 백성 이스라엘에 주신 바른 삶의 규범과 지침서로서 토지, 노동과 분배에 관한 기본적인 윤리적 지침을 제시하고 있다. 예컨대, 이자(利資)에 대한 성경적인 견해를

---

2. 위의 책, 11.

초기 기독교의 세계

찾아볼 수 있다.[3]

현대 경영에서 기업이나 개인이 자금을 조달하는 대표적인 수단 중의 하나는 차입이다. 기업이나 개인은 은행으로부터의 차입이나 채권의 발행을 통해 소요자금을 조달한다. 이때 차입자는 자금의 사용에 대한 대가로서 이자(利子)를 지급한다.

그런 의미에서 재무론(財務論)은 이자를 타인자본비용이라고 일컫는데, 타인자본비용인 이자는 성경의 모세오경에서도 기록될 정도로 매우 오랜 역사를 가진 금융비용이라 할 수 있다.

주식을 통한 자본조달에 상응하는 자기자본비용과 같은 것들은 성경에서 직접적으로 나타나지 않는 반면, 타인자본비용인 이자는 성경의 역사만큼 또는 그보다 오랜 역사를 가진 역사적인 실제라고 할 수 있다.

성경의 기록을 배경으로 하여 기독교에서도 이자(利資)에 대한 관심은 오랜 세월 동안 지속되었다. 이사야 선지자는 모세 시대로부터 수세기 지난 이사야 당시에도 이자 제도가 있었음을 보여준다.

그리스-로마 세계의 노동관과 유대인의 노동관

그리스-로마 세계의 노동관은 초기에는 부정적이지 않았고 육체노동에 대한 긍정적인 입장도 있었다. 그런데, 문제는 점점 사회발전이

---

3. 가난한 자에게서 변리를 받는 것을 금함(출 22:25, 레 25:35-37), 타국인에게는 이식을 받는 것을 허락함(신 23:20), 유대인들이 변전과 이식을 취하였음(겔 22:12), 고리대금업을 저주하는 기도(시 109:11) 등.

진행되면서 사회구조가 심각한 변화를 겪는데, 우선 전체적으로 그리스와 로마 세계가 모두 노예사회로 변모되어 갔다는 것이다.[4]

그 사회는 엄격하게 신분이 구별된 계급사회였다. 이것은 노동관에 직접적인 영향을 미치게 된다. 이처럼 그리스-로마 세계의 노동관은 주로 사회구조가 노예(slave)에 깊이 뿌리박고 있기에 노동에 대한 평가는 근본적으로 변할 수밖에 없었다.

로마에서 노예는 대부분 보호받지 못하고 그 주인의 자유재량에 맡겼다. 일반적으로 노예는 음식이나 의복이 부족해도, 특히 농업의 경우 광범위하고 강도 높은 통제 아래 놓였으며, 부분적으로 그들은 족쇄를 맨 채 일해야만 했고 노예 감옥에 수용되었으며 가혹한 징계를 받았다.

특히 로마의 농업 경제에서 사슬에 묶인 노예는 AD 1세기 말까지 널리 확산되어 있었던 현상이었다. 이 모든 것은 계급 대립을 초래하여 사회 내부에 고착되었으며 불안과 소요를 수반한 사회적 갈등으로 이어졌다.

이처럼 노예제(slavery)는 육체노동과 정신노동의 분리를 심화시켰으며, 마침내 서로를 배제하는 대립 관계로 만들었다. 그 제도의 확산은 결국 노동에다가 부자유와 품격저하(品格低下)라는 부정적인 인상을 심어놓았다. 노동은 노예와 여자들의 몫이 되었으며, 이에 반해 여가는 자유로운 남자들의 몫으로 돌아갔다.

이제 육체노동은 자유 시민에게는 체면을 손상시키는 것이 되었는데, 그 노동은 자유민인 그의 원래 목적에 모순되기 때문이었다. 왜냐하면 그리스-로마적인 이상은 직업적인 행위 없이 살 수 있는 자유로

---

4. 차전환, 『고대 노예제 사회: 로마 사회경제사』 (서울: 한울아카데미, 2016), 27.

초기 기독교의 세계

운 유복한 완전한 시민인데, 이들만이 폴리스에서 자신에게 주어진 시민의 의무를 성취할 수 있기 때문이었다.

이런 노동관이 형성된 배경에는 그 당시 유행한 플라톤과 아리스토텔레스 등 고대 세계의 철학자들의 우주관, 특히 신관(神觀)과 깊은 관련이 있다. 즉 그들의 사상은 그 후세들에게 깊은 영향을 미쳤다.

즉 신관은 최고단계의 이론적인 학문의 대상이다. 플라톤 및 아리스토텔레스에게 있어 인생에서 최고의 단계는 '사고'(이데아)이다. 그것은 인간의 실제적 자아이면서 동시에 세계질서의 원칙인 세계정신으로서 영혼의 정신성, 불멸성과 비발생성에 대한 확신이다.[5]

이런 사고는 우선 정신적인 것에 무게를 두게 되는데, 왜냐하면 거기서만 진정한 인간됨이 실현된다고 보기 때문이다. 그런 생각은 육체노동과 정신노동을 예리하게 구분하는 노동관을 만들어 내고, 이것은 공동체 내에 분열의 씨를 심어놓게 된다.

이에 비해 유대인의 노동관은 대체로 구약성경에 근거한다. 이들의 노동관은 랍비들의 발언에 잘 나타나 있다. 이런 면에서 랍비 유대교와 후기 유대교의 노동관을 알아볼 필요가 있다. 특히 그들에게 중요했던 것은 '토라(율법)와 노동(Work)'이다. 즉 그들은 토라 연구와 생활 노동을 분리시켜 생각한 것이 아니라 하나(One)로 받아들였다는 것이다.[6]

말하자면 그들에게서 그리스 및 로마 세계에서 볼 수 있는 육체노동과 정신노동과의 날카로운 구별을 찾아볼 수 없다. 동시에 이들이 노

---

5. 곽준혁, 『정치철학 1: 그리스, 로마와 중세』 (서울: 민음사, 2016), 30-304.
6. M. Brocke, "Arbeit" TRE 3, (Berlin: de Gruyter, 1978), 619. 윤형, "공동체적인 노동신학의 정립: 지배와 의존의 관점에서." 「구약논단」 제20권 (한국구약학회, 2014), 228에서 재인용.

동에서 중요하게 생각하는 것은 안식일 계명을 생활에 깊숙이 받아들여 실천하고 있다는 것이 특징이라고 할 수 있다.

히브리어로 안식일을 의미하는 샤바트(שבת)는 "무엇을 그만두다, 끊다"를 의미한다. 즉 안식일에는 일상생활의 흐름을 끊는다는 것이다. 모든 열망이라든가 노력은 하루 동안 끊어야 하는데, 이것은 사람이 하나님께 불가분리(不可分離)로 속해 있다는 것과 자신의 정신적이고 영적인 삶을 돌볼 수 있도록 하기 위해서이다.

이는 하나님이 안식일에 특별한 영을 선사하기 때문이다. 이처럼 유대교의 노동관은 인간이 본질적으로 신학적인 존재(Person)라는 전제에 기초하여 노동문제에 접근하고 있음을 알 수 있다.

신약성경의 노동관

성경학자 윌리엄 버클레이(William Barclay) 교수는 신약성경의 노동관이 구약성경의 맥을 잇고 있다고 말한다. "노동에 대한 신약성경의 개념은 전형적인 구약성경의 이해와 같다고 볼 수 있다."[7] 즉, 신약성경에서 노동이란 저주에 의한 것이 아니라 마땅히 해야 할 하나의 의무로 보았다.

노동은 인간의 자질을 드러나게 하는 매개체로서, 인간은 자기의 운명을 개척하며 참다운 의미에서 자기의 영원한 생명을 얻기도 하고 잃기도 하는 것으로 나타난다. 신약성경은 예수 자신이 노동자였음과

---

7. 윌리엄 버클레이(William Barclay), 『현대인과 기독교윤리』(Ethics in a permissive society), 이희숙 역 (서울: 종로서적, 1994), 60.

노동자의 아들이었다는 사실, 그리고 바울이 자기 손으로 노동하고 그
것을 자랑으로 여긴 것을 알려준다.

예수님은 그의 33년의 전 생애 중 30년을 나사렛이라는 한 시골에
서 목수로 지냈다. 또 예수님이 제자들을 부를 때 그들은 생업에 종사
하고 있던 사람들이었음을 밝히고 있다. 예수님은 육체노동을 해야 생
계를 보장받을 수 있는 가난한 목수의 아들로 출생하였다.

그는 자라면서 아버지로부터 목수의 기술을 습득하였고 그 기술로
30세까지 고향에서 목수의 일에 전념하였을 것이다. 예수님은 그의 대
담 내용과 그 비유 속에서 자주 자신이 직접적인 노동 체험에서 나오
는 이야기들을 펼쳤다.

예수님이 선포한 내용들은 분명히 노동의 복음을 말이 아닌 몸으로
보여주었기 때문이다. 복음서들에서는 그가 어떻게 노동했는지를 기
록했다. 그것은 공동노동이었다. 예수님의 노동은 그를 따랐던 어부들,
땅이 없는 사람들, 여자들, 가난한 사람들과 함께하는 것이었다.

예수님이 한 노동은 언제나 공동체 속에서 병든 자를 치료하고 배
고픈 자를 먹이고, 가르치고, 설교하는 것이었다. 그는 가난한 사람들
을 위해 그들과 함께 먹고 마시는 식탁을 나눔으로써 스스로 그들의
필요와 관련시켰다.

그는 억압받는 자들을 돌보았고, 쫓겨난 자들에게 갔으며, 병자들을
치료했다. 더욱이 예수님은 인간의 노동을 인류 역사 속에서 노동하는
활동과 상징의 비유로 선포하고, 그 선포 자체를 자신의 노동으로써 실
현하였다. 노동에 대한 예수님의 가르침은 바울의 가르침으로 나타난다.

신약 시대에는 남녀 모두 많은 사람이 천막업에 종사했다. 사도행

전을 보면 아굴라와 브리스길라 부부가 이 사업에 종사한 것을 알 수 있다. 동업자 바울 역시 이 사업으로 자신의 생계를 유지했다. '천막 제조업자'(tent-maker)란 말은 수 세기에 걸쳐서 하나의 일반인이 할 수 있는 정식 직업으로 통해 왔다.

자비량[8] 전도사 바울(Paul)은 길리기아 다소 출신이라 그는 아마도 길리기아의 염소 털로 짠 텐트를 만드는 기술자였으리라고 생각된다. 팔레스타인에서는 낙타 털이나 염소 털이 사용되기도 하고, 색깔은 거의 대부분이 짙은 갈색이었다.

바울은 천막 만드는 가운데서도 가죽을 전문으로 했을 가능성이 크다. 피혁을 주로 다루었을 것이다. 그 당시 유대인들은 동물의 사체를 가까이하기를 꺼렸기 때문에 무두질에 대한 혐오 의식을 가지고 있었다. 베드로는 시몬이라 하는 피장(皮匠)의 집에 머물렀는데 시몬이 주를 믿는 사람이었기 때문이다.

그 시대의 숙련공에 대한 자료에 근거해서 생각해 보면 바울은 13세 때 견습 기간을 시작했으며 2, 3년 후에는 숙련공으로서 대부분의 시간을 보냈을 것이다. 그는 피혁제품을 다루는 여러 가지 도구들을 사용하여 천막 짓는 숙련된 기술을 습득하기 위해 여러 종류의 도구들을 활용했을 것이며 점차 간편하게 여행을 할 수 있도록 도구들을 갖추었을 것이다. 이 기술을 그가 여행하는 도시에서 충분히 발휘했을 것으로 상상할 수 있다.[9]

---

8. 자비량(自備糧, one's own expense)은 목회, 교육, 선교 사역에 있어서 사역자가 교회나 해당 단체에 소속되거나 단독으로 활동할 때 어떠한 사례나 대가를 받지 않고 자신이 해결하는 방식.

9. Ronald F. Hock, *The Social Context of Paul's Ministry: Tentmaking and Apostleship.* (Philadelphia: Fortress, 1980), 22-25.

바울은 데살로니가에서 "밤과 낮으로"(살전 2:9) 일했다고 기술하고 있다. 그는 지중해 연안 도시의 풍습에 따라 이른 아침부터 저녁 밤늦게까지 일했을 가능성이 많다. 숙련공 계약은 보통 해가 뜰 때부터 질 때까지 일하는 것으로 되어 있었다.

사도 바울은 그 시대 모든 사람과 마찬가지로 점심시간을 제외하고는 열심히 일했을 것이다. 그는 에베소서에서 점심때까지 일했다고 하는데 가는 곳마다 그렇게 했는지는 모른다. 바울은 "수고하여 친히 손으로 일을 하며"(고전 4:12), "수고하며 애쓰고"(살후 3:8) 일을 하였다고 진술한다.

바울은 이처럼 살아간다는 것은 곧 노동, 스스로가 인정하는 인물로 보인다. 그에게 있어서 노동은 단순한 생활 수단으로서가 아니었다.

매일 근면한 일을 긍정적으로 평가하는 노동관은 2세기 이후의 교회학자(교부)들에게도 계승되었다. 1세기 말에 로마교회에 있던 클레멘스에게로 송부한 서한에는 "훌륭한 직업인은 당연히 자신의 노동의 보상을 취할 수 있다. 나태한 자는 자신을 고용한 주인을 바로 쳐다볼 수 없다"("고린도의 기독교인에게 보내는 서한」 34장 1절)고 기록되어 있다.

교부 이그나티우스 역시 교회로 보내는 서한에서 열심히 일할 것을 강조하고 있으며, 『12사도의 교훈』에서도 성실하게 일하는 것은 기독교인의 의무라는 사실을 강조하고 있다.

바울이 하는 작업은 결코 좋은 대접을 받지 못하였고 바울 스스로가 자기만족으로 끝나는 일이 다반사였으나 오랜 노동 속에서는 바울 스스로 자족하는 경우가 많았다. 바울이 세 차례나 선교여행을 하면서 그의 직업에 대한 몇 개의 진술들이 기록에 남아 있다.

그의 다마스쿠스, 시리아 및 길리기아에서의 초기 전도자 시절에서는 천막 작업에 대한 언급이 거의 기록되어 있지 않다. 아마도 전도 활동이 가능하도록 작업을 했을 가능성이 높다. 피혁 작업은 조용하게 이루어질 수 있으니 비교적 조용히 작업을 할 수 있었을 것이다.

여가 활동과 오락 및 목욕문화

그리스와 로마 사람들은 근대 서구인들과 마찬가지로 그들의 여가 시간을 매우 중요시하였다. 그리스 각 도시에서는 경기장에서 운동경기를 했으며 도시 생활인들은 마치 성전에 가듯이 경기장에서 운동하는 것이 하나의 일상적인 생활이었다.

경기장 지하에서는 어린아이들을 가르치거나 목욕을 하는 일이 잦았다. 공중목욕탕은 유명한 로마 도시에는 기본적으로 시설을 구비하고 있었다. 사실 로마시만 해도 바울 그 당시에는 200개가 넘는 공중목욕탕이 있었다.

역사에서도 유래를 찾아볼 수 없이 목욕을 좋아하는 로마 사람들답게 웬만한 도시에는 여러 개 공중목욕탕이 있었으며, 당시 로마제국의 최전선이었던 지금 영국에 있는 군인 시설인 하드리아누스 방벽(防壁, Hadrian's Wall)에도 전선에 근무하는 병사들을 위한 목욕탕이 있었다. 즉, 로마 사람이 있는 곳에는 항상 목욕탕이 있었다고 보면 틀림없다.[10]

고대 지중해 연안 도시들은 먼지가 많고 지저분했다. 로마 사람들

---

10. 정규영 · 김윤실. "공중목욕탕 유적을 통해 본 로마의 목욕문화." 「국제문화연구」 제3권 제2호 (조선대학교, 2010), 100.

은 아침에 운동한 후에는 오후에 이르기까지 친우들을 사귀고 교제하기 위해서 몇 시간이고 목욕탕에서 시간을 보냈다. 이러한 생활은 교양 있는 로마 사람이라면 당연한 일상사였다. 동방 지역에 로마 사람들은 공중목욕탕을 지었다. 경건한 유대인들은 이것들을 매우 못마땅히 여겼다.

로마 사람들은 목욕을 개인의 행복과 쾌락을 위한 가장 중요한 행위로 여겼다. 또한 목욕탕은 휴식과 함께 사교, 건강, 오락 등을 즐기는 다목적 장소로 인식했다. 미국의 문명비평가 루이스 멈포드(Lewis Mumford) 박사에 의하면 로마 공중목욕탕은 단순히 하루 일과(日課) 후에 몸을 깨끗이 씻는 장소가 아니라 "공동체의 중심지로서 로마 사람이란 누구인지 규정하는 일상적인 의식의 장소"[11]였다.

공중목욕탕은 기원전 3세기 무렵부터 이탈리아반도에 퍼지기 시작하여 기원전 1세기경에는 로마제국 곳곳으로 확산되어 로마 사람들의 삶에 없어서는 안 될 시설이 되었다. 이런 목욕탕을 로마 사람들은 테르메(thermae)라고 불렀다.

이 말은 '뜨겁다'(hot)는 뜻을 가진 그리스어('데르모스', θερμός)에서 유래했는데, 대규모의 공중목욕탕을 의미하는 단어였다. 대부분의 고대 로마 도시에는 테르메가 있었으며 목욕뿐만 아니라 독서와 사교생활의 중심지였다. 주로 인근의 강이나 개울에서 수로를 통해 물을 공급받은 뒤 불로 데워서 온탕을 채웠다고 한다.

그런가 하면 발레에(balneae, 혹은 발네아 balnea)라고 부른 목욕탕도 있었는데, 이 말은 그리스어 발라네이온(βαλανεῖον)에서 유래했는데, 목욕을

---

11. 위의 책, 123.

의미하기도 하지만 목욕할 수 있는 시설을 의미했다. 테르메가 대규모의 목욕탕 시설이라면, 발레에는 이보다 작은 규모의 시설로 로마 전역에 산재해 있던 공사립 목욕탕을 의미했다.

이런 목욕탕들은 냉탕욕실인 프리지다리움(frigidarium), 온탕욕실인 테피다리움(tepidarium), 열탕욕실인 칼다리움(caldarium), 열기욕실인 라코니쿰(laconicum), 목욕 후 몸을 식힌 뒤 오일이나 향수를 뿌리는 공간인 운찌오니움(unzionium)으로 구성되어 있었고, 이런 목욕탕은 남탕과 여탕이 구별된 곳도 있었지만, 남녀 혼탕도 있었다.

물론 이런 시설에는 탈의실(apodyterium), 체력단련실(palestra), 실외수영장(natation)이 있었다. 이런 시설만 보더라도 단순한 목욕이 아니라 쾌락 시설이었음을 알 수 있다.

기원전 33년에 아그립바가 조사한 통계에 따르면 로마시에만 170개의 목욕탕이 있었다고 한다. 그런가 하면, 109년에는 트라야누스 황제에 의해 거대한 공중목욕탕 곧 테르메가 완공되었는데, 길이가 330미터, 너비가 215미터에 달했었다.[12]

하드리아누스 황제(재임기간 117–138년) 때 로마시에는 대규모의 테르메가 11개 처, 그 밖에 개인이 경영하는 소규모의 목욕탕이 900여 곳에 있었다. 그것은 황제가 시민들을 위한 서비스 차원에서 많은 목욕탕을 건립했기 때문이었다.

216년에는 카라칼라 황제(재위기간 211–217년)에 의해 거대한 공중목욕

---

12. DeLaine, Janet, *The Baths of Caracalla: A Study In the Design, Construction, and Economics of Large-Scale Building Projects In Imperial Rome.* (Portsmouth, RI: Journal of Roman Archaeology, 1997), 13–19.

초기 기독교의 세계

탕이 완공되었다. 지금은 사라졌지만 그 유적을 보면 실로 거대한 테르메였음을 알 수 있다. 길이가 224미터, 너비가 185미터로 2천 명 이상이 동시에 목욕할 수 있는 규모였다. 이런 목욕탕은 단지 목욕 시설만이 아니었고 로마 사람들의 일상의 삶에 중요한 현장이었으므로 역사가 타키투스는 이를 대표적인 '로마 문화'(Roman culture)라고 불렀다.[13]

문제는 로마에서의 목욕은 단지 몸 씻음만이 아니라 쾌락의 장소였다는 점이다. 이 점은 목욕탕 건축양식에서 엿볼 수 있고, 목욕탕 내부에 남아 있는 목욕하는 여인상이나, 목욕탕 벽면을 장식했던 비너스 여신상 등을 통해 확인할 수 있다.

로마제국에는 여러 종류의 목욕탕이 있어서 목욕탕을 모든 계급 사람들이 자유로이 이용할 수 있었다. 로마 사람들은 매일 사회적이면서 위생적인 목욕 의식을 치름으로써 그들의 로마적인 정체성을 강화시켰다.

로마에는 아무리 작은 마을이라도 공중목욕탕이 있었고, 사람들은 거의 매일 무료로 목욕을 할 수 있었다. 로마 사람이 가장 즐기던 오락이 목욕이라고 해도 과언이 아닐 것이다. 목욕탕은 시민, 노예, 부자, 빈자 모두를 위한 공공의 장소였다.

로마의 공공욕장은 단순히 씻는 곳인 목욕탕의 기능뿐만 아니라 여러 문화생활을 즐기는 곳으로 다목적 시민 사교장의 기능도 겸비하여 목욕 시설 외에도 도서실, 강의실, 사교실, 휴게실 등을 갖추고 있다. 이곳에서 그들은 목욕뿐 아니라, 운동, 사교, 독서, 식사, 쇼핑까지 할 수 있었다.

---

13. Scarre, Chris(ed.), *The Seventy Wonders of the Ancient World: The Great Monuments and How They Were Built.* (1st ed.) (London: Thames & Hudson, 1999), 178.

로마 사람들에게는 목욕탕에서 보내는 것은 최고의 시간이었다. 황제들은 시민들에게 환심을 사고 자신들의 관대함을 보이는 수단으로 다투어 목욕탕을 건설했다. 황제들은 말 그 자체로 최고의 '레크리에이션'을 백성들에게 제공한 셈이다.

제국의 수도 로마에서는 목욕탕의 규모가 커지는 동시에 호화로워진다. 일부 황제는 목욕탕을 궁전처럼 화려하고 웅장하게 지었으며, 이렇게 건설된 목욕탕은 시민들에게 기증되었다.

만약 부유한 로마 사람이 사람들의 인기를 끌려면, 자기 이름으로 공짜 목욕을 선사했다. 예를 들어, 호민관 자리를 넘보던 원로는 자신의 생일날을 기해 목욕탕 하나를 지정해 그 지역 사람들에게 하루 동안 공짜 목욕을 선사하고 표심을 사려고 했다.

로마 시민은 이런 목욕탕에서 단순한 위생을 넘어 공중보건 차원에서 체조, 씨름, 권투, 구기 등 다양한 스포츠를 즐겼다. 운동은 몸을 달구어 근육을 풀어주는 목욕 준비 효과 외에도 시민 건강 면에서 중요한 기능을 담당했다. 목욕은 생활의 중심이자 사회적·문화적 공간이었던 것이다.

이방인들은 유대인들이 주일마다 여가를 즐기지 않고 종교적인 예식에 참석하는 것을 매우 어리석은 일로 생각했다. 사실상 로마 사람들이 즐기는 휴일과 유대인들의 성일(聖日)이 겹쳤던 것이다. 일상적으로 생각하는 성일이 시작되는 날을 콘스탄틴 대제는 일요일, 즉 공휴일로 정했다.

종교적 축제들은 역시 다양한 일상생활 속에서 여러 형태로 나누어졌다. 여신을 위한 축제의 날은 사람들이 장식을 하고 성전을 개방하고

초기 기독교의 세계

마치 오늘날의 축제처럼 퍼레이드를 벌였다.

신약성경에서 사도 바울이 그의 서신서에서 말하고 있듯이 많은 사람들이 경기장에서 게임을 즐겼다. 그리스나 로마 방식이 모두 엇비슷하였는데 그리스 방식이 인기가 더 높았다. 그리스 선수들은 나체로 경기를 진행하는 경우가 대부분이었다.

고린도전서 9장 25-27절에 있는 달리기와 권투에 대한 바울의 언급은 고린도에서 신자들을 설명하고 있으며 코린트지협경기대회(Corinth Isthmian)에서 일어나는 일을 통해 경기를 위한 경기자들의 자기 훈련과 수련을 중요하게 생각한 것을 기록한 것이다.

신약성경은 경기 선수들에 대한 예화를 많이 기록하고 있는데, 달리는 코스에 대해(행 13:25, 빌 3:14, 딤후 2:5), 허망하게 달리는 것(갈 2:2), 그리고 잘 달리는 것(갈 5:7)에 대해서 이야기하고 있다.

제일 오래된 로마 경기장은 루디 경기장(Ludi Romani)으로 주피터 신(神)에게 영광을 돌리기 위해 건설되었다. 추가해서 로마 사람들은 많은 신들의 이름으로 경기장을 건설, 운영하였다. 노예와 비시민권자는 경기장 출입이 금지되어 있었다.

BC 1세기에는 로마에 막시무스 원형대경기장(Circus Maximus)이 건설되었는데 151,000명에서 180,000명의 관중들이 경주말과 전차 경기를 관람할 수 있었다.

그 외 원형극장과 아레나 경기장들이 증축되었고 수많은 로마 도시에는 수많은 극장과 콜로세움들이 만들어졌다. 물론 경기장의 경기를 많이 만들기 위해 전문 검투사들도 많이 양성되었다. 특히 로마 사람들은 피비린내 난 경기를 관람하고 흥분하는 것이 그들 일상사의 한 일

과였다.[14]

그리스-로마 세계의 종교

고대 그리스 종교(Ancient Greek religion)는 고대 그리스(BC 1100년경-BC 146년)
에서 신앙되고 실천되었던 신심들과 의식들을 통칭하는데, 여기에는
대중적인 공공의 종교들과 이들과는 차이가 있는 컬트 종교들이 모두
포함된다.

비록 이들 종교의 대다수에 공통되는 유사점들이 있기는 하지만,
이들은 서로 간에 뚜렷이 구분되기 때문에 "고대 그리스 종교들" 또는
"고대 그리스 컬트 종교들"이라고 복수형을 사용하여 표현하는 것이
더 적합한 표현일 수도 있다. 또한 고대 그리스 종교는 그리스 외부의
다른 지역과 섬들로 확산되어 신앙되고 실천되었다.

고대 그리스의 서로 다른 도시들이 동일한 신을 숭배하는 경우가
흔하였다. 하지만 동일한 신을 숭배하면서도 각 도시는 그 신에 대해
자신만의 호칭 또는 별칭을 부여하는 경우가 있었으며 이름은 동일하
지만 모습과 숭배하는 면이 전혀 달라 사실상 다른 신이라고 보는 것
이 타당한 경우도 있었다.

예를 들어 아르테미스는 스파르타에서는 사냥의 처녀 여신으로 숭
배되었는데 에페소스에서 다수의 젖가슴을 가진 풍요와 생식의 여신
으로 숭배되었다.[15]

---

14. J. P. V. D. Balsdon, *Roman and Aliens*. (London: Duckworth, 1979), 244-329.

15. Jon D. Mikalson, *Ancient Greek Religion*. (New York: Wiley, 2010), 46.

초기 기독교의 세계

고대 그리스인들의 종교적 교의와 수행 및 실천은 그리스 본토를 넘어 확산되었는데 아나톨리아(소아시아)의 이오니아 지역의 섬들과 해변 지역, 마그나 그라이키아(이탈리아 남부와 시칠리아 지역), 마르세유와 같은 서부 지중해 연안의 그리스 식민지들이 해당 지역들이다.

고대 그리스 종교는 에트루리아인들의 컬트 종교와 믿음이 혼합되고 융합되었는데 이의 결과물은 후대의 고대 로마 종교의 근간이자 큰 분량이 되었다.

제퍼스 교수는 1세기 그리스와 로마의 전통적인 남신 및 여신을 다음과 같은 표로 제시하고 있다([표 1] 참조).[16]

[표 1] 그리스와 로마의 남신(男神)들과 여신(女神)들

그리스	로마	남신들/여신들
제우스	주피터	하늘(신들의 아버지)
헤라	주노	여성
아테나	미네르바	기술, 전쟁
아폴로	아폴로	청춘, 음악, 예언
아스클레피오스	아스클레피오스	치유
아레스	마르스	전쟁
헤스티아	베스타	건강, 가정생활
헤르메스	머큐리	소매상인, 도둑, 웅변가
데메테르	세레스	풍성, 곡식
헤파이스토스	불카누스	화재, 대장장이
아르테미스	다이애나	목재, 노예
티케	포르투나	농업(로마), 행운
디오니소스	바쿠스	포도주, 난봉꾼
케스토/폴룩스	케스토/폴룩스	선원(쌍둥이 신들)

---

16. J. P. V. D. Balsdon, 93.

2. 기독교의 발원과 교회의 설립

'기독교'는 '예수 그리스도'의 등장과 그의 선교에서 출발한다. 교회에 다니는 사람이라면 누구나가 예수 그리스도는 '유대교'와 싸워서 '복음'의 길을 전파하고, 그 때문에 돌아가셨다고 알고 있다.

물론 예수님과 함께 무엇인가가 시작된 것은 틀림없는 사실이다. 무엇인가가 시작된 그것을 오늘날 많은 신학자들은 '예수운동'(Jesus Movement)이라고 폭넓게 부르기도 한다. 이것은 유대교 안에서 일어난 개혁운동(Jewish movement)의 하나로 시작되었다.[17]

그러므로 보다 정확하게 말하자면 '유대인 기독교인'의 운동이라고 이름을 붙일 수가 있다. 그런데 이것을 '기독교'(Christianity)라고 부르기에는 아직 이르다.

한국어로 '기독교'(基督教)[18]란 명칭(영어로 Christianity)은 '크리스티아니스모스'(Χριστιανισμός, 영어로 Christianismos)란 헬라어의 명사로 소급된다. 이 단어는 안디옥의 주교 이그나티우스(Ignatius of Antioch, AD 35~107년) 교부가 AD 110년 무렵, 순교하기 직전에 쓴 편지에 처음으로 나타난다.

그때 「마그네시아 사람에게 보내는 편지」(Letter of Ignatius to the Christians at

---

17. 프레드릭 J. 머피(Frederick, J. Murphy), 「초기 유대교와 예수운동–제2성전기 유대교와 역사적 예수의 상관관계」(Early Judaism: the exile to the time of Jesus), 유선명 역 (서울: 새물결플러스, 2020), 25~30.

18. 基督教(改新教='프로테스탄트'의 한국 역). 중국식: 지리스뚜(그리스도)=其理斯犢=其犢. 예수=耶蘇=Yeh-Su. '그리스도'(Christ)의 중국 음역은 '其理斯犢'(기리사독)이었다. 중국인들은 이 단어에서 중간의 '理斯'(리사)를 빼고 '其犢'(기독)만 남겨 놓았다. 나중에 청나라 때에 '基督'(기독)으로 바꾸어 사용했다. 김무림, "'그리스도'와 '기독(基督)'의 어원탐구." 「새국어생활」 제20권 제1호 (국립국어원, 2010), 94~98.

Magnesia) 10장 3절에서 *Iudaismos*('이유다이스모스', 유대교)와 대비해서 사용했다는 데에서 '크리스티아니스모스'가 유대교도와는 기본적으로 인연을 끊을 수 없었던 종교, 그것이 이방인의 신자를 주체로 한 '원시기독교'(Primitive christianity)[19]로 확립된 것으로 본다. AD 2세기 초기의 일이었다.

'크리스티아니스모스'(Χριστιανισμός)란 단어는 크리스티아노스(Χριστιανός, 영어로 *Christianos*)란 단어에서 파생되었다. 이 단어는 일반적으로는 '기독교인'(명사) 내지 '기독교의'(형용사)로서 이해되고 앞서 언급한 안디옥의 이그나티우스를 비롯해서 2세기 이후의 문헌에서 많이 사용되고 있다.

영국의 성경학자 데이비드(Horrell, G. David) 교수는 베드로전서 4장에서 기독교인의 정체성을 탐색한 바가 있다. 그는 「기독교인이 되는 것」 이란 논문의 제6장(The Label Christianos)에서 베드로전서 4장은 기독교인의 정체성의 모델을 제시한 것으로 본다.[20]

사도 바울이 자신이 재판을 받게 된 사연을 변호하는 자리에서 아그립바 왕이 바울에게 "그대가 짧은 말로 나를 설복해서, '기독교인'(Χριστιανός, '크리스티아노스')이 되게 하려고 하는가!"(행 26:28)라고 말하고 있는데, 여기에서도 기독교인이 이미 일반 사회적인 윤곽을 확실하게 하는 존재이었음을 전제로 하고 있다.

사도행전 11장 26절에 '크리스천'이란 말이 나온다. 여기에서는

---

19. 사도들이 활동하던 시기(사도시대)와 사도 이후 시기(속사도시대)를 '원시기독교'라 부른다. 이 시기는 베드로나 바울과 같은 위대한 사도들이 왕성하게 복음을 전하던 시기이며 사도들의 서신을 통해 신학의 기초가 놓이는 시기이기도 하다. 송순열, "원시기독교와 사도행전의 역사적 가치." 「신학연구」 제47집 (한신대학교, 2005), 75.

20. Horrell, G. David. *Becoming Christian: essays on 1 Peter and the making of Chrisitan identity.* (London: Bloomsbury). Chapter 6: The Label Christianos: 1 Pet 4.16 and the Formation of Christian Identity. (2015).

"제자들은 안디옥에서 처음으로 크리스천이라고 불리었다." 그런데 이 정보는 일반적으로 인정되고 있는 것처럼 확실하지는 않다. 아마도 전승으로 소급된다.[21]

본래 이 정보가 보여주는 개념구조에 이르기까지는 시대적으로 정확한 것인지 아닌지 확실하지 않다고 볼 수 있다. "사랑을 받는 의사"(골 4:14) 누가에 의하면 이것은 문맥상 AD 40년대의 것이 된다.

그런데 흥미로운 점은 사도행전 24장 5절을 보면 이 '크리스천'이란 말 대신에 '나사렛 도당'(徒黨, Ναζωραίων, '나조라이온')[22]이란 말이 사용되기도 했다는 것이다. 어쨌든 이 크리스천이란 말의 성립은 누가의 사도행전이 전제로 하고 있는 AD 40년대보다 아주 먼 후대의 것일 가능성이 있다.

근래에 발표된 학설에 의하면 라틴어 파생어의 이 말은 아마도 유대 전쟁 무렵(AD 66-70년), 로마의 관리에 의해 안디옥의 예수 운동의 담당자—이른바 이방인 기독교인(Gentile christian) 및 유대인 기독교인(Jewish christian)—에 대해서 사용되었다고 상정되어 있다.[23]

21. Linda Woodhead, *Christianity: A Very Short Introduction*. (Oxford: Oxford University Press, 2004), 46.
22. 요세푸스(37?-100년?)의 '유대고사'(古史)에는 유대인 기도문인 '바빌론 탈무드'의 이단 배척 조항에 AD 85년에는 '나사렛 도당들'이 추가되어 있다. 테르툴리아누스나 제롬과 같은 초대 교부들은 예수를 따르는 사람들을 '나사렛에서 온 사람들'(Ναζωραίων, '나조라이온')이라는 표현을 사용했다. Yaakov Y. Teppler, *Jews and Christians in conflict in the ancient world*. (Tübingen: Mohr Siebeck, 2007), 52.
23. F. F. Bruce, *The Book of the Acts*. (Grand Rapids, Mich.: Eerdmans, 1988), 228.

예수 이야기의 편집과 도그마의 확립

초대교회 신도들은 자신들의 집단정체성 확립을 위해 피눈물을 쏟는 작업을 시도하였다. 그들이 취한 행동 가운데 가장 대표적으로 들 수 있는 것이 바로 사도 바울의 서신을 편집, 전개하는 작업이며, 동시에 예수님의 제자들에 의한 예수님에 관한 이야기를 기록하여 후대로 전승시키는 일이었다.[24]

이것은 바로 후대에 가서 '복음서'라고 부르게 된 '예수 이야기'의 제작이다. 초대교회의 예배 의식에서 구약성경을 낭독하는 일은 유대교에 있어서와 마찬가지로 일차적인 의의를 지니고 있었다. 또한 구약성경에 대한 평가 및 주석은 기독교적 해석으로의 길을 마련하였다.

그리고 초대교회의 신도들은 예수님의 생애에서 직접 성취된 구절을 특별히 주목하였다. 이러한 발전 과정과 함께 초기 기독교회는 예수님의 가르침에 깊은 관심을 표명하였다.

예수님의 가르침은 신도들에게 구약의 선포와 동일한 권위를 가지고 있었다. 또한 예수님의 가르침은 예수님 자신과 같은 권위를 가졌었다. 예수님 자신이 그의 제자들에게 권면하여 다른 사람들을 가르치도록 한 것은 바로 이러한 가르침이었다.

만약 예수님의 가르침이 제자들의 마음속에 잘 간직되어 있지 않았더라면 그들은 결코 이러한 일을 할 수 없었을 것이다.

이러한 사태의 추이와 함께 초대교회 신도들은 집회에서 사도들의

---

24. 웬헴스, 데이비드(Wennhams, David), 『복음은 어떻게 복음서가 되었는가?』(*From good news to Gospels: What did the first Christians about Jesus?*), (서울: 새물결플러스, 2021), 15-28.

서신을 읽었다. 바울이 그의 서신들을 서로 다른 여러 교회에서 읽힐 수 있도록 하라고 말하는 것으로 보아 이러한 일은 통상적인 일이었던 것 같다.

바울의 서신이 과연 얼마 만에 교회들 사이에 서로 교환되어 읽히고 있었는지에 대해서는 알 수 없지만, 이 서신들이 바울 사후 직후에 수집되었다는 것은 분명한 것 같다.[25] 이러한 서신들이 일찍부터 사용되어 온 사실은 이 서신들이 반영하고 있는 사도 교부 시대 저술[26]을 통해 알 수 있다.

우선 한 가지 인정해야 할 것은 신약성경이 기독교의 역사적 기초를 설명할 수 있는 권위의 유일한 원천이라는 사실이다. 이 기독교의 집단정체성의 태동은 곧 기독교의 도그마(dogma) 형성을 의미한다.

유대교와 결별한 기독교

기독교인과 유대인 사이에는 갑작스러운 분열이 아니라 서서히 벌어져 가는 틈이 있었다. 일반적으로 바울이 이방인 교회를 세웠다고 생각하지만 완전한 단절이 나타나기까지는 수 세기가 걸렸다.[27]

리옹(Lyon)의 주교인 최초의 교부 이레네우스(Irenaeus, 140?–200?)는 2세기 후반에 에비온파(Ebionites) 사람들이 바울을 율법의 배교자(背敎者)로

---

25. 한철설, 「바울서신 배경연구」, (서울: 솔로몬, 2016), 182–187.

26. Michael W. Holmes, *The Apostolic Fathers: Greek texts and English translations*. (Grand Rapids, Mich.: Baker Books, 1999), 1–15.

27. McCabe, Matt Jackson, *Jewish Christianity: The Making of the Christianity-Judaism Devide*. (Yale University Press, 2020), 37–76.

배척했다고 기록했다.

4복음서의 예수 이야기는 또 유대교와의 대결을 보여주기도 한다. 이것은 이미 4복음서 가운데 가장 먼저 기록된 마가복음에서 말하고 있다. 이 마가복음은 마가에 의해 기록된 것으로 전해지는데, 그가 보고 있는 유대교는 역시 '바리새파'의 유대교이고, '유대교'와 '바리새파'는 거의 같은 말이다.

신학자이며 설교가인 데이비스(W. D. Davies) 교수는 마태복음이 기독교를 정죄한 얌니아회의(Council of Jamnia)에서 규정한 바리새적 유대교에 대항하기 위해 기록된 책이라 주장한다.[28]

마태는 또 유대교의 백성 전부가 예수 처형의 책임을 의식적으로 지고 있다고 보고, 그 백성으로부터의 결별을 선언하고 있다. 앞의 구절을 다시 인용해 본다. "그러자 온 백성이 대답하였다. 그 사람의 피를 우리와 우리 자손에게 돌리시오"(마 27:25).

요한복음에 보면 "유대인들은 가는 곳마다 총체적인 예수의 적(敵)으로 취급되어 '이 세상'에 속하고, '그 아버지는 바로 악마'로부터 나온 자들, '살인자'이고 '거짓말쟁이'(요 8:44)로" 죄되어 있다. 말하자면 유대인 총체가 요한적 2원론 속의 부정적인 사람들로 다루고 있다.

이 급진적 태도를 보인 요한의 '유대인들'은 실은 '유대의 지도자들'에 해당되는 것이지 결코 백성 전체는 아니었다. 그러나 '유대인'이든 '지도자'이든 결국은 대동소이하다고 요한은 생각한다.

유대교로부터 분리되어 나왔다는 것은 이제는 기독교 정체성이 확립되었다는 것을 의미한다. 즉, 집단으로서의 기독교의 도그마가 정립

---

28. W. D. Davies, *The setting of Sermon on the mount.* (Cambridge: University Press, 1964), 590.

되었다는 것을 말해 준다.

예수 시대의 많은 유대인처럼 예수님과 그를 따르던 제자와 군중들은 아람어를 사용한 것으로 여겨지며, 예수 전승은 처음에는 아람어로 전수되었을 가능성이 크다. 비록 신약성경은 헬라어로 기록되었지만, 예수님께서 사용하신 언어는 아람어였다는 것에 의심의 여지가 없다.

독일 신학자 요하킴 예레미아스(Joachim Jeremias) 교수가 자신의 책 『신약신학』(New Testament Theology)에서 말하는 바와 같이, 예수님께서 사용하신 모국어는 아람어였고 좀 더 분명히 말하면 유대 아람어와 조금 다른 "갈릴리 지방에서 사용되는 서부 아람어"(a Galiean version of Western Aramaic)[29]였다.

예수님께서 아람어를 사용하셨다는 것은 헬라어로 기록된 신약성경에 나타난 어록 속에 아람어가 그대로 남아 있는 점에서 분명해진다.[30]

1세기에 아람어가 팔레스타인 지역의 토착 언어였고, 따라서 예수님의 모국어는 아람어였음이 분명하다. 일반적으로 학자들은 헬라어로 기록된 복음서의 일정한 표현들은 본래 아람어였는데 헬라어로 번역된 것으로 믿고 있다.

복음서는 예수님께서 사마리아인과 이방인을 가르치고 치유했다고 전하지만, 예수님께서 실제로 사마리아인과 이방인 선교를 주도했는지는 확인하기 어렵다. 다만 세리와 죄인과의 식탁교제가 비유대인

---

29. Joachim Jeremias, *New Testament Theology.* (London: SCM, 1987), 4.
30. 예컨대, '달리다굼'(소녀야 일어나라, 막 5:41), '아바'(아버지, 막 14:36), '게헨나'(지옥, 마 5:22), '게바'(베드로, 요 1:42), '맘몬'(제물, 마 6:24), '파스카'(유월절, 마 26:2), '랍비'(선생, 마 23:8) 등.

초기 기독교의 세계

에 대한 선교의 길을 예비했다고 볼 수 있다.

예수님께서 친히 이방인 선교를 주도했는지는 분명하지 않으나 흥미로운 점은 예수님께서는 일찍이 히브리어는 물론 헬라어에도 의사소통이 가능하셨다는 사실이다. 예수님께서 히브리어를 해독하셨다는 것은 그리 놀랄 만한 일이 못 되지만, 헬라어를 아셨는가 하는 것은 흥미로운 일이 아닐 수 없다.[31]

예수님께서 히브리어를 해독하실 수 있었던 사실이 누가복음 4장 16-20절에 잘 나타나 있다. 예수님께서는 히브리어 구약성경에 친숙하셨던 것이 분명하다. 성경학자 스티브 모이스(Seteve Moyise) 교수는 그의 저서에서 예수님의 발언 속에 87개 구절의 구약성경이 언급되어 있다고 했다.[32]

예수님의 구약 인용의 경우, 둘을 든다면 그것은 예수님께서 그의 공생애의 출발 선언(사 62:1, 2)의 말씀(눅 4:17-19)과 공생애의 끝에 인용하셨던 다윗에 관한 말씀(시 110:1, 마 22:44)을 들 수 있다.

예수님께서 히브리어나 헬라어로 대화하시는 모습이 추정되는 사건은 두로와 시돈 그리고 데가볼리 방문(막 7:31), 가버나움에서 백부장과의 대화(마 8:5-13), 그리고 가나안 사람(마 15:22)이나 그리스 여인(막 7:26)으로 보이는 수로보니게 여인과의 대화(막 7:24-30)에서 보이는 일련의 사건들에서 나타난다.

또 본디오 빌라도와의 대화(막 15:2)도 헬라어로 이뤄졌을 것으로 알

---

31. Myers, Allen C., "Aramaic." *The Eerdmans Bible Dictionary*. (Grand Rapids, Michigan: William B. Eerdmans, 1987), 72.

32. Moyise, Seteve, *Jesus and Scripture: Studing the New Testament Use of the Old Testament*. (Grand Rapids, Michigan: BakerAcademic, 2011), 29-72.

려져 있다.[33]

예루살렘 교회 설립과 이방인 선교 확장

예수님께서 돌아가신 뒤 제자들은 흩어졌지만, 제자들은 부활한 예수님을 만나고 새로운 공동체를 세웠다. 누가는 부활한 예수님을 만난 제자들이 예루살렘을 떠나지 않았다고 서술하며, 예루살렘 교회의 탄생과 발전에만 초점을 둔다.

하지만 다른 복음서들은 부활한 예수님께서 갈릴리에서 제자들을 만났다는 것을 증언하며, 갈릴리에도 교회가 존재했고 선교가 이루어 졌다고 보인다. 갈릴리 교회에 품은 정보는 거의 없다. 다만 공관복음서의 말씀 자료(막 6:7–13, 눅 10:1–12)에 나오는 제자 파송을 부활 예수님의 현현(顯現)이 이루어진 갈릴리 선교를 묘사하는 것이라고 볼 수 있다.

갈릴리 교회와는 달리 예루살렘 교회는 사도행전을 통해 그 역사를 추적할 수 있다. 갈릴리에서 부활한 예수님을 만난 제자들은 오순절을 지내기 위해 예루살렘에 모였다. 열두 제자를 중심으로 하는 초기 예루살렘 교회의 다수는 아람어를 사용했다고 보인다. 하지만 사도행전 6장에 나오는 헬라파와 히브리파의 구별은 초기 예루살렘 교회가 다언어, 다문화 공동체였다는 것을 보여준다.

예루살렘에 모인 무리는 임박한 종말을 고대했으며, 강력한 성령 체험으로 모든 것을 공동으로 소유하고 재산과 재물을 팔아 필요한 대로 나누어 주는 재산공동체, 즉 원시공동사회(primitive communal societies)를

---

33. Hoffmann, R. Joseph, *Jesus in history and myth.* (Prometheus Books, 1986), 98.

초기 기독교의 세계

세웠다.[34] 예루살렘 교회는 그리스도의 재림 때 온 민족에게 알려질 것이라고 믿고 종말의 하나님 나라 중심지인 예루살렘에 머무는 선교 전략을 취했던 것이다.

하지만 헤로데스 아그립바 왕의 박해로 요한의 형제 야고보가 처형되고, 베드로가 예루살렘을 떠났을 때 사도들의 방랑 선교가 시작되었으며, 예루살렘 교회에서는 주의 형제 야고보와 장로들의 영향력이 점점 커졌다.

예루살렘 교회는 율법에 대해 관용적인 입장을 가지고 있었기에 야고보도 AD 48년에 열린 사도 회의에서 이방인에게 할례를 강요하지 않고 이방인 선교에 대해 긍정적인 입장을 보였다.

야고보와 장로들의 영향력 증대, 바리새파 출신 그리스도의 출현(행 15:5), "율법에 열성적인" 유대인들의 교회 가입(행 21:20)은 이러한 분위기를 반영한다. 사회적 범주로서 유대계 기독교인을 생각한다면, 바울서신과 마태복음과 요한복음은 유대계 기독교 문헌에 속한다. 이 문헌들은 유대인으로서의 정체성과 유대교와의 연속성을 의식하면서도 기독교의 보편성을 강조했다.

하지만 신학적으로는 헬레니즘 유대계 기독교(대표적으로 안디옥)와 지혜 전승(갈릴리와 시리아의 말씀 자료)과 달리, 민족주의와 보수주의의 특징을 지닌 흐름을 유대계 헬라인 기독교라고 말할 수 있다.

세계주의를 반대하는 유대계 기독교 역시 여러 형태가 존재했는데, 첫째 형태는 이방인이나 사마리아인에게 가지 말고 오직 "이스라엘

---

34. 황정욱, "초대교회는 공산주의적 공동체였나? 초대교회의 경제적 삶에 대한 연구." 「한국교회사학회지」 제28집 (한국교회사학회, 2007), 57–88.

집의 잃어버린 양에게만 가라"는 마태 이전의 전승(마 10:5, 6)에서 나타난다.

비유대인에게 선교하지 말라는 금령은 이미 사마리아인이나 이방인에게 복음이 전파되었다는 것을 암시한다.

헬레니즘 유대계 기독교

예루살렘 교회가 사회적 정황으로 인해 점차 율법 준수가 강화되었다면, 그 이전에는 다문화, 다언어 공동체를 이루고 있었다. 과부의 구호 문제를 두고 일어난 '헬라파'와 '히브리파'의 갈등(행 6:1-7)은 1세기 예루살렘 교회의 다양한 구성을 엿보게 한다.

'헬라파'(Ελληνίσται, '엘레니스타이')란 표현은 사도행전 6장 1절과 9장 29절에만 나온다. 이는 기독교인을 뜻하는 엘레네스(Ελληνες, 헬라 영향 아래에 있는 모든, 즉 이방 문화권의 사람들)와는 구분되며 그리스어를 말하는 디아스포라 유대인이라고 이해할 수 있다.[35]

사도행전 9장에서는 이 단어가 기독교로 개종하지 않은 디아스포라 유대인을 말한다면 6장에서는 이러한 디아스포라 유대인 중에서 예루살렘에 거주하다가 기독교 신앙을 받아들이고 예루살렘 교회에 소속된 사람들을 가리킨다.

사도행전 6장의 '헬라파'는 그리스어를 말하는 유대계 기독교인이

---

35. 헬라파 사람들이란 ① 이방인 기독교인, ② 그리스인 개종자, ③ 팔레스타인 유대인, ④ 사마리아인, ⑤ 그리스어를 말하는 유대인 등으로 이해되고 있다. Craig C. Hill, *Hellenists and Hebrews: Reappraising Division within the Earliest Church.* (Minneapolis, MN: Augsburg Fortress, 1992), 5-17.

며, '히브리파'는 아람어를 말하는 유대계 기독교인이라고 말할 수 있다. 또한 초기 예루살렘 교회에는 아람어와 그리스어에 능통한 바나바(Barnabas), 요한 마가(Mark), 실라(Silas), 예언자 아가보(Agabus)와 같은 이중언어(二重言語) 사용자들도 존재했다.

'히브리파'와 '헬라파'의 갈등은 결국 스데반을 비롯한 일곱 명의 지도자 선출로 이어졌는데, 이는 후대의 해석처럼 집사직 혹은 장로직과 연결되기보다는 '히브리파'와 독립된 '헬라파' 지도자의 선출로 이해할 수 있다.

열두 제자들이 '히브리파'를 지도했다면, 스데반을 비롯한 일곱 명의 집사들은 이 '헬라파'의 지도자들이라고 말할 수 있고 지도자의 수를 비교할 때 '히브리파'가 다수이고 '헬라파'가 소수였다고 생각할 수 있다.

스데반 집단이 열두 제자에 의해 임직(任職)되었다는 것은 '헬라파' 공동체가 열두 제자에 의해 창설되었고, 이를 계기로 '헬라파'가 '히브리파'로부터 독립했다고 해석할 수 있다. 이는 예루살렘에 아람어 예배 공동체와 그리스어 예배 공동체가 따로 존재했다는 유추를 가능하게 한다.[36]

'헬라파' 지도자로 선출된 일곱 명 중에 스데반과 빌립을 제외한 나머지 다섯 명에 대해서는 알려진 바가 거의 없다. 이들은 카리스마적 능력을 소유한 지도자들이요, 설교자들로 성령의 종말론적 영감을 통한 특별한 지혜를 가지고 있다는 자기 인식을 가지고 있었다.

---

36. 서원모, "유대교의 한 종파에서 세계종교로—기독교와 헬레니즘의 관계 연구." 「한국교회사학회지」 제48집 (한국교회사학회, 2017), 237.

이에 대한 근거로 스데반 집단이 언급되는 곳에서 성령의 기사와 능력이 언급되고 있다는 점(행 8:26, 39, 21:9)과 사도행전에서는 '소피아'(σοφία, 지혜)란 단어가 4회 출현하는데 이는 스데반 집단과 관련될 때만 언급된다는 점을 들 수 있다. 그리고 그들이 성령의 영감으로 예수님의 메시지를 성전 예배와 율법을 비판하는 것으로 해석하였다.

이로 인해 스데반 집사는 유대인 회당 공동체에 의해 죽임을 당했으며, '헬라파'는 예루살렘에서 추방되었다. 사도들이 예루살렘에 머물렀다는 것은 이 박해가 예루살렘 교회 전체가 아니라 '헬라파'를 대상으로 했다는 것을 보여준다.

헬라파(이후로는 헬레니즘 유대계 기독교인)의 추방은 오히려 선교의 계기를 마련해 주었다.

팔레스타인 땅을 벗어나는 기독교

예루살렘에서 쫓겨난 후, 헬레니즘 유대계 기독교인들은 사마리아인과 이방인 선교를 시도했으며, 사마리아, 페니키아, 키프로스, 가이사랴, 안디옥, 다마스쿠스, 길리기아, 다소 등 시리아와 팔레스타인 여러 지역에 교회를 세웠다.

특히 사마리아 선교는 빌립과 관련되며, 로마교회도 헬레니즘 유대계 교회라고 말할 수 있다. 헬레니즘 유대계 기독교인들은 처음에는 유대인들에게만 복음을 전하다가, 안디옥에서는 '기독교인'(Ελληνας, '엘레나스')에게 전도하며 이방인 선교를 시도했다.

안디옥 교회는 키프로스와 기레네 출신 헬레니즘 유대계 기독교인에 의해 설립되었고 바나바와 바울의 활동을 통해 더욱 발전했다. 안디옥에서는 앞서도 언급한 바와 같이 '크리스천'이라는 이름을 얻을 정도로 기독교가 다른 집단과 구분된 사회집단으로 발전했으며, 성령의 지시로 바나바와 바울을 선교사로 파견했다.

아그립바의 박해 이후 베드로는 예루살렘을 떠나 디아스포라 지역으로 이주했고 이방인 선교에도 참여했다. 베드로가 선교활동을 하면서 안디옥을 비롯한 시리아 지역 '헬레니즘 유대계'(Hellenistic Judaism)[37] 기독교인들은 기독교가 세계종교로 발전하는 데 결정적인 역할을 수행했다.[38]

이들은 예수 전승을 아람어에서 코이네 그리스어로 번역하고, 아람어 신학 용어들을 그리스 세계에 적절한 개념으로 변용하였고, 기독교를 팔레스타인의 환경에서 벗어나 그리스-로마 세계의 도시 종교로 발전시켰다.[39]

그들은 팔레스타인의 소외된 사람들, 이스라엘의 주변인, 이단으로 지목된 사마리아인들, 이방인 '하나님 경외자들'과 궁극적으로는 이방인들에게 신앙을 전파하여 세계종교로의 길을 닦았다.

안디옥 교회는 기독교인들에게 전도를 하면서 이방인 선교를 체계

---

37. 헬레니즘 유대계는 고대 클래식 시대의 유대교 형태로, 유대교의 종교적 전통과 헬레니즘 문화의 요소를 결합한 것으로 그 배경은 알렉산더의 제국 지도를 나타내는 지도로, 고대 마케도니아의 동쪽과 남쪽으로 확장되었다. John J. Collins, "What Is Hellenistic Judaism?" *Journal for the Study of Judaism* 53 (2022), 569-578.

38. 위의 책, 575-578.

39. Barr, James, "Chapter 3-Hebrew, Aramaic and Greek in the Hellenistic age." In Davies, W. D.: Finkelstein, Louis(eds.), *The Cambridge history of Judaism. Volume 2: The Hellenistic Age*(1. publ. ed.), (Cambridge: Cambridge University Press, 1989), 79-114.

적으로 수행하였다. 이 시기의 이방인 선교에 있어서 주요 문제는 할례와 식탁교제의 문제였다. 처음에 이방인 선교는 할례를 요구하였던 것으로 보인다. 할례가 없는 이방인 선교는 바울에 의해 최초로 수행되었으며, 안디옥 교회의 설립으로 체계적으로 시사되었다고 이해할 수 있다.

예루살렘 교회가 바나바를 안디옥에 파견한 것은 이 문제와 관련 있는 것으로 이해될 수 있다. 결국 할례 없는 이방인 선교는 사도 회의(행 15:1-21)를 통해 인정받았다.

또 하나의 문제는 이방인과의 식탁교제 문제였다. 이방인이 기독교인이 되어 유대계 기독교인과 함께 모여 식탁교제를 나눌 때, 유대교의 율법을 지킬 것인가 하는 문제가 대두될 수 있었다. 율법에 충실한 유대인은 부정한 짐승과 정결한 짐승을 구분하는 등 음식 규정과 정결 규정을 지켜야 했기 때문이다.

베드로가 이방인 고넬료에게 복음을 전하며 함께 식사한 일은 예루살렘 교회에서 논란이 되었다. 안디옥에서는 예루살렘 교회에서 사람들이 도착하자, 베드로와 바나바가 이방인과 함께 식사하다가 자리에서 일어났고 다른 유대계 기독교인들도 이에 동조했다(갈 2:11-14).

아마도 이 사건, 이른바 '안디옥 사건'[40]이 일어나기 전에는 베드로

---

40. 신약성경에서 유일하게 사도(바울)가 사도(베드로)를 공개적으로 책망한 사건이 갈라디아서 (2:11-21)에 언급되어 있다. 이른바 '안디옥 사건'은 초기 기독교 역사에서 매우 중요한 위치를 차지하고 있지만, 아직 많은 부분이 미궁 속에 남아 있다. 이 사건은 이방인 기독교인의 일치를 위해 구제금 모금에 박차를 가하는 계기가 되었다. 결과적으로 이 사건은 기독교가 유대교의 그 늘로부터 분리되어 독자적인 길을 가는 데 중요한 역할을 하였다. 이승호, "'안디옥 사건'과 바울의 선교," 「신약논단」 제20권 제1호 (한국신약학회, 2013), 161-193.

와 바나바를 비롯한 유대계 기독교인은 아무 거리낌 없이 이방계 기독교인과 함께 음식을 먹었을 것이다.

이 사건에서 바울은 베드로와 바나바를 위선자라고 공격했으며, 이후 안디옥 교회를 떠나 독자적으로 이방인 선교를 수행하였다.

아마도 야고보는 유대인 교회와 이방인 교회를 분리하기를 원했지만, 베드로는 하나의 교회를 세우려 했고, 야고보와 음식 규정에 대한 합의를 도출한 것으로 보인다. 이는 우상에게 바친 음식, 음행, 목매어 죽인 것과 피를 멀리할 것을 권하며, 시리아와 길리기아의 이방인 기독교인에게 보내는 회람 편지로 작성되었다(행 15:22-29).

로마에서 기독교는 헬레니즘 유대계 기독교인의 전도로 회당 안에서 출발했다고 여겨진다. 회당 내부에서 유대인과 기독교인의 갈등이 격화되자, 클라우디우스 황제는 유대인(유대계 기독교인 포함)을 로마에서 추방했다.

추방령이 풀려 다시 로마로 돌아온 기독교인들은 가정집(도무스 에클레시아, Domus Ecclesiae)에서 모였고, 로마교회는 유대계 기독교인과 이방인 기독교인의 다문화, 다인종 공동체로 발전했다.

이방인 지역으로 선교지 확장

사도행전은 긴 서문을 가지고 있는 '바울의 이야기'라고 흔히 말한다. 그 바울의 이야기 중심은 그의 전도 여행이다(행 13장 이하). 그의 여정(旅程)은 저자인 누가가 마음대로 구성한 것이 아니라 어떤 전승에 바탕을 두고 쓴 것임이 일반적으로 인정되고 있다.

이것은 1세기의 50년대 무렵에 실제로 바울이 행한 여행에 유래한다. 그러나 그것이 전승으로서 정비되고 보존되어 전파하는 것에 이른 것은 그것들이 이방인 전도를 주체로 한 여정이었던 것이기 때문에 1세기 말에 가까운 '기독교'의 사실, 이방인 주체가 되어서 확장해 간 사실과 서로 관련이 있는 것으로 생각된다.[41]

즉, 당시의 '기독교'에 있어서는 바울의 전도 여행의 전승을 형성, 발전시키는 것은 기독교 복음 전파의 사명을 분명히 밝히는 전도기행적 의미를 갖고 있다. 그리고 이것은 기독교 자의식(自意識)의 확립에 지대한 공헌을 했다.

바울은 왜 광대한 지중해 유역을 따라 모두 세 차례에 걸친 선교여행을 떠났을까? 물론 가장 중요한 이유는 자신이 체험했던 메시아를 해외 이방인들에게도 전파하고자 했던 것이지만, 실제로 그의 방문지들을 분석해 보면 극히 일부를 제외하고는 대부분 유대인 공동체가 존재했던 도시들이라는 공통점을 발견하게 된다.[42]

안디옥 사건 이후 바울은 안디옥을 선교의 거점으로 삼는 것을 포기하고 독자적인 선교를 시작했다. 사도행전은 바울의 세 번의 선교여행을 기록하고 있지만, 바울의 편지와 사도행전의 기록을 조화시키기 어려운 점이 있다.[43]

---

41. 김은수, "초기기독교 확장에 대한 선교역사적 성찰." 「선교신학」 제38집 (한국선교신학회, 2015), 113–139.

42. 웨인 A. 믹스(Wayne A. Meeks), 「1세기 기독교와 도시문화: 바울공동체의 사회 문화 환경」(The First Urban Christians: the social world of the Apostle Paul), 박규태 역 (IVP, 2021), 42–44.

43. 바울과 관련해서 사도행전과 바울서신 사이의 차이를 보여주는 내용이 생각 이외로 많다. 사도행전에서는 바울이 많은 기사와 이적을 베푼 것이 나오는데, 바울서신은 기사와 이적을 행하는 사람으로서의 바울에 대해서는 거의 언급을 자제하는 듯하다. 이두희, "바울묘사에 있어서 사도

초기 기독교의 세계

분명한 것은 안디옥 사건 이후 바울은 유럽 전도를 시작했다는 사실이다. 독자적인 선교 이후 1세기 바울 공동체의 상황은 바울서신에 나타난 단편적인 정보를 통해 추정할 수 있다.

바울이 자신의 선교를 요약한 글은 "예루살렘에서 일루리곤까지" 이르는 초승달 지역을 언급한다. 사도행전은 물론 바울서신도 바울이 일루리곤에서 펼친 활동을 일체 언급하지 않는다. 하지만 바울이 예루살렘을 출발점으로 하여 수사를 구사한 데는 그럴만한 이유가 있다.

사실 바울이나 그의 동역자들이 달마티아(Dalmatia)[44]나 모에시아(Moesia)까지 들어가진 않았다고 하더라도, 마케도니아에서 폭넓은 활동을 펼쳤으니 일루리곤 지역의 경계까지 이르렀을 것이다. 진정한 바울서신의 저작 기간은 바울 생애에서 10년이 채 되지 않는다.

이 서신들은 그가 기독교인으로 활동한 세 시기 중 마지막 시기에 기록되었으며, 이 서신들이 보고하는 여행 계획도 파편적이다. 사도행전 기사는 더 체계적이지만, 사도행전이 그럴듯한 순서로 기록한 내용 가운데 많은 부분은 예일대학의 믹스(Meeks) 교수에 의하면 "정확한 자료보다는 저자의 추론과 신학적 의도(이를테면 예루살렘의 중심성을 강조하려는 의도)에서 나온 것"[45]이다.

바울은 기독교의 각 도시들의 교회에 대한 언급을 매우 자세히 언급하고 있다. 예컨대, 루스드라와 이고니온과 비시디아 안디옥에서 회심자가 생겼으며 이들 가운데 공동체(=교회)가 조직되었음을 전제한다(행

행전과 바울서신 사이의 신학적 차이에 대한 '예비수사적 관점'에서의 재검토." 「신약논단」 제21권 제2호 (한국신약학회, 2014), 523.
44. 아드리아해(海)의 동쪽 해안에 위치한 크로아티아의 역사적 지역.
45. 웨인 A. 믹스, 113.

14:22, "제자들의 마음을 굳게 하여" 행 14:23, "각 교회에서 그들을 섬길 장로들을 세워" 행 20:4 등).

마케도니아의 속주에서는 빌립보에서 복음을 전했다. 바울과 실루아노와 디모데는 비록 거기서 적의를 경험했지만(행 16:12-40), 그들이 거기에 세운 회중은 이후 바울이 이끄는 무리가 펼친 선교활동에서 아주 특별한 '동반자' 역할을 담당했다.[46]

그들이 데살로니가와 아가야 선교를 도울 재정 지원과 바울이 나중에 옥고(獄苦)를 치를 때 재정 지원으로 옥바라지를 한 일도 포함된다(고후 11:8, 9, 빌 4:15-18). 이들은 또 바울이 예루살렘 기독교인들을 위해 거둔 연보(捐補)에도 일찍부터 아주 열심히 동참했다(고후 8:1-6).

선교의 길은 빌립보에서 남쪽으로 뻗어 있었다. 데살로니가에서 그룹들이 형성되었다(살전 2:2, 행 17:1-9). 이들은 바울과 그의 동역자들이 쓴 서신 가운데 여태까지 보존된 것 중 가장 이른 시기에 나온 서신을 받게 된다.

데살로니가에 이어 베뢰아(행 17:10-14)와 아테네(행 17:15-34)에서도 그룹이 형성되었는데, 오로지 사도행전만이 이를 증언한다. 바울서신에서 유일하게 아테네를 언급한 본문은 데살로니가전서 3장 1절인데, 이곳도 단지 디모데가 데살로니가의 상황을 살피고 돌아올 때까지 바울이 거기서 얼마간 기다렸다는 사실만 확인해 줄 뿐이다.

바울의 그리스 여행 최남단 지점은 고린도였다(행 18:1-17). 그는 이곳에 교회를 세웠는데, 우리는 이 교회 사정을 아주 자세히 알고 있다. 이는 그가 이 교회와 몇 차례 소식을 주고받았기 때문인데, 고린도전서와

---

46. Julien M. Ogereau, "The Rise and Expansion of Christianity in Macedonia," *Early Christianity*, 2023, Vol.14 (3), 291.

고린도후서가 이를 증명하며 그 내용 중 일부를 담고 있다.

로마서 16장 1절에는 "겐그레아 교회의 일꾼"으로 뵈뵈(Phoebe, 여집 사)를 추천한다는 말이 나오는데, 이 추천서는 고린도 동쪽 항구에도 공동체가 세워졌음을 알려준다. 아울러 고린도후서 1장 1절은 "아가야 전체에" 다른 교회들이 더 있었음을 시사한다.

사도행전은 바울이 에베소에 소개한 인물이라고 믿지 않지만, 그래도 그와 그의 동역자, 특히 브리스가와 아굴라가 거기서 광범한 사역을 펼쳤다고 이야기한다.

바울은 거기서 그가 고린도에 보낸 현존 서신 가운데 첫 서신을 써 보냈으며(고전 16:8), 또 모종의 심각한 고초를 경험했다(고후 1:8-11). 이 때문에 일부 학자들은 바울이 잠시 옥에 갇혔으며 어쩌면 거기서 빌레몬과 빌립보인들에게 서신을 보냈을지도 모른다고 추측한다.

사람들이 에베소를 바울의 무리가 이후에 펼친 활동의 중심지로 간주해 온 것은 어느 정도 타당성이 있는 이야기이다.

사도행전은 소아시아 서부의 리쿠스 계곡, 골로새, 라오디게아, 히에라볼리에 있던 교회는 언급하지 않는다. 그러나 진정한 바울서신인 빌레몬서와 바울의 제자가 골로새 사람들에게 보낸 서신은 이 지역이 바울의 활동 영역 안에 있었음을 알려준다.

바울과 그의 측근 동역자들이 쓴 서신으로 제한한다면 바울의 복음 운동이 적어도 로마제국의 네 속주, 곧 갈라디아, 아시아, 마케도니아, 아가야를 그 근거지로 삼았음을 알 수 있다.

일반적으로 아시아의 바울 전도단 공동체가 있던 곳으로 알고 있는 도시들은 모두 당시에 온 세상이 누리던 번영에 동참했다. 모든 도시가 교역 중심지였다. 이 점은 특히 리쿠스 계곡에 있던 도시집단에서 분명하게 드러난다.

그리고 마침 바울의 이름으로 이 도시 중 한 곳에 보낸 서신이 이 도시들, 곧 골로새와 라오디게아와 히에라볼리에 있던 기독교인 공동체를 우리에게 알려준다. 이 도시들이 두드러지게 된 것은 양모(羊毛) 산업 때문이었는데, 그 중심지는 라오디게아였다.

라오디게아는 세 도시 가운데 가장 중요했으며, 이 세 도시가 속한 순회 법원의 본거지이기도 했다. 한편 로마 시대에 이 세 도시 중 가장 작은 곳은 골로새였다. 그러나 골로새도 이전에는 브루기아에서 대단히 중요한 도시였다.

당연히, 멘데레스 계곡 근처 카이스트로스 강가에 위치하며 이 속주의 행정 중심지로서 항구를 갖춘 에베소는 이 속주의 거의 모든 지역에서 급성장하던 교역의 혜택을 입었다. 유대인 공동체는 에베소와 이 속주의 대다수 도시에서 특히 왕성한 활동을 펼쳤다.

빌립보와는 달리 데살로니가는 로마 통치를 받을 때도 확연히 그리스 도시의 모습을 유지했다. 마케도니아가 BC 167년에 네 영역으로 나뉜 뒤 데살로니가는 이 네 영역 중 두 번째 영역의 수도가 되었다. BC 146년에 이 지역이 로마 속주로 편성되면서 데살로니가는 속주 전체의 수도가 되었다.

하지만 데살로니가는 여전히 자유시로 남았으며, 내정(內政)은 그리스식 공화제 정부 형태를 통해 처리했다. 즉 시민이 모여 의사를 결정하는 평의회가 있었고, 주화(鑄貨)를 만들 권한이 있었으며, 성안에는 로마군 파견대가 주둔해 있지 않았다.

알려진 명문만을 검토해도 라틴어로 쓴 명문보다는 그리스어로 쓴 명문이 훨씬 더 많다. 사도행전 20장 4절이 보존해 놓은 명단에 따르면 예루살렘을 위한 연보를 전달하러 그곳으로 가는 바울과 동행한 데살로니가 사절 두 명 가운데 한 사람은 아리스다고(Aristarchus)라는 그리스식 이름을 가졌고, 다른 한 사람은 세군도(Secundus)라는 라틴식 이름을 가졌다.

가까이 있던 베뢰아는 또 다른 그리스 사람인 부로의 아들 소바더(Sopater)를 그곳으로 보냈다. 우리가 아는 유일한 또 다른 이름은 불행한 야손(Jason)이다. 사도행전 17장 5-9절은 그가 기독교인을 자기 집에 처음으로 맞아들인 사람이라고 말한다.

바울 전도단이 아가야 지방에 공동체를 세운 또 다른 고을은 고린도 동쪽에 있는 항구 겐그레아(Κεχριές)이다. 그러나 우리가 이 공동체에 관하여 아는 것이라고는 이 공동체의 '디아코노스'(διακονἑ, 종, 노비)와 '프로스타티스'(προστατις, 보호해 주는 여인)였던 뵈뵈(Phoebe)라는 사람의 이름뿐이다(롬 16:1-2).

초기 기독교에서 예배하기 위하여 공동체 지체들의 가옥에서 집회하는 관습은 일반적인 것이었다. 그래서 외견상 초기 기독교의 가장 현저한 특징은 가옥 교회라는 형식에 있다. 이것은 사도 바울이 자주 언급하고 있듯이 "누구의 집에 있는 교회"라고 표현한다(롬 16:5, 고전 16:19, 골 4:15, 몬 2).[47]

가정교회는 모든 사회적 · 윤리적 · 종교적 장벽이 무너지고 모든

---

47. 조병수. "로마세계에서 초기 기독교의 가옥교회." *Canon&Culture*, 제3권 제2호 (한국신학정보연구원, 2009), 91-122.

교인이 주의 만찬을 통해 그리스도의 몸으로 결합되고, 새로운 창조물의 공동체 및 독립적이고 고유한 종교적 · 사회적 실체로서 구체적인 기독교 공동체를 경험하는 장이 되었으며, 이방 사상과 유대교의 영향에서 기독교의 정체성을 유지할 수 있게 해 주었고, 선교의 기지요, 기도의 공간이요, 세례 교육의 자리였다.[48]

가정교회는 초대교회가 세계종교로 발전하는 모판이 되었다고 말할 수 있다.[49] 이처럼 초대교회는 팔레스타인 유대교의 한 종파로 출발했지만, 지중해 세계 전역으로 확산된 새로운 세계의 종교로 발전했던 것이다.

유대계 기독교인과 비유대계 기독교인

유대교에서 분리된 예수파 유대인들은 한편으로는 로마제국에 대한 정경분리적 호교(護敎)에 힘을 쏟고, 다른 한편으로는 자기의 박해 상황을 혹독하게 비판하여 자기를 확립하려고 한 측면을 가지고 있다.

그러나 그와 같이하여 독립된 집단정체성은 내부에서는 결코 단순하지 않고 어떤 균열에서 비롯된 독소를 가지고 있었다. '유대계 기독교인'(Jewish christians)들은 유대교와는 종이 한 장 차이와 같은 관계에 있었다. 그리고 서서히 다수파로 가는 중인 '비유대계 기독교인'(Gentile christians)과는 거꾸로 소수파로 전락해 가고 있었다.

---

48. 장동수. "신약성서의 가정교회." 「복음과 실천」 제37집 (침례신학대학교, 2006), 41-70.
49. 안연희. "고대 디아스포라 종교 사례로 본 지구화 시대 종교성에 대한 전망." 「디아스포라 연구」 제25집 (전남대학교, 2019), 175.

유대계 기독교인이라든가, 또는 히브리 기독교인은 유대인의 민족 정체성을 지키면서 기독교를 믿는 유대인을 이르는 말이다.

이들은 유대인의 민족정체성을 지키면서 기독교를 믿는 유대인을 일컫는다. 초기의 기독교 공동체는 예수를 성인이나 메시아로 받아들인 유대인들로만 이루어졌었고 유대의 안식일, 율법, 달력, 관습, 할례, 회당에서의 예배 등을 지켰다.

초대교회 공동체는 예수님을 성인(聖人)이나 메시아(구세주)로 받아들인 유대인들로만 이루어졌었고, 유대의 안식일, 율법, 달력, 관습, 할례, 회당에서의 예배 등을 지켰다. 하지만 수 세기가 지나고 비유대인 기독교인들이 기독교인의 대부분을 차지하게 되면서 기독교를 믿는 유대인들은 점차 사라져 갔다.

'유대계 기독교인'이란 말은 신약교회와 2세기의 교회의 이방인 기독인들과 논쟁 가운데 역사적 본문에 나타나기 시작하였다. 이 말은 역시 기독교로 개종했지만 유대의 유산과 전통을 고수하고 있는 유대인들에 대한 호칭이었다.

1세기 유대 기독교인들은 신앙심이 예수 그리스도를 구세주로 받아들인 동시대 유대인들에 비해 유별나게 돈독하였다. 그러기 때문에 그들은 마태 공동체가 수용한 유대적 전통을 수용하기를 바랐기 때문에 그들을 '유대주의자들'(Judaizers)이란 소리를 듣기까지 하였다.[50]

사도 베드로는 이에 대해 어느 정도 이해하려는 태도를 취했으나, 바울은 '안디옥에서의 사건'(갈 2:11–21)을 통해서 바울은 베드로가 취했

---

50. Damick, Fr. Andrew Stephen, *Orthodoxy and Heterodoxy*. (Chesterton, IN: Ancient Faith Publishing, 2011), 20.

던 유대의 전통적인 음식 규정에 관한 가르침을 반대하였다. 이 사건은 바울의 전도 여행에 중대한 영향을 끼쳤는데 그의 전도 여행의 전반부와 후반부로 나누는 계기를 이룬다. 이후 바울은 안디옥 교회를 두 번 다시 방문하지 않았다.

예루살렘 공의회(행 15:6–35)에서 바울의 가르침이 전 교회로 확대되는 계기를 마련하였다. 그리고 '유대화'(Judaization) 하는 작업은 몇 세기에 걸쳐서 유대계 기독교인들에 의해서 이루어졌다.

사도행전에 "헬라어를 하는 유대계 기독교인"들은 나중에 "아람 말을 하는 기독교인"으로부터 분리되어 스데반 집사 순교 후, 예루살렘으로부터 각 지역으로 흩어져 마침내 안디옥에서 정착한다. 이 집단이 나중에 이방 세계로 선교를 시작한 초기 기독교인의 선구자들이다.

독일 성경신학자 마르틴 헹엘(Martin Hengel) 교수는 "이방 세계로의 선교를 위해 '헬라 말을 하는 유대 사람들'이 안디옥 공동체에 참여한 바울과 예수님의 본래 제자들에게 직접적인 '실제적인 가교'의 역할을 하였다"[51]고 본다.

1세기 말엽에서 2세기에 걸쳐서 기독교는 서서히 그 무대를 세계 각지로 넓혀가고 세계인을 대상으로 앞에서 언급한 '이방인 기독교인'을 주체로 발전해 가기에 이른다.

---

51. Martin Hengel, *Between Jesus and Paul: Studies in the Earliest History of Christianity*(Translated by John Bowden), (Waco, TX: Baylor University Press, 2013), 35.

초기 기독교의 세계

초대교회의 기독교 평등 공동체

기독교인 공동체의 형성 과정에서 기독교 또는 기독교인의 정체성을 갖기 위한 가장 뚜렷한 행위로 성찬식(聖餐式) 참여와 수세(水洗) 행위에 대해서 집중적으로 거론하였다. 이 두 가지 행위는 초대교회에서 기독교와 기독교인의 정체성을 의미하는 가장 중요한 행위였기 때문이다.[52]

그런데 여기에서 기독교와 기독교인의 정체성 정립 과정에서 절대로 빠트릴 수 없는 또 한 가지 중요한 것은 성령의 사역에 대한 이야기이다. 그것은 기독교 공동체가 기본적으로 성령의 역사에 의해 이루어진 것이기 때문이다. 또한 이 작업은 초대교회 공동체의 본질을 탐색하기 위해서는 필수적인 작업이다.

사도행전 기자는 비록 유대교의 구조 속에 교회 공동체의 뿌리를 놓기도 하지만 그럼에도 불구하고 이를 뛰어넘어 '기독교인' 칭호를 통해서 새로운 공동체의 출현을 알린다. 새로운 공동체는 비록 유대교와 관련이 있다고 할지라도 유대교의 한계를 극복한 공동체인 것이다.

'기독교인'(Χριστιανός)이란 칭호는 유대인과 이방인, 그리고 헬라파, 히브리파라는 도식적 구조를 뛰어넘어 지리적·인종적 한계를 극복하는 공동체의 성격을 보여준다. 유대교의 한 분파라고 하는 오해나 혹은 유대와의 관련성과는 전혀 다른 새로운 공동체의 출현이 바로 그 주체가 되는 예수 그리스도를 따르는 사람으로 그 정체가 규정된 것이다.

성령을 통해서 지상 예수의 삶이 재현되며, 유대교와 구별되는 기

---

52. 박아청, 『정체성 이론에서 본 예수와 기독교』, (계명대학교, 2019), 349–352.

독교, 즉 기독교인의 정체성은 결국에는 성령 사건으로 규정된다. 말하자면 사도행전은 '성령'을 통해서 지상 예수 사역의 지속성을 받아들이는 공동체가 교회이며 이 교회에 속한 사람을 '기독교인'이라고 칭한다.

제의(祭儀)와 예언, 즉 성전과 율법을 통해서 유지되던 유대인 공동체의 구조 속에서 지상의 예수는 그러한 흐름을 깨뜨린 '하나님의 출현'이며, 이 출현은 유대인들의 분노를 촉발하고 예수를 죽음에까지 이르도록 만든 요인이었다.

그런데 예수님은 그의 죽음을 넘어서 새로운 실존적 양태로 그를 따르는 사람들과 함께하신다. 그렇지만 유대교의 구조 속에서, 유대교의 환경 속에서 시작된 기독교인 공동체에게 예수 그리스도는 유대교의 전통체에서 벗어나지 않았을뿐더러 오히려 그 전통의 계승자처럼 보이시기도 하셨다.

이러한 공동체에게 예수님의 승천 사건은 지상 예수님의 부재와 새로운 성령 시대의 선포와 공동체의 출현 예고이다. 사도행전의 성령 사건들은 예수님의 부활 전이나 후에 발생한 지상의 예수님께 의해 이끌리던 공동체가 성령공동체로 전환되는 과정을 보여준다.

사도행전에서 성령은 지상 예수님의 사역과 교회 사역의 연계성과 지속성을 보증하는 역할을 한다. 오순절 이후의 성령은 민족적 · 인종적이 아니라 보편적으로, 임시적이 아니라 지속적으로 기독교인들의 내면에서 활동하신다.

사도행전에서는 성령의 인격 및 사역적인 특성이 드러난다. 성령은 유대인이라는 인종적 · 지리적 한계를 뛰어넘어 모든 민족까지 포함하

초기 기독교의 세계

는 활동 과정에서 점진적으로 한 개인에게 초점을 맞추는 활동의 전환을 한다. 이 전환의 실체를 보여주는 것이 바로 '기독교인'의 칭호이다.

그러므로 이 전환을 기폭점으로 유대교와 구분되는 결별하는 새로운 공동체가 출현한다. 이처럼 유대교와 기독교의 분기점은 '성령'이며 이 성령을 통해서 개인화된 신앙을 소유한 자를 '기독교인'이라고 불렀던 것이다.

예수님은 열심 있는 유대인이었고, 비유와 같은 그의 가르침은 바리새인 랍비들과 유사했으며, 야고보나 베드로와 같은 그의 제자들은 유대교의 틀 안에 있던 사실상 유대교의 한 일원이고 분파였다.

그러나 이들은 율법의 준수가 아니라 바로 예수님은 메시아라는 것과 이 예수님을 통한 구원을 받아들이면서 점진적으로 유대교의 틀을 벗어난다.

이처럼 유대교와 분리되지 않던 초기 상황 속에서, 또한 유대교에 기반을 둔 상황 속에서 기독교인의 정체성은 그 기반이 되는 유대교와의 결연한 결별을 통해서 가능하게 되었던 것이다.

이러한 결별은 자생적인 활동이나 탐구에 의해 이루어지지 않고 대신에 외부적인 요인들에 의해서 이루어졌는데, 이 과정에서 두드러진 것은, 즉 주요 주체는 유대교에서 받아들여지지 않던 '성령'이었다.

바로 이 성령이 교회 공동체를 유대교와는 전혀 다른 '새로운 공동체'를 형성했고, 이 공동체에 속한 사람을 안디옥에서 '크리스천'이라고 칭했던 것이었다.

'기독교'라고 하는 집단정체성은 나사렛 예수님께 그 기원을 둔 '예수 운동'(Jesus movement), 보다 적절하게는 '유대인 기독교'의 개혁 운동이 수십 년에 걸쳐서 서서히 형성되어 갔다. 그것이 유대교로부터 명실 그대로 독립한 것은 AD 1세기 최후의 30년 동안에 일어났다.[53]

나사렛 예수님을 따르는 예수 운동은 민족의 위기 극복과 유대교 갱신을 추구했던 여러 종파 가운데 하나였다. 이 작은 무리가 유대교의 한계를 넘어 그리스 문화를 매개로 지중해 세계 전역으로 확산되는 새로운 종교로 발전되었다.

신약성경의 주된 관심은 기독교의 발전 역사보다는 예수 그리스도를 증언하고 당시 교회에서 제기되는 신앙, 목회, 선교와 관련된 문제들을 다루는 데 있었다. 기독교 교회의 초기 발전 역사를 서술한 사도행전도 다른 고대 역사서만큼 신뢰할 만한 역사 서술로 볼 수 있는데, 역사적 전승과 자료가 저자의 목적에 부합되게 재구성된 신학적 '역사'로 생각할 수 있다.[54]

그 마지막 때에 "기독교"란 명칭이 일반화되었다.[55] 그 독립에 있어서는 유대교와 자신들은 어떻게 다르며 또 어떻게 로마제국에 대해서는 위험한 종교가 아닌가 하는 것을 내외적으로 증명하지 않으면 안 되었다.

분명히 그와 같이 하여 유대교의 민족적 한계성이 보다 보편적인 지평에서 초월하여 주체는 이방인 출신의 교인들에게로 이행했지만, 동시에 유대교로의 저주나 성찬 전승의 추이에서도 본 바와 같이 유대교적 문화 요소의 냉혹한 단절도 포함하였다.

---

53. Jaeger, Werner, *Early Christianity and Greek Paideia*. (Harvard University Press, 1961), 108–109.

54. 서원모, 229.

55. Woodhead, Linda, *Christianity: A Very Short Introduction*. (New York: Oxford University Press, 2004), 1–3.

초기 기독교의 세계

3. 초대교회와 로마제국과의 관계

초대교회사는 로마제국사와의 깊은 관련이 있기 때문에,[56] 초대교회에 대한 이해는 단지 신학이나 종교와의 관계만이 아닌, 로마제국의 역사와 함께 다룰 때 가능하다. 로마는 그리스의 고전문학을 발전시켰으며, 기독교를 세계종교로 발전시킴으로써 서양문명의 모체가 되었다.

즉 로마는 초대교회의 기독교가 성장할 수 있었던 토양이었기에, 기독교와 로마제국이 빚었던 정치적 이해와 갈등의 양상을 살펴보는 것은 중요한 의미가 있다.

로마제국과 초대교회와의 관계를 연구하기 위해서는 기독교 공인 이전과 이후를 구분할 필요가 있다. 313년 콘스탄티누스 황제가 밀라노 칙령을 통해 기독교를 공인하기 이전까지 기독교는 혹독한 박해를 감내해야만 했고, 처절한 순교와 형극(荊棘)의 길을 걸어가야 했기 때문이다.

반면, 313년 기독교 공인과 392년 테오도시우스 황제의 기독교 국교화를 통해 기독교가 로마제국의 종료로 정리됨에 따라 순교의 피로 세워진 거룩한 교회의 승리로 자축하기도 하지만, 기독교 공인 자체가 콘스탄티누스 황제의 제국 통일과 권력화를 위한 수단으로 이용되고 기독교의 정체성이 변질되기 시작했다는 비판을 면하기 어렵다.

원래 기독교는 전통적인 그리스 · 로마 종교에서 보이는 것과 같

---

56. R. M. Grant, "Christian and Roman History," *The Catacombs and the Colosseum*, ed. S. Benks & J. J. O'Rourke (Judson Press, 1971), 23.

은 사회정치적 질서와는 판이하게 다른 세계관을 가지고 있었다. 왜냐하면 그들의 하나님은 비싼 제물을 정확하게 순서에 따라 많이 바치는 권력자나 부자들을 가까이하는 신이 아니라, 가난하고 슬프고 애통한 사람들을 부르는 신이었기 때문이었다.

처음 기독교는 부유한 자들도 없는 것은 아니었지만, 주로 노예나 하층민을 중심으로 믿어졌다. 모든 주변 민족의 종교를 로마화하여 정치적인 틀에 맞추어 실용적으로 수용하였던 로마에 기독교는 처음 매우 이질적인 종교였다.

무엇보다도 종교 자체가 정치와 긴밀한 관계 속에서 발달하였으며, 황제가 바로 제사장이며 정치적 수장이었던 로마 사람들에게 "가이사의 것은 가이사에게 하나님의 것은 하나님에게"라는 예수 그리스도의 말은 충격적인 것이었다.

기독교의 공인으로 박해받던 교회가 특권을 누리는 교회로, 대중들의 메시아적 희망을 심어준 공동체가 특권층의 기득권을 누리는 제도적 교회로, 종말론적 시간의 공동체가 현실에 안주하는 공간의 공동체로 변화됨으로써 그 본래의 기원과 목표, 그리고 과제와 기능을 상실하기 시작했다는 것이다.

이러한 특권에 도취된 기독교는 당시 로마제국의 모순된 정치적·경제적 권력체제를 승인하거나 정당화함으로써 이른바 로마제국의 정치적 보편주의와 가톨릭의 종교적 보편주의가 궤를 같이하면서 발전되었다.[57]

---

57. 정용석. "초대교부들의 하나님나라에 대한 이해." 「대학과 선교」 제7집 (한국대학선교학회, 2004), 125-148.

초기 기독교의 세계

이렇게 로마제국와 초대교회의 관계를 파악하기 위해서는 시대적인 구분에 따른 차이점과 교회와 국가 각각 입장의 차이점을 통해 좀더 세밀하게 살펴볼 수 있다. 1, 2세기에 걸친 국가에 대한 교회의 태도는 복종과 순응의 태도가 주도적이었다.

이러한 점은 베드로전서 2장과 로마서 13장, 요한계시록 13장 등의 신약성경 본문에 근거한 사도들의 입장과 클레멘스(Clemens)와 폴리카르푸스(Polycarpus) 등 사도교부들의 서신에 나타나 있다.[58]

하지만 3세기 교회는 세속국가로부터 교회를 엄격하게 구별하려고 했다. 유세비오스(Eusebius)가 증언한 대로, 사모사타의 파울로스가 안디옥 종교회의(268. 9년)에서 파문된 사건에서 볼 수 있듯이 감독으로서의 부적절한 덕목, 즉 그 당시 로마 총독과 같은 고위 관료 흉내를 냈다는 것이 기소의 대상이 되었다.

이러한 점은 3세기 교회의 감독이 세속국가의 고위 관료가 누리는 특권과 혜택을 행세하려는 것조차도 비난과 파문의 대상이 될 수 있음을 보여주는 사건이었다.[59] 하지만 이러한 상황은 4세기가 되면 급변하게 된다.

즉 콘스탄티누스 황제의 기독교 공인 이후, 교회의 세속화 혹은 세속정치화로 인해 교회 지도자들의 혜택과 특권은 당연시 여겨졌고, 보편적인 현상이 되었다. 성직자의 특권을 부여하고 시민의 의무, 즉 병역의무와 납세의무 등으로부터 면제시킴으로써 감독들은 국가로부터

58. 김유준. "로마제국과 초대교회와의 관계사." 「대학과 선교」 제35집 (한국대학선교학회, 2017), 186–187.

59. 염창선. "4세기 교회와 국가의 교회정치적 차원." 「한국교회사학회지」 제18권 (한국교회사학회, 2006), 97–98.

부여받은 면책특권과 다양한 명예 칭호를 통해서 고위 공직자와 같은 대우를 받았다.

반면, 교회에 대한 국가, 곧 로마제국의 태도 역시 313년을 기점으로 큰 변화가 있었다. 초기 3세기 동안 로마황제숭배를 거부하는 기독교에 대한 종교정책은 박해가 주된 현상이었고, 박해를 하지 않은 시기에도 보통은 적대적이거나 비우호적이었다.

하지만 4세기에 이르러서는 로마제국의 통일과 평화를 위한 중추적 협력자로 간주되어 관용과 우호, 심지어 비호와 특혜를 받게 되었다. 4세기 말에 이르러서는 권력의 상층부까지 영향력이 미쳤고, 이방인들과 이교도들에게 강압적인 자세로까지 변화되기도 했다.

그래서 종종 감독들의 지위와 그들이 누리는 특혜에 대해서 불평이 생길 만큼 감독들은 국가로부터 혜택을 받았다. 이렇게 4세기에 접어든 초대교회의 모습은 1, 3세기까지의 박해와 순교의 모습과는 현격하게 구별되는 특징들이 나타났다.

로마제국의 다원주의 정책과 기독교의 평등 공동체

BC 8세기부터 AD 5세기에 이르는 1200여 년 동안 로마는 서양사의 중심에 있었다. 공화정 로마가 공화주의, 평등주의라는 사회적 · 정치적 구조를 이룩했다면, 제정 로마는 세계동포주의(cosmopolitanism) 사회 구조를 형성했다.[60]

---

60. 사해동포주의(=cosmopolitanism)는 인종이나 민족, 국민이나 국가에 관계없이, 전 인류를 그 본성에서 혹은 신의 아래에서 모두 동포라고 보는 입장이나 태도. Brown, Eric, "Hellenistic

이처럼 약 300년에 걸친 군사적 정복을 통하여 지중해 연안의 거의 전 지역을 자신의 지배 아래 두었다. 로마가 당시로는 전 세계를 자신의 지배하에 둔 것은 세계화로 상징되었다.

세계화 곧 지구화는 '신적인 아우구스투스의 업적'에서 가장 중요한 대목이었으며, 그는 이 세계화를 통해 "전 세계를 로마의 지배 아래 복속시키고 제국의 경계선을 지구의 경계선과 같게 만들었으며, 로마 사람들의 세입을 안정시키고 일부는 증가시켰다"[61]라고 했다.

이러한 로마의 다원주의 정책도 실상은 알렉산더 대왕에 의해 건설된 헬레니즘 사상에서 비롯된다. 알렉산더 대왕은 폐쇄적이고 개인주의적인 도시문화를 동서 문화의 융합으로 세계 문화로 형성시켰다. 헬라어가 세계 공용어가 되어 헬레니즘의 고전적인 문화가 더 넓은 시야를 갖게 되는 창(窓)이 되었고, 이 창을 로마가 바로 계승하게 되어 이 사상을 완성하게 된다.[62]

제정 로마에서 세계제국화(世界帝國化)라는 보편성이 창출되어 로마제국의 보편화와 세계동포주의는 정치, 경제, 사상, 종교에서 발전하게 되었고, 기독교가 발전할 수 있는 토양이 된 것이다.

그러나 아우구스투스가 이룩한 다원주의 정책의 결과로서 '로마의 평화'는 외견상 로마제국을 평화롭고 질서 있는 사회로 보이게 했지만,

Cosmopolitanism", in *A Companion to Ancient Philosophy*, M. L. Gill and P. Pellegrin(eds.), (Oxford: Blackwell, 2006), 549–558.

61. 지동식 편역, "로마제국의 기독교 사회," 「로마제국과 기독교」, (서울: 한국신학연구소, 1983), 236–249.

62. Nussbaum, Martha C. "Kant and Stoic Cosmopolitanism," in *The Journal of Political Philosophy*. Vol. 5, N. 1, (1997), 1–25.

사실상 '로마의 평화'란 로마의 칼과 창에 의해 정복당한 민족의 입에 채워진 재갈과 쇠사슬을 뜻했고, 로마제국이 내세운 정책을 민족적 차이를 떠나서 제국의 어느 곳에서든 가장 밑바닥에 있는 사람들을 효과적으로 수탈하기 위한 제도에 불과했다.

피정복민의 관점에서 보면 실제로 아우구스투스에 의한 로마제국의 통치는 군사적 폭력에 의한 지배였고, 그가 세운 새로운 질서, 즉 팍스 로마나는 삶을 혼란스럽게 만들고 황폐화하는 무질서였다. 제국의 수도와 도시 지역의 부유한 권력층에게는 팍스 로마나가 질서를 의미했지만, 피정복민들에게는 기존의 촌락공동체적 삶이 붕괴되고 혼란에 빠지는 것을 의미했다.[63]

따라서 로마제국이 내세운 평화와 질서의 구호 이편에는 민족과 지역, 계급 간의 뿌리 깊은 갈등이 있었고, 제국은 어떻게든 이 문제에 대해 대책을 세워야 했다. 정복을 통해 다양한 인종과 영토, 문화를 자신의 통제 아래 두게 된 로마제국은 우선 공식적으로 다문화주의 정책을 취했다.

오로지 인종에만 근거해 편견을 갖거나 특권을 부여하는 일은 비교적 드물었다. 로마는 유대인을 포함해서 각 민족 집단이 정부의 간섭 없이 자신의 법과 관습에 따라 사는 것을 공식적으로 승인했다.

그러나 로마는 그리스 문화와 함께 로마 자체의 정치경제적 이익을 옹호했다. 그리스-로마의 문화, 경제, 정치에 참여하기 위해서는 많은

---

63. 리처드 A. 홀슬리(Richard A. Horsley), 『갈릴리: 예수와 랍비들의 사회적 맥락』(Archaeology, history, and society in Galilee : the social context of Jesus and the rabbis), 김준우 역 (서울: 이화여자대학교, 2007), 220.

초기 기독교의 세계

재산이 필요했고, 재산을 소유하고 유산을 상속하기 위해서는 시민권이 있어야 했다. 부유한 사람들은 지역의 시민이면서 동시에 로마의 시민이 될 수 있었다.

로마는 정복자의 귀족에게 협력의 대가로 시민권을 수여했다. 어느지역, 어느 민족을 막론하고 가난한 사람들은 시민권을 얻을 수 있는조건을 충족시키지 못했다. 고향에 살든, 멀리 떨어진 타지에 살든 속주 민중의 입장에서 보면, 정치경제적 권력과 그리스-로마 문화를 통한 로마의 지배는 기왕의 토착적 지배체제 위에 또 하나의 강력한 착취구조가 자리 잡는 것을 의미했고, 문화적 차원에서는 오랫동안 지켜온 자신들의 전통적이고 자생적인 삶의 방식을 열등한 것으로 여기게만드는 것이었다.

다원주의적 문화정책은 강압적으로 그리스-로마 문화를 토착민에게 강요하지는 않았지만, 자생적이고 토착적인 삶의 방식과 문화를 시대에 뒤떨어지고 초라해 보이게 만들었고, 그것은 토착민 중 일부가 제국의 문화를 동경하여 고향을 떠나 헬레니즘 대도시로 이주할 마음을가지게 만들었던 것이다.[64]

결국 표면적으로 다원주의 정책을 폈다고 하더라도 사회경제적 차원에서 이루어진 실질적인 파괴와 착취는 토착적인 문화와 삶의 방식을 무너뜨리고 문화적 경향으로 가게 유도했다.

그러므로 팔레스타인만이 아니라 로마제국에 포함된 거의 전 영역에서 제국에 의한 세계화는 표면상 문화적 다원주의를 표방하고 있었지만, 실질적으로는 피지배 민족의 억압과 삶의 파괴로 이어졌다. 따라

---

64. 위의 책, 51-65.

서 지배계급과 피지배계급 간의 첨예한 갈등과 대립이 도시와 농촌의 갈등 양상으로뿐만 아니라 도시 안에서도 그 모습을 드러냈다.

이것은 로마제국에 의한 세계화의 혜택을 받은 자와 그렇지 않은 자의 대립으로 요약될 수 있을 것이다. 로마 사람들과 그들이 흡수한 토착 지배 세력이 소수의 지배계급을 형성하고 있었던 반면, 대다수의 토착민은 그리스-로마 문화에 결코 흡수되지 않았을 뿐 아니라 헬라화되지도 않았다.

그들은 전통적인 생활양식, 그들만의 종교적 · 사회적 · 경제적 · 법적 · 문화적 특성을 고수했다. 이것은 표면적으로 하나의 통일체였던 로마제국이 내적으로는 불평등한 두 부분, 즉 로마와 그에 결탁한 세력과 토착민으로 분열되어 있었음을 보여준다.

고향에서 밀려난 사람들은 제국 내 대도시의 하층민으로 유입되어 외국인 거주지로 살아갔다. 그러므로 로마제국에 의한 세계화의 실질적인 의미는 고국에서건, 아니면 농촌에서건 주민들의 자생적인 삶의 기반을 밑바닥에서부터 뿌리째 뒤흔들고 무너뜨리는 것이었다.

이러한 상황에서 피지배계급의 혁명과 항쟁의 분출이 일어나는 것은 당연했다. 로마제국에 대한 이러한 투쟁들은 정치운동임과 동시에 종교운동이었고, 계급적으로는 지배계급에 대한 피지배계급의 저항적 성격을, 지역적으로는 서방에 대한 동방의 대항 성격을 띠고 있었다.

그러나 제국의 안보를 위해 로마는 피정복민들에게 충성, 즉 복종을 요구했고, 이때 로마가 피정복민들에게 요구한 정치적 · 군사적 '충성'을 나타내는 'fides'(피데스), 또는 그리스어로 'πιστις'(피스티스)라는 말은 신약성경에서 그리스도에 대한 '믿음'을 나타낼 때 사용한 말로 동일

초기 기독교의 세계

한 단어였음은 의미가 있음을 시사한다.

제국을 유지하기 위한 로마의 통치 방식은 주민들에게 공포와 두려움을 불러일으켜 복종하게 만드는 것이었고, 기본적으로 그것은 폭력에 의한 통치였다.

이처럼 로마제국은 외견상 문화적 융합주의, 다원주의, 세계화를 표방했지만, 실질적으로는 군사적 정복과 공포에 의한 통치를 했다. 이로 인해 정치적 · 사회적 혼란과 갈등, 대립이 증폭되었고, 이것은 정신적 · 영적 혼란과 위기로 이어졌다. 또한 이것은 대중적 종교가 융성하는 토양이 되었다.

근본적으로 이러한 종교들은 억압받는 자들의 열망과 희망을 반영했다. 유대교와 기독교의 묵시문학에 내포된 반로마적 특성, 어떤 형태든 지배를 거부하는 아나키즘적 특성은 그 한 예라고 할 수 있다. 이러한 사상은 초기 기독교의 탄생과 선교에 반영되어 있다고 할 수 있다.

유대교 내의 갱신 운동으로 시작된 예수 운동은 로마제국의 세계화로 인해 내적으로, 외적으로 피폐해진 유대 주민들의 삶과 직접 대면하는 것이었고, 주민들은 거기에 열렬히 반응했다. 예수님이 그려주신 하나님 나라의 질서는 로마의 제국적 질서와는 완전히 상반되는 것이었으며, '팍스 로마나'(Pax Romana, '로마의 평화')로 상징되는 로마제국의 신질서에 저항하는 것이었다.

예수님은 갈릴리 촌락공동체의 사람들에게 군사적 폭력과 삼중의 경제적 수탈을 의미하는 로마제국의 지배가 하나님의 심판 아래 있다고 선언했다. 기독교는 로마의 제국적 질서가 임박한 하나님 나라의 심판 아래 놓여 있다는 종말론적 확신 속에, 사회적 갱신의 선교를 시작했다.

기독교는 하나님이 그 백성들의 삶 속에서, 또한 그들의 공동체 속에서 활동하고 계신 것으로 이해했다. 아직은 제국의 무시무시한 질서가 유지되고 있지만, 로마 지배자들과 헤롯가(家)의 왕들과 대제사장들이 하나님의 유죄 선고를 받았기 때문에, 예수님은 제국의 영향을 치유하고 그들의 공동체 생활을 재건하도록 백성들을 일깨우는 일에 몰두할 수 있었다.

매사추세츠대학의 리처드 A. 홀슬리(Richard A. Horsley) 교수는 초기 기독교에서 전개한 하나님 나라 운동의 기본 정신은 모세 계약에서 시작되었고, 예언자들에 의해 계승된 계약공동체의 부활에서 찾았다. 그는 예수님의 하나님 나라 운동에 대해서 이렇게 말한다.

> 예수는 로마제국의 지배 아래 사회가 해체되는 위기 속에서 이스라엘 예언자들이 백성을 갱신했던 전통, 특히 계약에 근거한 협동과 정의를 갱신한 전통에 입각하여 모세와 엘리야, 즉 민족의 창시자와 갱신자와 같은 예언자의 역할을 맡아 로마제국주의의 파괴적 영향을 치유하며, 백성들의 계약공동체를 갱신했다. 이 모든 측면에서 예수는 로마제국의 지배 아래 있는 이스라엘 백성들의 역사적 상황 속에 완전히 뿌리박고 있었다.[65]

초대 기독교는 촌락공동체에서의 나눔과 협동의 삶을 통해 모세 계약에 근거한 자유롭고 평등한 삶을 추구하였다. 그들은 로마제국의 지배 아래 파괴의 위기에 직면한 이 나눔과 협동의 촌락공동체적 삶을 부활시키려고 부단히 노력했다.

---

65. 위의 책, 207.

그리고 상호 호혜적인 사회경제적 관계를 회복시키고자 했으며, 또한 테러리즘과 폭력에 기반을 둔 로마제국과 그 의뢰인-왕들의 통치로 인해 자긍심을 잃고 내면적으로 갈가리 찢긴 백성들의 마음을 스스로 살아가는 주체적인 삶을 향해 회복시켰다.

기독교 공동체는 로마제국의 세계화로 인한 군사적 폭력과 경제적 착취의 파괴적 영향을 치유하고, 촌락공동체의 문화적 전통과 공동체의 활기를 되살리는 활동을 전개하였다.

갈릴리의 촌락들에서 행한 예수님의 하나님 나라 선포는 과거 그 주민들이 모세계약의 평등주의적 전통에 따라 살아온 공동체적 정신과 협동의 정신을 재활성화하고 제국의 폭력이 가져다준 신체적 · 정신적 상처들을 치유하는 것이었다.

초대교회 변증가의 로마황제에 대한 입장

락탄티우스의 「박해자들의 죽음에 관하여」는 전적으로 교회의 입장을 대변해 준다. 그는 불경한 자들의 음모가 근절되고 기독교인에 대한 황제들의 피에 굶주린 명령들이 철회된 데 대한 만족감을 서술하면서, 기독교 박해자들에 관해 역사적으로 요약했다.

락탄티우스는 네로, 도미티아누스, 데키우스, 발레리아누스, 아우엘리아누스, 디오클레티아누스, 그리고 그의 공동통치자들까지 거론했다. 하지만 그는 네로 황제에서 디오클레티아누스 황제 때까지 30명의 황제가 있었지만, 동시대를 제외하면 5명밖에 언급하지 않았고, 나머지는 다음과 같이 서술했다.

다수의 선량한 황제들이 로마제국의 진로를 결정한 뒤이은 시기에 교회
는 적의 공격을 받지 않고 동방과 서방으로 영향력을 더욱 확대시킴으로
써, 지상의 아무리 먼 지역이라도 하나님에 대한 숭배가 미치지 않은 곳
이 없었다.[66]

이러한 점은 기독교를 박해한 황제들은 소수에 불과하며, 황제들의
대다수가 기독교에 대해 중립적인 태도를 취했거나, 심지어 우호적인
태도를 취했음을 알 수 있다.[67]

테르툴리아누스도 그의 「변증론」(Apologeticum)에서 박해자 명단으로
네로 황제와 도미티아누스 황제만을 꼽고 있다. 이러한 점은 사르데이
스의 멜리톤(Meliton)에게서도 나타난다. 멜리톤도 네로 황제와 도미티아
누스 황제야말로 기독교에 불명예를 씌우려 한 유일한 황제들이었다
고 여겼다.

그러나 그들까지도 악인들의 선동이나 혹은 무지의 소치로 그렇게
한 것이라고 말하고 있다. 이러한 견해는 기독교인들이 희망적 사고에
사로잡혀 현실을 외면한 것인가? 아니면 교회의 우호적 관점을 통해
국가의 영향력의 변화를 기도한 것인가? 이러한 의문에 대한 답변과
함께, 기독교인들이 박해자들을 어떻게 설명했으며, 타협했는지도 확
인해 보아야 한다.[68]

---

66. Lactantius, *De mortibus persecutorum*, III. 4. 김유준, "로마제국과 초대교회와의 관계사." 197에
　　서 재인용.
67. 쿠르트 알란트 · 지동식 편역, "초기의 교회와 국가관계: 재해석." 지동식 편역, "로마제국의 기독
　　교 사회." 「로마제국과 기독교」, (서울: 한국신학연구소, 1983), 221-235.
68. 김유준, "로마제국과 초대교회와의 관계사." 앞의 책, 197.

멜리톤의 「변증론」은 소아시아에서 일어났던 박해에 관해, 마르쿠스 아우렐리우스 황제를 향해, "만일 당신의 명령권하에서 이와 같은 일이 일어난다면, 그것은 반드시 공정하게 처리될 것입니다. 왜냐하면 공정한 황제는 결코 부당한 결정을 내리지 않을 것이기 때문입니다. 그리고 우리들로서는 그런 죽음의 영광을 기꺼이 받아들일 것입니다"[69]라고 말했다.

하지만 락틴티우스, 테르툴리아누스, 멜리톤은 국가가 교회에 대해 대부분 우호적이었거나 적어도 중립적이었음을 강조한 것은 아니다. 기독교인을 옹호한 타티아노스, 밀티아데스, 헤에라폴리스, 아폴리나리스, 멜리톤, 그리고 아데나고라스 등의 저술가들은 모두 마르쿠스 아우렐리우스 황제 치하에서 기록했다.

그들은 기독교인들이 그 명칭을 가지고 있다는 이유 때문만으로 대중들로부터 박해를 받았다고 기록하고 있다.

실제로 아우렐리우스 황제 치하의 기독교인들은 공중목욕탕과 시장에의 출입을 거절당했으며, 대로에서의 통행도 금지되었다. 그들은 대중들에게 사형을 당하도록 방치되었으며, 구타당하고 약탈되고, 돌로 타박상을 입는 등의 모욕을 당했고, 마침내 시장에 있는 시당국에 끌려가 투옥되었다.

수감자의 수는 갈리아의 두 사회에서 계속 증가하여 어떤 지위를 유지하거나 특별한 명성을 누리던 모든 기독교인까지도 감옥에 갇히고 말았다. 그들 중 상당수는 연령이나 성에 관계없이 미리 마련된 방법에 따라 고문을 당하였고, 나머지 사람들은 원형경기자에서 사나운

---

69. Tertulianus, *Apologeticum*, 26, 6, 김유준, 1980에서 재인용.

동물들에게 던져지거나, 다른 방법으로 살해되었다.

감옥에서 죽은 사람들은 개의 먹이로 던져졌고, 갈기갈기 찢어지고 부분적으로 불에 탄 시체들은 병정들의 감시하에 6일 동안이나 전시되었고, 마침내 화장되어 그 재는 론강(江)에 뿌려졌다. 테르툴리아누스 역시 일반 대중들 사이의 기독교인이라는 이름에 대한 증오를 언급하면서, 기독교인의 비참한 실상을 소개하고 있다.

이러한 점으로 미루어 볼 때, 기독교인들이 희망적인 사고에 사로잡혀 현실을 외면했다고 보기에도 무리가 있다.

이러한 태도는 초기의 기독교인들에게 로마제국은 그들의 국가로서, 로마 국가에 관한 신학적인 관점 이외에, 공리적인 국가관을 가지고 있기 때문이라고 쿠르트 알란트(Kurt Aland)는 주장했다.[70]

국가에 대해 손해를 미치는 행위는 그들 자신에게도 이로운 것이라는 의미이다. 그래서 교회와 국가의 관계에서 멜리톤, 테르툴리아누스, 탁틴티우스 등이 그들의 역사연구에 이러한 점을 기초로 삼고 있다고 본 것이다. 처음부터 교회는 국가에 대해 호의적이었고, 교회는 신성한 하나님의 기구로서의 로마제국에 한 가지만을 제외한 모든 것은 바칠 수 있는 준비가 되어 있었다.

그 한 가지가 바로 황제숭배였다. 하지만 로마제국은 교회에서 설정한 한계를 인정하지 않았기에, 계속해서 갈등이 일어났다. 교회는 근본적으로 갈등을 일으키는 자가 황제 자신이 아닌, 기독교적인 악마에 의해서 인도되는 황제의 불량한 간신배들이라고 생각했다.

---

70. Kurt Aland, "The Relation between Church and State in Early Times: A Reinterpretation." 113-123.

이렇게 보면, 4세기 콘스탄티누스 황제가 기독교인으로부터 받은 대접이 설명될 수 있을 것이다. 교회는 그동안 받아왔던 유혈적인 박해가 종식되었기에, 콘스탄티누스 황제의 신앙 상태와는 상관없이 그가 칭송을 받았다.

즉 3세기 동안 기독교인들에게 축적되었던 국가에 대한 충성의 필요성이 로마제국 전체에 퍼지게 되어, 교회와 국가의 관계가 회복되었다. 그래서 니케아 공의회에서 감독들은 콘스탄티누스 황제에게 많은 것을 양보하고 인정할 준비가 된 것이다.

그래서 초대교회는 교회가 시작될 때부터 국가를 하나님께서 세우신 사회적 삶의 한 형태로 간주하면서, 스스로를 국가의 울타리에 한정했다.

제 2 장

초대교회의
확장과 변질

1. 기독교 공인에 따른 교회의 세속화

기독교를 박해했던 로마제국의 황제에 의해 기독교가 확장되었다는 것은 놀라운 일이 아닐 수 없다. 이 엄청난 변화의 성장 이면에는 콘스탄티누스 황제의 후원이 있었으며, 이로 인해 교회는 외적인 성장을 이루었고 확장도 절정을 이루었다.[1] 또한 로마제국은 기독교적 인도주의가 도입되었으며, 기독교의 성직자들도 기존에 받지 못했던 특권을 누릴 수 있게 되었다.

초기 기독교가 로마제국의 국교 지위에 오른 사건은 교회의 발흥과 확장을 가져오는 계기가 된 것은 사실이나, 교회로서 가져야 할 본질을 망각하는 계기를 초래하게 되었다는 것 또한 사실이다. 공인 이후 지금까지의 이스라엘을 통한 하나님의 규례들(율법)과 300여 년간 예수의 사도들과 제자들이 순교의 피를 통하여 발전되어 온 기독교의 전통이 순식간에 폐지되거나 변형되었다.[2]

---

1. Roderic L. Mullen, *The Expansion of Christianitomy: A gazetteer of its first three centuries*, (Leiden; Boston: Brill, 2004), 23–57.
2. 자스토 L. 곤잘레스(Justo L. Gonzalez), 『초대교회사』(*(The) story of christianity*), 서영일 역 (서울: 은성출판사, 1995), 68–70.

공인 이후 로마제국은 교리 문제를 최고 권력자로서 강제적으로 결정하였고, 순종치 않을 경우에는 이단으로 몰아 추방하였다. 외형적인 교회 건물들이 멋있게 지어지고 예배도 콘스탄티누스 황제의 궁중 예식에 맞춰 새롭게 정해졌다.

교회는 로마제국의 거의 모든 인구를 받아들여 그야말로 대중의 교회가 되었으나, 동시에 세상의 교회가 되어 버렸다. 위선자들과 형식적인 신자들의 수가 급속히 증가했다. 많은 이교적 관습들과 관행들이 이름만 바꾼 채 예배와 기독교인의 삶에 끼어들었다. 이처럼 콘스탄티누스 이전과 이후의 차이는 참 기독교가 단절되고 거짓 기독교가 시작되었다는 데 있지 않고, 거짓 기독교가 참된 기독교를 압도했다는 데 있었다.

교회의 사역지가 크게 넓어지긴 했어도, 거기에는 옥토도 많았던 반면에 황량하고 잡초가 무성한 돌밭이 훨씬 더 많았다. 이로써 과거에는 박해 가운데 적대감을 가지고 있었던 기독교인과 이교도와의 두 세력이 이제는 세상 유혹 가운데 교회의 세례와 신앙고백이라는 외적인 형식 안에서 뒤섞여지고 기독교 품 안에 들어와 대립과 투쟁이 전개되며 오늘날까지 흘러오게 된 원인이 되었다.

다시 말해서 '알곡과 가라지(잡초) 비유'(마 13:36-43)의 성경 말씀이 이루어진 것이다. 콘스탄티누스의 AD 313년 기독교 공인과 AD 325년 니케아 공의회 사건은 기독교를 타락시키는 큰 위험이 그 안에 내포되어 있었다. 로마제국은 여전히 이교에 깊이 뿌리를 두고 있었던 법률과 제도와 관습을 지니고 있음으로써 일거에 변화시킬 수 없었다.

오히려 40여 년간 광야 생활을 끝내고 가나안 땅에 들어간 이스라엘 백성이 모세와 여호수아의 가르침을 따르지 않고 가나안 땅의 바알 우상숭배에 빠져들어 하나님의 진노를 샀던 것처럼 콘스탄티누스의 갑작스러운 기독교 공인과 니케아 공의회 이후 로마제국의 기독교는 지속적으로 세속화되어 갔다.[3]

교회에 미친 긍정적 영향

1. 교회의 제도적 발전

321년부터 주일을 지키기 시작하였는데, 기독교인들은 아무 일도 하지 않고 오직 그리스도의 말씀만 듣는 날이 되었다. 원래는 로마제국 의 휴일로서 모든 노예적인 노동들을 금지하는 날이었다. 이날이 교회 에서 주님을 기억하는 한 주간의 첫날로 이전된 것이다.

그러나 로마 법조문에는 태양의 날이라는 이름으로 올려졌는데, 이 것은 기독교적이거나 이교적인 의미도 가질 수 있는 것이다. 왜냐하면 이미 기독교 이전에 로마제국에서 성행하였던 태양숭배 종교(미트라교 [敎])가 일요일을 섬겼기 때문이었다.

로마제국의 법이 기독교에 유리하게 제정되자 이전까지 사회 저변 에서 은거하던 기독교인들이 사회 표면으로 부상하였고, 이른바 기독 교인들의 사회 진출은 눈부시게 도약하였다.

교회 내에서는 낮은 종의 형체를 버리고 화려한 궁정의 예복을 입 었다. 초기의 소박한 예배 대신에 다채롭고 복잡한 예배를 취했다. 온

---

3. 이천희, "기독교 공인으로 인한 초기 로마교회 세속화 연구." (온석대학교 박사학위논문, 2020), 66-85.

초기 기독교의 세계

갓 세련된 예술을 예배에 도입했고, 기독교 건축, 조각, 회화, 시 음악의 숭고한 작품들을 배출하기 시작했다.

외형적 성직 제도가 발달함에 따라 사제직, 제사, 제단 같은 이교와 흡사한 개념들이 좀 더 발달하고 확고하게 자리를 잡았다. 또한 교회의 절기와 축일의 수도 늘어났으며, 하나님께 드리는 공(共) 예배가 연극적인 성격을 띠면서, 아직 신령과 진정으로 하나님을 예배할 힘이 없던 사람들의 마음을 사로잡고 강한 인상을 심어주었다. 예배가 지성과 의지보다는 눈과 귀, 정서와 상상에 비중을 두었다.[4]

또한 4세기 이후에는 연례 종교 축일들을 고정된 주기로 표기한 교회력이 등장한다. 물론 이때의 교회력은 세부 내용에서는 변동이 잦았으므로 가톨릭 교회력의 골격을 형성했다고 볼 수 있다.

민간과 국가가 사용하던 달력과 구분이 되는 교회력 개념은 유대교에도 나타나며 어느 정도 이교에서도 일찍부터 존재했다. 교회력(敎會曆), 곧 종교력은 공식적 절기들을 주기적으로 기념함으로써 민중에게 주요 사건들의 기억을 간직하게 하려는 의도로 볼 수 있다.

따라서 유월절(逾越節)은 부활절(復活節)을 가리켰으며, 초실절(初實節)은 기독교 오순절(五旬節)을 가리켰다. 이 두 절기가 교회력의 핵심이다. 4세기에는 성탄절이 과거의 두 주요 절기에 추가되면서 이전의 주현절(主顯節, Epiphany), 곧 그리스도께서 메시아로 나타나심을 기념하는 절기가 있었다.

---

4. 샤프, 필립(Schaff, Philip), 『교회사 전집 3권—니케아 이후의 기독교』(History of the Christian church), 이길상 역 (고양: 크리스천다이제스트, 2005), 348.

2. 기독교 및 성직자에 대한 지원

콘스탄티누스 황제는 성직자들에 대하여 의무를 면제하는 칙령을 내리게 된다. 성직자들에게 면제된 의무들 가운데는 부역, 군 복무, 큰 비용이 드는 품위 유지, 또한 교회 부동산에 대한 세금이다. 313년에 콘스탄티누스가 최초로 아프리카의 가톨릭 성직자들에게 부여했으며, 그 후 319년에는 제국 전 지역의 기독교 성직자들에게 확대했다.

이러한 정책에 편승하여 많은 사람들이 내적 소명이 없이 성직자를 자원함으로써 국가에 손해를 끼쳤다. 그러자 320년에 황제가 "부자들이 세상의 짐을 짊어져야 하고, 가난한 자들을 교회의 재산으로 부양해야 한다"는 단순한 근거로 부자들에 대해서 성직자가 되지 못하도록 규제하고 성직자의 인원수를 제한하는 법을 제정했다.

이전까지는 성직자들이 기독교인들의 자발적인 헌금에만 의존해서 살았으며, 기독교인들 또한 대부분 가난한 사람들이었다. 그런데 이제는 교회 기금에서 그리고 로마제국의 황실과 지방 정부의 재정에서 지불되는 고정적인 급여를 받게 되었다.

지원 수단이 충분치 않은 경우에는 성직자가 농사를 짓거나 따로 부업을 하여 생계를 유지해야 했다. 하지만 공인 이후 형편이 펴지면서 먹고사는 문제를 염려하지 않게 되고, 독립적인 태도를 갖게 되며, 모든 힘을 본연의 의무에 쏟아붓게 된 점도 있었다.

반면에 안락과 사치에 빠지고, 무수한 무자격자들이 성직자가 되어 볼 생각을 품게 되고, 교회의 재정이 커져 교회가 자선을 하게 되면서부터 교인들 사이에서 자유롭게 이루어지던 구제의 관행도 위축되었다.

로마의 사학가 암미아누스 마르켈리누스(Ammianus Marcellinus)는 시골 교회의 성직자들은 대체로 소박하고 절제된, 덕스러운 생활을 했다고 전하는 반면에,[5] 여성 신도들의 연보로 크게 성장한 로마의 많은 성직자들은 매우 사치스러운 옷을 입는 것이 주를 이루었고, 왕실의 연회를 능가하는 연회를 열었다고 한다.

3. 교회의 교리 논쟁으로 인한 교리의 발전

콘스탄티누스 황제가 기독교 교회의 내적인 문제에 직접적으로 개입하게 된 사건은 북아프리카에서 일어났던 도나투스 논쟁이라고 불리는 교회 내부의 분쟁과 아리우스와의 삼위일체 논쟁 때문이었다.

콘스탄티누스는 도나투스파와 아리우스 논쟁을 교회의 분열을 일으키는 심각한 요인들로 보고 그것을 신속히 해결하고 교회의 일치를 이루려고 했다. 그래서 논쟁에 대한 그의 기준은 최대다수의 교회들이 받아들일 가능성이 보이는 쪽에 기울어져 있었다고 볼 수 있다.

이것은 도나투스파 논쟁에서 아프리카 총독으로 있던 아눌리우스와 논쟁의 한가운데 있던 감독 캐실리아누스에게 보낸 자신의 서한에서 발견할 수 있고, 니케아 공의회에서 니케아 신조에 대한 논쟁 때 옳고 그름을 불문하고 '합의'를 추구했던 콘스탄티누스의 태도에서 알 수 있다.

---

5. Kagan, Kimberly, *The Eye of Command*, (Ann Arbor: University of Michigan Press, 2006), 23.

4. 교회의 재산 환원 및 성전 건축

교회는 전 재산을 유증(遺贈)할 수 있는 권리와 노예들을 해방시킬 수 있는 권리를 부여받았다. 특히 재산 획득에 있어서 아우구스투스 이래로 미혼자에게 부과되었던 법적인 제한 조치를 성직자들을 위해 폐기하였다. 미혼자인 성직자들이 재산을 소유할 수 있도록 하기 위해서이다.

기독교를 박해하던 시절에 압류되었던 교회의 재산이나 교회의 건물들도 그사이에 다른 사람의 소유가 되었더라도 즉각적으로 기독교인들에게 환수되었다.[6] 이로써 교회는 합법적으로 재산을 소유할 수 있게 되었고, 성직자들도 개인의 재산을 보호받을 수 있게 되었다.

그러나 이와 같은 법은 후에 교회와 성직자들의 물질적인 타락을 야기하였다. 또한 콘스탄티누스는 로마제국의 많은 곳에 교회 건물을 세웠다. 그는 이전에는 없었던 웅장한 규모의 교회들을 건축하기 시작하였는데 이를 위하여 먼저 황제 자신이 소유한 토지나 건물들을 기부하였고, 이교도들의 신전을 허물기도 하였다.

콘스탄티누스 황제는 그의 재임 시절에 기독교 교회의 건물을 제국 곳곳에 세우는 데 주력하였는데, 그의 신앙심의 발로라고만 보기에는 좀 어울리지 않은 것이었고, 매우 막대한 투자로 보인다. 즉, 그가 이토록 교회 건물을 제국 곳곳에 그것도 매우 거대하고 호화로운 건물을 세운 것은 그의 정치적 목적도 포함되어 있었다.

콘스탄티누스는 로마와 예루살렘에 바실리카식 성당을 지었는데

---

6. 쿠르트 알란트(Kurt Aland), 『인물로 본 초대교회사』(*A History of Christianity: From the Beginnings to the Threshold of the Reformation*), 김성주 역 (서울: 도서출판 엠마오, 1992), 172.

그중에서도 예루살렘에는 주님 무덤 성당(Church of the Holy Sepulchre)을, 이를 모범으로 하여 제국의 수도 로마에는 성 베드로 사도 묘 위에 세운 옛 성 베드로 대성전(Old St. Peter's Basilica)을 지었다.

그리고 성 바오로 사도 묘 위에 세운 산 파올로 푸오리 레 무라 대성전(Basilica di San Paolo fuori le mura)을 세웠다.

이 세 대성전은 440년 무렵에 세워진 산타 마리아 마조레 대성전(Basilica di Santa Maria Maggiore)과 함께 4대 상급 대성전이 되었다.[7]

대 바실리카 건립은 콘스탄티누스가 기독교인으로서 제국을 하나로 일치시키고자 했던 그의 의지의 표현으로 보인다. 곧 제국의 모든 국민이 이교적 신앙을 버리고 기독교에 귀화함으로써 제국을 한 종교로 묶어 분열을 막고자 한 그의 의도가 숨어 있었다고 볼 수 있다.

이 시기에 로마제국에서 일어난 건축의 변화 모습에서도 이러한 현상을 볼 수 있다. 건축가 홍순명 교수는 로마 기독교 교회 건축에 관한 연구에서 다음과 같은 결론을 내리고 있다.

> 가정교회나 도무스 에클레시아를 중심으로 형성되었던 서민적이고, 비위계적이며, 자기희생적인 공동사회(Gemeinschaft) 성격의 초기 기독교 교회 건축이 콘스탄티누스 바실리카 교회를 중심으로 귀족적이고 위계적이며 체계적 교권제도를 통한 초국가적 집합사회(Gesellschaft)로 변화되어 갔다.[8]

---

7. 클라센, 비난트(Klassen, Winand W.), 『서양 건축사』(History of Western architecture), 심우섭 · 조희철 역 (서울: 대우출판사, 1990), 76–81.
8. 홍순명, "초기 기독교 교회건축에서 로마 바실리카의 기독교회와 기독교 건축의 로마화에 관한 연구," 『한국실내디자인학회 논문집』 제22권 제6호 (한국실내디자인학회, 2013), 161.

교회에 미친 부정적 영향

1. 정부와 연합으로 만든 교회의 세속화

로마제국의 법이 기독교에 유리하게 제정되자 이전까지 사회 저변에서 은거하던 기독교인들이 사회 표면으로 부상하였고, 이른바 성직자들과 평신도들은 새롭게 바뀐 질서에 신속하고도 쉽게 적응했으며, 사회진출에도 눈부시게 도약하였다. 황제가 자신의 측근에서 일하는 기독교인들을 대거 등용함으로써 이전에 없던 기독교인들의 번영이 시작된 것이다.

콘스탄티누스가 회심하고 기독교가 점차 국교화되어 가면서 초래된 가장 중요한 효과는 이교와 이교 사제들이 누려온 특권까지 얻게 되었다는 것이다. 이러한 권리들을 교회는 황제들의 무언의 허용에 의해 혹은 「테오도시우스 법전」과 「유스티니아누스 법전」에 기록된 기독교 황제들의 특별법들을 통해서 점진적으로 얻어나갔다.

교회와 국가의 연합으로 조성된 기독교의 어두운 면은 현대에 이르기까지 기독교 교회의 현실 상황 속에서 끊임없이 모습을 드러내어 왔던 해악들이다.[9] 기독교가 세속화된 구체적인 모습을 볼 수 있다.

2. 교회의 부의 축적과 물질의 타락

기독교 공인 이후에 기독교인 중 위선자들과 형식적인 신자들의 수가 급격히 증가했다. 또한 열정, 자기희생, 형제 사랑이 급속히 위축되

---

9. 박정용. "제1차 니케아 공의회(325년)에 관한 고찰." (부산가톨릭대학교 석사학위논문, 2006), 124.

고, 엄격한 권징(勸懲)이 줄어들었으며, 수많은 이교적 관습, 관행들이 이름만 바꾼 채 교회의 예배와 기독교인의 삶에 끼어들었다. 이교화(異敎化)의 영향이 세속화 과정과 나란히 맞물려 진행되었다.

또한 제국은 교회에 유증을 받을 수 있는 권리를 부여했고(312년), 321년에는 교회가 상속권을 갖는 법을 제정함으로써 많은 신자들이 자기의 재산을 교회에 헌납하였다.

321년 7월 2일에 발효된 칙령에 따르면, 개인은 "아주 존귀하고 거룩한 보편 모임"(공교회)에 자신의 자산(資産)을 증여할 수 있었다. 이것은 개별 교회가 법인의 유사한 방식으로써 교회가 그 지위를 인정받았기 때문에 교회들은 소유 부동산의 취득이나 축적이 가능했다.

이러한 정책으로 교회들은 급격하게 막대한 재산을 축적하고 광활한 토지를 보유하게 되었다. 황제는 토지나 건물들을 기부하였고, 이교도들의 신전을 허물기도 하였다.

콘스탄티누스는 313년에는 로마 주교에게 황실 재산인 라테라노(Laterano) 궁전을 선사하고, 이곳에 바실리카 콘스탄티니아(Basilica Constantinia, 오늘의 라테라노 산조반니 성당)를 새로 세웠다.

하지만, 유증의 경우 로마의 성직자들이 유증을 가로채는 행위를 규제할 필요를 느끼고서 370년에 그것을 금하는 법령을 공포하였다. 이러한 정책들은 결국 로마제국에 세수를 줄이는 결과로 가져오게 된다. 세금을 낼 필요가 없어졌을 뿐 아니라 오히려 교회 재산이 증식되어 이전의 생활과는 달라져 있었고 오히려 제국은 세금이 점점 줄어들고 있었다는 것이다.

마침내 교회에 물질적 축복은 초기 기독교인들의 가난하고 소박하던 생활과 사뭇 다른 물질 숭배와 사치의 만연한 이교화의 영향으로 극명하게 변화하게 되는 것을 알 수 있다. 또한 교회는 제국의 최고위 관료들에 못지않은 성대하고 화려한 식사를 즐겼다고 한다.

콘스탄티노플과 카르타고의 주교좌성당들은 사제들, 부제들, 여부제들, 차부제들, 선창자들, 가수들, 그리고 건물관리인들을 수백 명씩 두었다고 기록되어 있다. 기독교에 있어서 물질의 축복은 중세로 넘어가면서 물질의 타락으로 인도된 것이 사실이다.

3. 교회의 인본주의 현상과 재산 축적

3세기까지의 순교자들과 고백자들은 세상 종말이 곧 임박했다고 판단하고 주님이 속히 재림하시기를 갈망했었기 때문에 로마제국과 교회 사이에 생긴 이렇게 급작스러운 변화 같은 것을 한 번도 예상한 적이 없었다. 하지만 기독교 공인 이후에 기독교인 중 위선자들과 형식적인 신자들의 수가 급속히 증가했다.

열정, 자기희생, 형제 사랑이 급속히 위축되고, 권징에 대해 느슨해지며, 그리고 수많은 이교적 관습, 관행들이 이름만 바꾼 채 교회 예배와 기독교인의 삶에 끼어들었다. 로마제국은 우상숭배의 영향 아래에서 서서히 커왔기 때문에 일거에 마술적으로 변화될 수 없었다.

그럴지라도 기독교의 순수한 정신은 이런 상황에 의해서 오염되지 않았다. 오히려 가장 암울한 시절에도 신실하고 충실한 자들을 배출했고, 때때로 새로운 속주들을 정복했고, 세속화와 이교화한 고백의 영향, 그리고 내부의 부패에 맞서서 수도원주의[10]의 형태로 로마교회의 내부와 외부에서 끊임없이 대응했다.

초기 기독교의 세계

새로운 원수들과 위험들 앞에서 새로운 의무들과 덕들이 이전보다 더욱 광범위하고 본격적으로 수행되고 발휘되었다. 또 한 가지 잊어서는 안 될 점은 세속화 경향이 비단 콘스탄티누스와 국가의 영향 탓만이 아니었다는 것이다.

그것은 인간의 부패한 마음에 더 깊은 원인을 두고 있었으며 사실상 오래전에 이교 황제들이 다스리던 시대부터, 특히 박해 사이에 간간이 명운이 깃들 때 기독교인답게 살려는 열정과 진지함이 위축되고 세속 정신에 젖어 들 때부터 이미 그 모습을 드러내었다.

그러므로 콘스탄티누스 이전과 이후의 차이점은 참 기독교가 단절되고 거짓 기독교가 시작된 것이 아니라 거짓 기독교가 참 기독교를 압도했다는 데 있다.

교회와 세상, 거듭난 자들과 거듭나지 않은 자들, 이름만 걸어놓은 기독교인들과 마음으로 순종하는 기독교인들 사이에 그어져 있던 선이 다소 지워졌으며 과거에 두 집단 사이에 자리 잡고 있던 적대감이 세례와 신앙고백이라는 외적인 형식 안에서 뒤섞였다. 이로써 빛과 어둠, 진리와 거짓, 그리스도와 적(敵)그리스도의 대립과 투쟁이 기독교의 품 안에 들어와 전개되기 시작하였다.

앞서 언급한 바와 같이 교회에 유증(遺贈)을 받을 수 있는 권리(312년)와 321년, 교회가 상속권을 갖는 법을 제정함으로써 신자들이 자신의 재산을 교회에 헌납하게 되었고, 321년 7월 2일에 발효된 칙법에 따르

---

10. 수도원주의(Monasticism)란 말은 monos(그리스어로 '하나'를 뜻함)에서 파생된 용어로, 사람들이 한정된 기간, 또는 평생 실천하는 금욕적인 독신 생활 형태를 취하는 삶을 말한다. Wilken, Robert Louis, *The First Thousand Years: A Global History of Christianity*, (New Haven and London: Yale University Press, 2012), 100.

면, 개인은 '아주 거룩하고 존귀한 보편 모임'(교회)에 자신의 자산(資産)을 증여할 수 있었다.

이것은 개별 교회가 법인의 유사한 방식으로써 교회가 그 지위를 인정받았기 때문에 교회들은 소유 부동산의 취득이나 축적이 가능했다. 이러한 정책으로 교회들은 급격하게 막대한 재산을 축적하고 광활한 토지를 보유하게 되었다.

재산의 축적은 교회의 타락에로의 길을 알리는 신호였다. 토지나 건물들을 기부하였고, 이교의 신전들을 허물기도 하였다. 또한 부유한 사람들은 더러는 순수한 신앙심에서, 어떤 이들은 자손들에게 물려주어야 할 재산을 교회에 내놓는 경우가 많았다. 하지만 주교들과 수사들이 과부들과 임종을 앞둔 사람들에게 부당한 영향력을 사용하여 돈을 받아내는 경우도 나타났다.

하지만 교회 재산은 대부분 부동산으로 전환되거나 적어도 부동산으로 확보되었다. 이러한 추세에 힘입어 얼마 가지 않아서 교회가 제국의 모든 토지 재산의 10분의 1을 소유하게 되었다. 물론 교회가 보유하게 된 토지는 오랫동안 쓸모없거나 방치되었지만 상황이 유리하게 바뀌면서 재산의 가치도 기하급수적으로 치솟았다.

또한 로마와 알렉산드리아 교회 같은 수도 대주교 교회들은 대단히 부유해졌다. 6세기에는 로마의 여러 교회의 경우 거액의 현금과 금, 은 기구들 외에도 이탈리아와 시칠리아, 시리아, 소아시아, 이집트에서까지 많은 가옥들과 토지들을 보유하게 되었다.

교회 세입을 관장할 권한은 주교들에게 있었기 때문에 먼저 자신들을 위해서 일부를 떼어냈고, 휘하 성직자들에게 급여를 주었고, 교회의 예배 비용을 지불했으며, 빈민 구제에 사용했다. 그 과정에서 탐욕과 족벌주의의 의혹을 자주 받았다.

결국 교회 재산이 크게 증가함에 따라 교회당을 건축하고 유지하며 빈민과 병자와 과부와 고아와 가난한 나그네와 노인을 위한 빈민보호 시설들을 설립하는 데 쓰이기도 하였지만, 교회의 세입을 나태와 사치를 위해 사용하고 그것으로 도덕적 타락과 쇠퇴를 초래하는 데 쓰이기도 하였다.

결국 교회에 물질적 축복은 초기 기독교인들의 가난하고 소박하던 생활과 사뭇 다른 물질 숭배와 사치의 만연한 이교화의 영향으로 극명하게 변화하게 되는 것을 알 수 있다. 제국 말기의 로마 사회는 귀족 위주로 치우치면서 겸양과 교양이 자취를 감추고 겉치장과 감각적 과소비에 병적으로 빠져들었다.

귀족들은 대리석 궁전과 목욕탕 그리고 노예들과 호화로운 마차를 얼마나 많이 보유했는가에 따라서 서로를 평가했으며, 귀부인들은 세속적 혹은 종교적 상징들로 장식한 비단과 금의복과, 순도 높은 금목걸이, 팔찌, 반지 따위에 탐닉하고, 교회에 갈 때도 극장에 갈 때와 똑같이 화려하게 차려입었다.

또한 교회는 제국의 최고위 관료들에 못지않은 성대하고 화려한 식사를 즐겼으며, 콘스탄티노플과 카르타고 도시의 주요 교회들은 수백 명씩 관리인을 두었다고 기록되어 있다. 이것은 기독교에 있어서 물질의 축복이 중세로 넘어가면서 물질의 타락으로 보여주는 하나의 모습이 된 것이다.

4. 이교 유입으로 인한 혼합주의

4세기가 시작될 무렵까지 초대교회 전통이 계속적으로 전파되어 로마제국의 박해 속에도 세력이 상당히 커진 교회 내에는 다양한 무리가 존재하였다. 콘스탄티누스의 기독교 공인으로 심지어 이교도들도 교회에 들어왔으나 이들은 명목상 기독교인이었고, 내적으로는 계속 이교도로 남아 있었다.

콘스탄티누스는 다른 많은 로마 사람들처럼 유대인을 싫어했다. 오랜 세월 동안 로마 사람은 유대인을 별난 민족이라고 생각했다. 이스라엘이 AD 70년과 135년에 로마에 반기를 들었다가 멸망한 뒤로부터는 로마 사람들이 유대적인 것이라면 무조건 공공연히 무시하였다. 유대인들에게는 '로마에 적대적인 피(被)정복민'이라는 빨간딱지가 붙게 된 것이다.

유대적 요소들을 교회에서 없애버리려는 콘스탄티누스 황제의 시도는 325년 니케아 공의회에서부터 시작되었다. 회의가 끝난 후에 주교들에게 보낸 편지에서 황제는 교회가 유대교의 풍습을 따르는 것이 적절하지 않다고 밝혔다. 교회에서 유대적 요소들을 분리시키고 이교와 결합시키는 조치를 강구했다.

동시대의 교회사학자 유세비우스(Eusebius of Caesarea)와 락탄티우스를 비롯하여 그들의 기록을 계승해 온 많은 교회사가들은 고대 이후로 오랫동안 다음과 같은 주장을 고수했다. 콘스탄티누스가 312년 이탈리아 및 로마 침공을 앞두고 '십자가의 환영'(幻影)을 목격한 이후 회심(回心)했다는 것이다.[11]

---

11. 유세비우스, 팜필루스(Eusebius, Pamphilus), 『유세비우스의 교회사』((The) Ecclesiatical history of Eusebius Pamphilus), 엄성옥 역 (서울: 도서출판 은성, 1990), 57.

이와는 반면에, 그리스 역사가인 조시무스(Zosimus)는 그의 저서, 『새 역사』(New History)에서 황제의 회심의 계기와 시기를 전혀 다르게 설명하고 있다. 그에 의하면, 콘스탄티누스는 아들 크리스푸스(Flavius Julius Crispus)와 아내를 죽인 죄의식을 덜기 위해 죄를 회개할 수 있는 종교에 대해 자문하는 과정에서 기독교를 선택하였다고 한다.

따라서 조시무스의 증언에 의하면, 콘스탄티누스는 생애 후반에 이르러서야 기독교 신앙을 갖게 되었다는 것이다.[12]

콘스탄티누스 황제는 스스로 기독교인이라고 주장했으나, 예수님이 누구였는지 이해하지 못한 듯했고, 또 성경 지식도 부족했던 것으로 보인다. 황제는 페르시아의 태양신인 미트라신(神) "정복할 수 없는 태양"의 헌신적인 추종자였다. 태양 근처 하늘에 떠 있는 십자가의 환상을 보았을 때 그는 분명 예수를 미트라의 화신(化神)이라고 생각했다.[13]

그러므로 그가 그리스도를 따르겠다고 고백했음에도 불구하고 공공연하게 이교의 신들을 경배했던 것이다. 그의 '회심' 이후에 세워진 개선문에는 "정복할 수 없는 태양" 미트라의 형상이 새겨져 있으며, 동전에도 태양신을 새겨 넣었다.[14]

321년, 기독교인들이 예배하는 날을 로마의 공휴일로 지정하였을

---

12. Goffart, Walter, "Zosimus, The First Historian of Rome's Fall," *The American Historical Review*, 76, 412–441.

13. 학자들 사이에서 콘스탄티누스가 기독교인이 된 것이 언제인가에 대한 논란이 있다. 모후인 헬레나의 영향 아래서 자라 어린 시절에 이미 기독교에 귀의했다는 설과 인생의 여정을 통하여 점진적으로 기독교인이 되었다는 설이 있다. 양승환, "콘스탄티누스 대제와 기독교," 「한국교회사학회지」 제52권 (한국교회사학회, 2019), 7–10.

14. Tim Dowley, ed., *Erdman's Handbook to the History of Christianity*, 1st American ed, "Building for Worship", Henry & Sefton (Grand Rapids: Erdmans, 1977), 150.

때, 콘스탄티누스 황제는 그날을 '그리스도의 날'이라 부르지 않았고, 그 대신 '태양의 숭엄한 날'이라 불렀다. 이교도적 사고의 유입은 교회에 다양한 형태로 영향을 미쳤다. 초대교회는 하나님께서 세우신 율법에 나와 있는 절기들을 지켰다.

그러나 콘스탄티누스 치하에서 기독교는 새로운 절기들로 대체되었다. 즉 로마의 이교 축일들이 교회의 절기들에 침투하여 대신 활개를 치고 있는 것이다. 콘스탄티누스는 니케아 공의회에서 이 축전을 불법화하고, 예수 그리스도의 죽음과 부활은 춘분점(春分點) 이후의 첫 보름달이 뜨는 주간의 일요일에 기념되어야 한다고 지시했다.[198] 그것은 봄의 풍요의 제전 기간이었다.

로마 사람들에게는 이 제전 또한 흥겨운 명절이었다. 이교도들은 풍요의 여신을 위한 축제를 벌였는데, 이 여신을 가나안에서는 '아세라'(Asherah), 바빌론에서는 '이슈타르'라고 불렀다. 고대 브리튼에서는 '이스터'(Easter)라고 불렀다.

이스터의 상징은 달걀이었다. 고대 이교도들은 달걀로 장식을 하고 이 축제를 기념하는 뜻에서 달걀을 선물로 주곤 했다. 니케아 공의회 결과로 그리스도의 부활은 성경적인 맥락에서 분리되어 이교도의 제전처럼 기념되었다.

부활절 축전에서 가장 이상한 점은, 영어권 국가들에서 심지어 그 이름조차 바뀌지 않았다는 것이다. 모든 영어권 세계에서 그리스도의 부활을 기념할 때 "우리는 부활주일을 기념합니다"라고 말하지 않는다.

대신 "우리는 이스터(Easter)를 기념합니다"라고 말한다. 종교적 전통

초기 기독교의 세계

에 의한 예수의 부활기념일에 이교 여신의 이름을 붙여놓았고, 어느 틈에 이교 여신을 부르며 경배하는 꼴이 된 셈이다.

또한 문제는 그들이 공식적으로 교회의 일부가 되었음에도 불구하고 여전히 예수 그리스도에 대하여 알지 못했다는 것이다. 그들은 여전히 이교도였고, 그 신앙도 바뀌지 않았다. 그들은 자신들의 이교신 이름만 '기독교적' 이름으로 바꿈으로써 포교령에 대응했고, 예전처럼 계속해서 그들의 이교신들을 섬길 수가 있었다.

흔히 행해진 숭배 가운데 하나가 이시스(Isis/Aset) 숭배였다. 이집트의 여신인 이시스는 '위대한 처녀', '신의 어머니'로 불렸다. 그녀는 보통 자신의 아기 호루스를 안고 있는 것으로 묘사된다.

이시스의 숭배자들은 그녀를 "마리아"라고 부르기 시작했다. 이런 식으로 그들은 계속 그녀를 숭배할 수 있었다. 아르테미스(다이애나)의 숭배자들 또한 이러한 책략을 썼다. 그들은 이교의 생활 습성과 관습을 새로운 이름의 교회 안으로 끌고 들어왔다.

낡은 이교 축제들 중 어떤 것은 예배와 이름만 바꾸어 교회의 축제가 되었고, 이것은 기독교화된 이교도들, 즉 기독교 교리의 일부로 배웠으며, 또한 세례를 받았으나 그 사고방식과 생활양식에 있어서는 계속 이교도로서 남아 있었던 자들이 교회에 들어오게 됨을 의미한다.

이교도들이 기독교적 훈련을 거치지 않고 교회공동체의 회원이 되어 이교적 사상과 색채가 기독교의 예배와 특성을 변화시키게 한 것이다.

5. 교회의 형식주의화

먼저 외형적인 교회 건물이 건축됨과 동시에 가정교회의 종말을 가져왔다. 콘스탄티누스의 공인 이전에는 가정교회에 교회 생활의 초점이 맞춰져 있었다. 산발적인 박해로 인해 각각의 가정이 교회가 되어 교제를 나누며, 개인 단위로 사역할 정도로, 작은 단위로 쪼개져 버린 것이다.

비록 건물로 인정된 교회에서 큰 규모의 모임도 열렸었지만, 가정교회는 기독교 활동의 기반을 제공해 주었다. 하지만 콘스탄티누스는 새로운 교회 건설에 많은 돈을 쏟아부었다.

많은 교회들이 로마 안에 우뚝 솟아올랐고, 예루살렘의 명소들에도 장대한 교회 건물들이 들어섰다. 많은 교회들이 새로운 수도와 제국 전역에 건설되었다. 그러나 장기적인 관점에서 보았을 때, 이러한 급격한 변화는 재난이었다. 문제는 콘스탄티누스가 인위적으로 자신의 의도에 맞도록 개선하려는 점이었다.

콘스탄티누스는 대가로 통제를 요구했다. 그리고 콘스탄티누스는 제국 곳곳에 교회를 건축한 대신 "기도의 집"들을 폐쇄시키고 기독교인들이 사적으로 집에 모여 예배하는 것을 금지하는 법령을 제정하였다.

콘스탄티누스 이전의 교회는 성도들이 모인 가족 공동체였다. 본래 교회라고 하면 눈에 보이지 않은 교회(모임, 에클레시아)를 의미했었는데 콘스탄티누스 시대 이후, 교회는 (지상에서 눈에 보이는) 건물이 되어 버린 것이다.

가정교회에서 드리던 예배는 성령의 인도와 친밀감이 있었고, 정해진 형태나 전례는 거의 존재하지 않았다. 예배의 형식과 관련하여 콘스탄티누스 이전까지는 상당히 자유스러웠다는 사실이 일반적으로 널리 인정되고 있다.

당시에 로마지역에서는 기독교 예배의 기본 요소와 구성이 말씀 봉독, 설교, 세례 받은 자들의 공동기도, 성찬으로 이루어져 있었다. 콘스탄티누스의 영향 아래, 원래는 이교 황제의 예배를 위해 발전된 이 의식들이 교회에 수입되었다.

예배는 엄숙한 공공의식이 되었다. 명문화되어 고정된 형식의 예배로 바뀌었다. 향을 피우고 촛대를 놓는 일들이 예배에서 널리 행해지게 되었다. 그리스도께서 제정한 예배의 형식이 영적인 성도의 교통에서 외형적인 형식 위주의 예전으로 탈바꿈하게 되었다는 것이다.

또한 예배의 규모 역시 커지면서 다수의 무리가 모여서 드리는 예배를 위하여 성직자는 전문가로서 예전의 인도를 책임진 자들이 되었고, 평신도는 비전문가로서 사제에게 모든 것을 위탁하는 수동적 자세로 예배에 참여하게 되었다.

이는 성직자의 권위를 점차 확대시키는 반면, 평신도들의 성찬과 예배에 대한 관심을 저하시키며 축소시키고 변질시키는 결과를 가져왔다.

기독교의 예배가 진행되면서 이방 종교의 사상과 의식이 반영되고, 이방인의 축제일이 기독교의 축제일로 받아들여지게 되었다. 박해의 시절에는 그리스도를 주로 고백한 이들이 대부분이었던 반면에 일반적으로 대중적 교회로 바뀌면서 이교의 문화를 버리지 못한 자들도 예배에 참여하게 되었다. 적지 않은 이교적 관습들과 의식들은 새로운 이름으로 그 모습을 바꾸어서 교회에 은밀히 들어왔다.

기본적인 성경 교육을 받지 못한 민중들에게 성경교육적인 측면에서의 발전이었다. 예수님께서 가르쳐주시고 사도들을 통해 전해 오던 소박함과 영성의 큰 상실은 그중 가장 크다고 하겠다. 당시에 벌써 성경은 성직자들과 수사들의 책이고 평신도들의 책은 아니었다.

결국 평신도가 성경 읽는 것을 교황이 금지하는 폐단으로 이어지게 된다. 3세기 중반에 시행되었던 예배를 살펴보면 본 예배는 두 가지 주요 부분으로 나누어지게 되는데 그것은 말씀과 성찬의 부분이다.[15]

성찬은 주일 예배의 정규적이고도 가장 엄숙한 부분으로서 교회의 정회원들만 참여할 수 있었다. 본 예배에서 헌금 또한 중요한 부분인데, 회중이 드린 헌금을 집사들이 모아 교회의 예배와 성직자들의 생계 지지와 빈민 구제를 위해 바쳤다.

그러나 콘스탄티누스의 권력이 교회로 들어오면서 의식의 화려함으로 성찬의 부분도 재탄생하게 되었다. 의식적인 부분과 이교적인 요소의 도입으로 만찬의 의미가 변질되고 결국에 화체설(化體說)[16]까지 나오는 결과를 맞게 되었다.

초기 로마교회는 형식과 예식의 강조로 자신들만의 거룩한 영역을 만들고 예전에서 사용되는 언어를 만들어 내는 등의 모습을 보여주는데, 중세교회에 이르러서는 신비적인 의식의 예배가 세속화되어 변질됨으로써 이에 대한 반발로의 경건한 예배를 추구하려는 모습이 나타

---

15. 문효식, "초대교회 예배에 관한 연구." 「국제신학」 제9집 (수도국제대학원대학교, 2007), 155-203.
16. 화체설에서는 성찬예식 때 사제(司祭)인 신부(神父)의 축성 기도를 통해 떡과 포도주가 실제로 예수 그리스도의 살과 피로 변한다고 믿는다.

남을 알 수 있다.

콘스탄티누스로 인해 바뀐 몇 가지 기독교의 형식주의화가 된 사례들을 볼 수 있다.

첫째, 외형적인 교회 건물 건축과 가정교회의 종말을 들 수 있다. 가정교회에 교회 생활의 초점이 맞추어져 있었다. 각각의 지역교회는 매주 집에서 모여 교제를 나눌 수도 있고, 개인 단위로 사역할 수도 있을 만큼 작은 단위들로 쪼개져 있었다. 비록 공공건물로 인정된 교회에서 더 큰 규모의 모임도 정기적으로 열렸지만, 가정교회는 교회 활동의 기반을 제공해 주었다.

그런데 기독교가 합법화되고 얼마 지나지 않아서 콘스탄티누스는 로마에 성 요한 라테란(St. John Lateran) 교회를 건립했다. 교회는 바실리카 양식[17]으로 지어졌는데, 그 내부 구조는 황제의 궁전 내부의 왕좌의 방에 따라 지어졌다.

즉 바실리카 정면에는 후진(後陳)이라 불리는, 성직자들을 위한 구역이 있다. 그 중앙에는 주교가 앉을 수 있는 주교의 옥좌가 있고, 그의 고문(advisor)들은 그 주위를 반원형으로 둘러싸는 구조로 되어 있다. 옥좌는 황제의 충실한 종복으로서의 주교의 새로운 지위를 반영하여 설계되었다.

후진을 마주 보고 있는 넓게 트인 공간은 본당이며, 주교의 교구민

---

17. 바실리카(Basilica)는 원래 고대 로마인들의 공공건물(고대 그리스의 경우에는 주로 법정을 칭함)을 칭하는 데 사용한 건축양식을 말한다. 바실리카 건축은 로마 시대 이후로도 수백 년 동안 유럽의 공공건축, 그중에서도 교회 건축의 기본형으로 존속했으며 로마네스크, 고딕, 르네상스, 바로크 양식을 갖춘 성당들도 바실리카 양식을 기본형으로 삼고 있다. 김다은, "바실리카 양식으로 알아보는 초기 기독교 시대의 건축물." 「숙명디자인연구」 30권 (숙명여자대학교, 2021), 20–23.

들(교회의 구성원들)이 와서 설교를 듣는 곳이다. 딱딱하고 형식적인 배치이다. 제국 정부의 물심양면을 통한 지원에 힘입어서 교회 건축의 이러한 양식은 급속도로 전파되었다. 바실리카 양식의 교회들은 로마제국 전역에 걸쳐 건설되었다.

그리고 나서 콘스탄티누스는 '기도의 집'들을 폐쇄시키고 기독교인들이 사적으로 집에 모여 예배하는 것을 금지하는 법령을 제정하였다. 이 법령은 "황제의 신민들에게 공포감을 심어주기 위해" 강경한 어조로 만들어졌다.

계속해서 그 법령은 "가톨릭교회가 아닌 그 어떤 곳에서 예배하는 것을" 금지하고 있다. 격식에 없던 가정교회가 형식적인 바실리카로 바뀐 사건은 교회의 개념 자체를 변화시켰다. 콘스탄티누스 이전의 교회는 성도들이 모인 가족 공동체였다. 콘스탄티누스 시대 이후, 교회는 건물이 되었다.

둘째, 예배 형식의 변화를 들 수 있다. 콘스탄티누스는 교회가 모임을 가질 수 있는 새로운 건물을 제공했을 뿐만 아니라, 예배의 방식도 개선하기로 마음먹었다. 회심한 지 1년도 되지 않아 그는 다음과 같이 말한다.

> 짐은 어떤 방식의 예배가 하나님께 드려져야 하는지 그들에게 확실히 보여 줄 것이다. 모든 자들이 전능하신 하나님께 진정한 신앙과 마땅한 예배를 드리도록 하는 것보다 더 신성한 황제로서의 의무가 어디에 있겠는가?[18]

---

18. Tim Dowley, ed., 150.

초기 기독교의 세계

가정교회에서 드리던 예배는 성령의 인도와 친밀감이 있었고, 정해진 형태나 전례는 거의 존재하지 않았다. 하지만 대제사장 콘스탄티누스 아래에서 상황은 급변했다. 그의 로마적 사고방식으로는 가장 높은 수준의 경배에 대한 표현은 로마 황실의 궁정에서 벌어지는 경건한 의식 속에서 찾아볼 수 있는 것들이었다.

콘스탄티누스의 영향 아래, 원래는 이교 황제의 예배를 위해 발전된 이 의식들이 교회에 수입되었다. 예배는 엄숙한 공공의식이 되었다. 명문화되어 고정된 형식의 예배로 바뀌었다. 향을 피우고 촛대를 놓는 일들이 예배에서 널리 행해지게 되었다.[19]

결국 콘스탄티누스 이후 기독교는 콘스탄티누스의 의도대로 제도화·형식화된 것이었다. 결코 하나님의 뜻을 받들어 행한 것이 아니라 기독교라는 종교를 국교화하여 정치적 목적에 따라 황제의 뜻을 반영한 것이었다.

6. 기독교의 이교(異敎) 유입화

콘스탄티누스는 예배하는 장소와 예배하는 방법만 바꿔놓은 것에 그치지 않고 교회의 정체성을 이루고 있었던 교회의 심장부, 즉 유대적 뿌리들을 교회에서 잘라내고, 그 자리에 이교의 뿌리를 접붙인 것이다.

4세기가 시작될 무렵까지 초대교회의 전통이 계속 전파되어 로마 제국의 박해 속에서도 세력이 커진 교회 내에는 다양한 무리들이 존재했다. 예컨대, 시리아에서는 에비온파의 무리들이 그때까지 여전히 살

---

19. 위의 책, 144.

아남아 있었다. 에비온파는 이단적 유대주의자들이었다.

그들은 바울의 서신들과 가르침을 받아들이기를 거부했고, 이방인들이 구원을 받으려면 할례를 받아야만 한다고 가르쳤다. 또 다른 지역인 로마나 알렉산드리아 같은 큰 대도시 안에는 이교주의와 그리스 철학의 감화를 받은 교회들이 있었다. 이러한 교회들은 유대적 전통들을 거부했으며, 성경에 이교의 관습과 개념들을 뒤섞어 버렸다.

그러나 제국 거의 전역에 있는 교회들은 여전히 사도들로부터 받은 유대적 전통을 지키고 있었다. 즉 대부분의 교회들은 안식일과 절기들을 지켰고, 율법의 가르침을 강조했으며, 또한 많은 곳에서 유대인들과 가까운 관계를 유지하고 있었다.

이방인 기독교인들은 유대적 전통에 의한 메시아닉 유산(Messianic heritage)들을 얻은 가운데 신약의 자유로움 속에서 신앙생활을 유지하고 있었다.[20]

그러나 콘스탄티누스가 권좌에 오르고 나서부터 이 모든 것이 변하기 시작했다. 콘스탄티누스는 다른 많은 로마인들처럼 유대인들을 싫어했다. 오랜 세월 동안 로마 사람들은 유대인들을 별난 민족이라고 생각했다. 그들의 '이상한' 생활방식 때문이었다.

이스라엘이 AD 70년과 AD 135년에 로마에 반기를 들었다가 멸망한 뒤부터는 로마 사람들이 유대적인 것이라면 무조건 공공연히 무시하게 되었다. 유대인들에게는 '로마에 적대적인 피정복민'이라는 딱지가 붙었다.

---

20. 로버트 D. 하이들러, 『메시아닉 교회-언약의 뿌리를 찾아서』((The) messianic church arising), 진현우 역 (과천: WLI Korea, 2008), 69.

초기 기독교의 세계

이렇게 유대인들을 향한 증오로 인해, 콘스탄티누스는 로마와 알렉산드리아의 이교화된 기독교 신앙을 모든 교회의 모범으로 삼기로 하였다. 제국 내의 모든 교회들은 이러한 이교화 된 신앙에 순응하라는 명령을 받았고, 그에 따르지 않는 자들은 혹독한 핍박을 받았다.

유대적 요소들을 교회에서 없애버리려는 콘스탄티누스의 시도는 AD 325년 니케아 공의회에서부터 시작되었다. 회의 후에 주교들에게 보낸 편지에서 그는 교회가 유대의 풍습을 따르는 것이 적절하지 않다고 밝혔다. 교회가 유월절을 지키는 것에 대해 그는 이렇게 말했다.

> 그렇다면 이제는 우리의 적(敵)인 유대인들과의 공통점을 없애도록 하자. 이러한 불법(유월절 준수)을 바로잡아야 한다. 그래서 우리 주님께 반역한 자들, 주님을 살해한 자들과 우리 사이에 더 이상 공통점이라고는 하나도 없게 만들어야 한다.[21]

이제 유대 풍습을 따르는 자들은 아나테마(anathema. 파문)의 낙인이 찍혀, 결국 반역죄를 뒤집어쓰고 사형에 처해질 수도 있었다. 이러한 니케아 신조의 혜택이 즉각적이고 광범위했다고 가정해서는 안 된다.

수백 년에 걸쳐서 추가적인 교회 공의회들이 기독교를 되풀이해서 금지할 필요성을 발견하고는, 종종 유대적 유산을 계속 지키는 자들에게 가혹한 형벌의 위협을 가하였다.

콘스탄티누스의 '회심' 이후에 세워진 개선문에는 "정복할 수 없는 태양"이라는 미트라의 형상이 새겨져 있으며, 동전에도 태양신을 새겨

---

21. D. Dean, *History of the first Council of Nice*. 4th ed. (Boston: Dudley & co., 1886), 112.

넣었다. 새로운 도시 콘스탄티노플에도 자신의 형상을 한 태양신의 신상을 세웠다.[22]

또한 AD 321년, 기독교인들이 예배하는 날을 로마의 공휴일로 지정하였을 때, 콘스탄티누스는 그날을 '그리스도의 날'이라 부르지 않았고, 그 대신 '태양의 숭엄한 날'이라 불렀다. 이로 말미암아 오늘날의 일요일(Sunday)이란 단어가 나왔다.[23]

기독교 황제 콘스탄티누스가 기독교인이 예배하는 날을 이교 태양신을 기리는 이름으로 바꾼 것이었다. 콘스탄티누스가 예수님의 정체성에 대해 혼란을 초래했다는 것은 4세기에 만들어진 로마의 모자이크에서 예수님이 전차를 몰고 하늘을 건너는 태양신으로 묘사된 것을 보아도 알 수 있다.

그리고 5세기까지만 해도 예배자들이 로마의 성 베드로 바실리카 교회(St. Peter's Basilica)에 들어설 때, "떠오르는 태양을 경배하기 위해 문에서 향방을 바꾸는 것"이 흔한 관례였다.[24]

이러한 이교도적 사고의 유입은 교회에 다양한 형태로 영향을 미쳤다. 초대교회는 하나님께서 세우신 율법에 나와 있는 절기들을 지켰다. 그러나 콘스탄티누스 치하에서 기독교는 새로운 절기들로 대치되었다. 즉 로마의 이교 축제들이 교회의 절기들에 침투하여 대신 활개를 치게 된 것이다.

---

22. Tim Dowley, ed., 130.
23. 위의 책, 131.
24. 위의 책.

초기 기독교의 세계

7. 기독교의 권력화

교회의 사법권과 중재권 획득으로 인한 권력화 기독교인들은 교회 내에서 중재나 치리, 권징 등은 주로 이전의 유대교 회당의 방식대로 그리고 사도 바울의 권고를(고전 6:1-6) 따랐다. 처음부터 자신들끼리의 문제를 이교 사회의 법정으로 가져가지 않고 교회 앞으로 가져가는 데 익숙해 있었다.

그러나 콘스탄티누스 시대 이전까지는 주교가 판결을 내렸을 때 원고, 피고 양측이 자발적으로 복종해야 그 판결이 유효했다. 하지만 콘스탄티누스 황제는 314년에 도나투스파 논쟁에서 이러한 항소가 제기되었을 때 다음과 같은 발언으로 기각했다. "사제들의 판결을 그리스도 자신의 판결로 간주해야 한다."

콘스탄티누스 이후부터 주교의 판결에 법적 효력이 붙게 되었고, 영적인 문제에 관해서만, 일단 주교가 판결하고 나면 세상 법정에 가서 항소할 수 없게 되었다. 대주교에게만 하도록 허용하고 민간 법정에 대해서는 항소나 판결을 기각했다.

그 후(628년) 헤리클리우스는 성직자들 사이의 형사소송조차 주교들에게 넘기도록 했다. 또 다른 특권은 교회가 제국과 손잡음으로써 얻게 된 주교의 중재권이었다. 범법자들과 죄수들과 다양한 법익 박탈자들을 위해서 세속 권력에 대해 중재할 수 있는 특권은 원래 이교 사제들과 특히 베스타 신전의 여사제들에게 속했던 것인데, 이제 성직자들, 특히 주교들에게 넘어왔고, 그 후부터 주교의 본질적인 기능으로 자리잡았다.

과거에는 몇몇 예외적인 경우를 제외하고는 이교 신전들과 제단들이 치외법권 지역들이었는데, 이제는 기독교 교회들이 이러한 특권을 물려받았다. 이 특권은 431년에 테오도시우스 2세에 의해서 입법화되었다.

그러나 이와 같이 중앙에 진출한 기독교인들은 권력을 누리게 됨으로써 초기 기독교의 정신을 상실하게 되었으며, 권력에 의존하는 변질(變質)된 기독교를 낳게 하였다.

2. 변질되어 가는 기독교

313년 콘스탄티누스 황제의 기독교 공인과 392년 테오도시우스 황제의 기독교 국교화로 인해 기독교가 로마제국의 종교로 자리 잡힘에 따라 순교자의 피로 세워진 거룩한 교회의 승리로 자축(自祝)되기도 했지만, 기독교 공인 자체는 콘스탄티누스 황제의 제국통일과 권력화를 위한 수단으로 이용되어 기독교 정체성이 변질되기 시작했다.[25]

원래 기독교는 전통적인 그리스 · 로마 종교에서 보이는 것과 같은 사회정치적 질서와는 판이하게 다른 세계관을 가지고 있었다. 왜냐하면 그들의 하나님은 비싼 제물을 정확하게 순서에 따라 많이 바치는 권력자나 부자들을 가까이하는 신이 아니라, 가난하고 슬프고 애통한 사람들을 부르는 신이었기 때문이었다.

처음 기독교는 부유한 자들도 없는 것은 아니었지만, 주로 노예나

---

25. 최종원, 『초대교회사 다시 읽기: 민족과 인종의 경계를 초월한 공동체』, (서울: 홍성사, 2018), 227-286.

하층민을 중심으로 구성되었다. 모든 주변 민족의 종교를 로마화하여 정치적인 틀에 맞추어 실용적으로 수용하였던 로마에 기독교는 처음 매우 이질적인 종교였다.

무엇보다도 종교 자체가 정치와 긴밀한 관계 속에서 발달하였으며, 황제가 바로 제사장이며 정치적 수장이었던 로마 사람들에게 "가이사의 것은 가이사에게 하나님의 것은 하나님에게"라는 예수님의 말씀은 충격적인 것이었다.

서양사학자 최혜영 교수의 말을 빌리면 "화합하기 힘들 것 같던 이 두 세계가 드디어 콘스탄티누스 황제 아래에서 화해를 모색하게 되었던"[26] 것이다.

기독교의 공인으로 박해받던 교회가 특권을 누리는 교회로, 대중들의 메시아적 희망을 심어준 공동체가 특권층의 기득권을 누리는 제도적 교회로 종말론적 시간의 공동체가 현실에 안주하는 공간의 공동체로 변화됨으로써 그 본래의 기원과 목표, 그리고 과제와 기능을 상실하기 시작했다.

많은 사회적 · 종교적 특권에 도취된 기독교는 당시 로마제국의 모순된 정치적 · 경제적 권력체제를 승인하거나 정당화함으로써 이른바 로마제국의 정치적 보편주의와 가톨릭의 종교적 보편주의가 궤를 같이하면서 발전되었다.

기독교 역사가인 앤드류 밀러(Andrew Miller) 교수는 그의 저서 『성경의 예언적 관점에서 본 교회사』에서 이렇게 말했다.

---

26. 최혜영, "로마 시대 종교의 '승리 이데올로기'." 18.

여기에는 영구한 도성이 없다. 주를 못 박은 세상에서 교회가 무엇을 기대하겠는가? 교회가 그런 세상에서 무엇을 받아들이겠는가? 이 땅에서 교회의 참 몫은 고난과 배척이다.[27]

기독교사학자 B. K. 카이퍼(B. K. Kuiper) 교수는 콘스탄티누스 대제가 가져온 기독교 공인의 부정적 결과를 다음과 같이 언급하고 있다.

교회가 양(量)에서는 얻었으나 질(質)에서는 잃었던 것이다. 313년에 콘스탄틴의 칙령은 교회에 힘센 타락의 홍수 문을 열었던 것이다.[28]

콘스탄티누스의 우호적인 조치들은 교회의 순수성과 정결을 잃게 했고, 교계의 지도자들은 그리스도의 보혈로 말미암은 영원한 죄 사함의 복음, 의롭다는 믿음, 분명한 구원의 증거 등에는 관심을 잃어갔다.

콘스탄티누스에 의해 교권제도가 조직되면서 그리스도가 교회의 머리가 아니라 황제가 교회의 머리로 등장했고, 교회는 국가의 시녀가 되었다. 이러한 중앙집권적 교권제도는 가톨릭교회로 발전할 수 있는 발판이 되었다. 실제로 콘스탄티누스에 의해 만들어진 교권제도는 가톨릭 조직으로 급속도로 발전해 갔다.

기독교 역사는 기독교인들이 그리스도를 위해 고난을 받는 것이 왕궁에서 왕의 호의를 받고 잔치에 참석하는 것보다 신앙에 더 유익함을 보여주고 있다.

---

27. 밀러 앤드류(Miller, Andrew), 『성경의 예언적 관점에서 본 교회사 1』(Short Papers on Church History), 정형모 역 (서울: 전도출판사, 2004), 280.

28. B. K. 카이퍼(B. K. Kuiper), 『세계기독교회사』((The) Church in History), 김혜연 역 (서울: 성광문화사, 1985), 420.

완고하게 로마에 동화되기 거부하던 기독교는 이제는 기독교인이라는 타이틀을 단 황제의 막강한 영향력에 힘입어 서서히 변형되기 시작하였다. 콘스탄티누스 황제는 기독교를 자신의 권력 틀의 연장선상으로 연결하였다. 그는 전통의 제사장직 폰티펙스 막시무스의 권위를 교회에서도 행사하기를 주저하지 않았고, 기독교 관련 각종 종교회의를 소집하고 칙령을 반포하였다.

이제 기독교는 권력층의 종교가 되었고, 기독교인들이 권력 헤게모니를 장악하게 되었다. 이들이 인적 · 혈연적 · 제도적 · 경제적 · 문화교육적 헤게모니를 장악하게 되면서 기독교의 주류 세력은 점차 변질되고 사회변동을 억제하는 장애물로 나타나게 된다.

점차 교회의 조직이 로마 정부의 조직처럼 변하고 교회는 제국 정부의 복사판처럼 되었다. 주교들도 양들을 먹이기에 앞서 칙령 반포나 종교회의의 안건 처리 등의 정치 활동에 몰두하게 되었다. 그리하여 이들은 사랑을 전하는 자들이라는 이미지가 아니라 위엄 있고 명령하는 자들로 나타나기 시작하였다.

초기의 그림들과는 달리 이 이후의 그림들에서 그리스도는 황제와 같은 복색을 입고 나타나는데, 이는 겸손하여 당나귀를 타고 입성한 이미지와는 많이 다르다. 그리하여 십자가에 매달린 그리스도조차 벌거벗은 모습이 아니라 자줏빛 황제 복색을 하고 눈을 장엄하게 크게 뜨고 응시하고 있다.[29]

이리하여 십자가에 못 박힌 초라한 한 젊은이의 죽음이 지닌 메시

---

29. 박정세, "비잔틴 시대 기독교 미술의 특성과 토착화." 「신학논단」 제47집 (연세대학교, 2007), 220.

지는 점차 설 자리가 없게 되었고 기독교는 막강한 부와 권력을 지닌 "로마제국의 종교"가 되었다.

이러한 기독교회의 변질은 특히 비잔틴 제국에서 훨씬 뚜렷이 나타 났다. 콘스탄티누스 황제가 기독교를 공인한 이후 제국을 대하는 교회 의 입장이 달라지게 되었고, 교회의 구성원이나 조직 등이 크게 변화되 었다. 무엇보다도 하층의 사람들로 대부분의 구성원으로 이루었던 기 독교가 이제는 그 구성원들이 상류층으로 대체되면서 교회는 세속국 가와 같은 일종의 교회 정부를 형성하게 되었다.[30]

기독교 교회는 제국 정부의 복사판처럼 되었고 주교들은 로마 행정 관리들과 밀접한 관계를 형성하면서 칙령 반포 등의 '정치 활동'에 관 심을 쏟게 되었다.

이에 당대의 경건한 교부들 가운데 특히 암브로시우스와 같은 교부 는 성경적 신앙과 윤리에 근거하여 초대교회의 세속화와 변질에 강력 하게 경고했다.[31] 특히 로마제국 시기의 초대 교부들은 재산을 잃고 쫓 겨난 수많은 참혹한 탄식들을 세상에 대변했다.

그들은 로마법이 제공한 절대적이며 독점적인 소유권 개념을 공박 하기도 했다. 그러므로 기독교 공인 이후에도 교리적인 갈등을 비롯한 교회와 국가 간의 긴장과 갈등은 계속되었던 것이다.

이렇게 로마제국과 초대교회의 관계를 파악하기 위해서는 시대적 인 구분에 따른 차이점과 교회와 국가 각각의 입장의 차이점을 통해서

---

30. 최혜영, "비잔틴 제국에서의 기독교 변질 현상." 36–54.

31. Henry, Chadwick, *The Church in Ancient Society from Galilee to Gregory the Great.* (London: Oxford University Press, 2003), 348–378.

보다 세밀하게 검토해 볼 수 있다.

1, 2세기에 걸친 국가에 대한 교회의 태도는 복종과 순종의 태도가 주도적이었다. 이러한 점은 베드로전서 2장과 로마서 13장, 요한계시록 13장 등의 신약성경 본문에 근거한 사도들의 입장과 클레멘스와 폴리카르포스(=폴리캅) 등 사도적 교부들의 서신에 나타나 있다.

특히 로마서 13장에 나타나는 국가권력에 대한 복종적인 바울의 입장은 다음 세대의 기독교인들에게 계승되고 있다.[32] 예를 들면, 베드로전서 2장 13, 14, 17절에서도 베드로 사도의 국가에 대한 복종적 태도가 잘 드러나고 있다.

빌립보 교회에 보낸 폴리카르포스의 서신 12장 3절에도 박해하고 미워하는 왕들과 지배자들과 방백들을 위해서는 물론, 심지어 적대적인 이단자를 위해서도 기도할 것을 요청하고 있다. 폴리카르포스가 박해에 직면한 신자들에게 인내와 믿음을 요구하는 것은 요한계시록 13장 10절과 일맥상통하는 점이 있다.[33]

하지만 3세기의 교회는 세속국가로부터 교회를 엄격하게 구별하려고 했다. 유세비우스(Eusebius)가 증언한 바와 같이, 사모사타의 파울로스가 안디옥 종교회의(268년)에서 파문된 사건에서 볼 수 있듯이 감독으로서의 부적절한 덕목, 즉 그 당시 로마 총독과 같은 고위 관료 흉내를 냈다는 것이 비난의 대상이 되었다.

이러한 점은 3세기 교회의 감독이 세속국가의 고위 관료가 누리는

---

32. 정용석, "초대교부들의 하나님 나라 이해." 「대학과 선교」 제7집 (한국대학선교학회, 2004), 125–148.
33. 염창선, "4세기 교회와 국가의 '교회정치적' 차원." 「한국교회사학회지」 제18집 (한국교회사학회, 2006), 97–98.

특권과 혜택을 행세하려는 것조차도 비난의 파문 대상이 될 수 있음을 보여주는 사건이었다. 하지만 이러한 상황은 4세기가 되면 급변하게 된다. 즉 콘스탄티누스 황제의 기독교 공인 이후, 교회의 세속화 혹은 세속정치화로 인해 교회 지도자들의 혜택과 특권은 당연시 여겨졌고, 보편적인 현상이 되었다.

특히 콘스탄티누스 황제는 313년에 감독들에게 성직자의 특권을 부여하고 시민의 의무, 즉 병역의무와 납세의 의무 등으로부터 면제시킴으로써 감독들은 국가로부터 부여받은 면책특권과 다양한 명예 칭호를 통해서 고위 공직자와 같은 대우를 받았다.[34]

앞서 언급한 바와 같이 교회에 대한 국가, 곧 로마제국의 태도 역시 313년을 기점으로 큰 변화가 있었다. 초기 3세기 동안 로마황제숭배를 거부하는 기독교에 대한 종교정책은 박해가 주된 현상이었고, 박해를 하지 않은 시기에도 보통은 적대적이거나 비우호적이었다.

하지만 4세기에 이르러서는 로마제국의 통일과 평화를 위한 중추적 협력자로 간주되어 관용과 우호, 심지어 비호와 특혜를 받게 되었다. 4세기 말에 이르러서는 권력의 상층부까지 영향력이 미쳤고, 이방인들과 이교도들에게 강압적인 자세로까지 변화되기도 했다.

이렇게 4세기에 접어든 초대교회의 모습은 1, 3세기까지의 박해와 순교의 모습과는 현격하게 다른 특징들이 나타난다.

---

34. 김유준, "로마제국과 초대교회와의 관계사." 197.

3. 기독교의 변질에 대한 교회의 저항

3세기 동안 로마제국의 박해와 제국 시민들의 비난 속에서 확장된 기독교는 그리스도께서 걸어가신 십자가의 길을 걷는 순교신앙을 지켜왔다. 특히 3세기에 보다 조직적이고 그 전체국적인 박해 속에서 세속화에 대한 경쟁의 구별을 강조해 왔다.

그런데 4세기의 기독교 공인 이후에 기독교는 전혀 다른 양상으로 전개되었다. 즉 감독들을 비롯한 교회 지도자들의 특권과 혜택으로 인해 로마제국의 황실과 밀접한 관계를 형성해 가기 시작하였다.

그러한 감독들을 교회정치력에 다양한 방식으로 관여한 황실 감독, 황실 신학자, 재판 감독 등으로 구별하기도 한다. 이렇게 감독들은 황궁에 머물면서 황제의 측근에서 교회의 정치적 결정에 영향을 끼치며, 황제의 자문 역을 맡은 황실 감독들이 있었다.

그 예로는 콘스탄티누스 황제의 고문이었던 코르도바의 오시우스(Ossius)와 교회사의 아버지라 불리는 카이사랴의 유세비우스(Eusebius), 그리고 아리우스의 절친한 친구요 지지자였던 니코메디아의 유세비우스(Eusebius)가 있다. 또한 콘스탄티누스 2세 때에는 신기두눔의 우르사키우스(Ursacius), 발렌스(Valens) 등이 있었다.

황실 측근을 맴도는 이런 감독들에 대해서 교회 내부에서의 비판도 끊이지 않았다. 320년 안디옥 공의회에서는 자기 교구의 총감독이나 감독들의 동의를 얻지 않고 어떤 이유에서든지 간에 황궁 출입을 금했고, 푸아티에의 힐라리우스(Hilarius of Poitiers)는 이러한 황실 감독들에 대해 황궁에서의 영예를 노예적 굴종으로 비난했다.

한편, 4세기 이후의 이런 추세 속에서도 이를 비판적인 입장을 견지한 교부들도 있었음을 주지하지 않을 수 없다. 이들은 국가의 권력에 편입된 황실 감독들과는 달리 때로는 황제와 정면으로 대립하기도 했고, 교회의 편에서 국가의 황제에 대해서 주권적인 영향력을 행사했다.

초대교회가 공인된 이후에는 정교일치의 유형인 '국가종교'로서 정치적 특권을 누리는 관계가 되었다. 로마제국의 측면에서는 황제숭배를 통한 정교일치(政敎一致) 사회가 된 것이다.[35]

콘스탄티누스 재위 기간 동안에 일어났던 교회정치적 차원에서의 분명한 변화는 교회의 신학적인 문제나 교회 내부의 갈등을 해결하는 주체로서 세속국가가 급부상했다는 점이다. 그 실례로 도나티스트(Donatist) 분파 운동의 문제를 다루는 콘스탄티누스 황제의 신속한 교회정치적 행보를 주시해 볼 필요가 있다.

312년 11월 로마의 밀비우스 다리에서 정적 막센티누스를 누르고 승리하여 서방의 유일한 황제가 되고 나서, 3개월 후인 313년 2월에 동방의 리키니우스와 밀라노 협약을 맺었다. 다시 8개월 후인 312년 10월에는 '도나티스트 교회분열' 문제에 착수했다.

다시 말하자면, 콘스탄티누스 황제의 이러한 발 빠른 움직임에 도나투스 추종자들의 교회분열운동은 북아프리카를 중심으로 급속도로 확산되면서 제국의 평화를 얼마나 위협했는지를 잘 보여주는 일련의 사건들에서 나타난다.

서방의 통일과 더불어 조속한 시일 내에 평화를 정착시키려는 콘

---

35. 이승희, "콘스탄티누스 황제의 신앙과 종교정책(306-324년)," 「서양고대사연구」 38권 (한국서양고대사문화학회, 2014), 103-147.

초기 기독교의 세계

스탄티누스의 정치적 의도가 짙게 깔려 있음을 알 수 있다. 도나티스트 문제를 해결하기 위하여 313년 10월에 콘스탄티누스 황제는 자신이 주재하는 재판에 심의원으로 19명의 감독들을 로마로 소집했다.

이 사건은 감독이 아니라 황제가 감독 회의의 소집권을 발동한 최초의 사건이다. 또한 최초로 황제와 감독들이 공동으로 재판심의회를 구성했다는 측면에서 국가권력이 교회 문제에 직접 개입하고, 감독들이 국가권력에 편입되는 계기가 되었던 사건으로 교회사적으로 매우 중요한 의미가 있다.

콘스탄티누스는 다시 한번 이렇게 이중적 기능을 가진 감독의 재판심의회를 314년 아를레(Arles)에서 소집했다. 이렇게 하여 교회의 감독이 세속의 권력과 손을 잡고 교회 내적인 문제를 세속의 법률에 의지하여 판단했던 전례를 남기게 된다.

한편 콘스탄티누스는 313년(그 후 333년에도 다시 한번)에 감독들에게 성직자의 특권을 부여하고 시민의 의무, 즉 병역의무와 납세의무 등으로부터 면제시킴으로써 감독들을 국가로부터 부여받은 면책특권과 다양한 명예 칭호를 통해서 고위 공직자와 같은 대우를 받았다.

게다가 감독들이 황제를 알현하러 가거나 종교회의 참석차 여행을 할 때는 공식적으로 '국가의 교통시설'을 사용하도록 허락되었다. 또한 325년 콘스탄티누스는 알렉산드리아의 장로 아리우스 문제를 해결하기 위해 제국의 감독들에게 국고에서 자금을 지원하고, 교통 및 숙박편의 시설을 제공하면서까지 자신의 여름 별장 근처인 니케아(Nicaea)로 종교회의를 소집했다.

본래 종교회의 소집권은 감독의 권한이었던 것에 비추어 보면, 이

사건도 매우 이례적인 것이다. 즉 황제가 감독의 역할을 대신한 것이다. 이러한 특권의 부여와 혜택은 황제에게 교회는 313년 밀라노 협약에서 드러나듯이 로마의 정치적 대전제인 '공인선'(公認善)을 위한 정치적 조력자 내지는 공조자 이상은 아니었던 것 같다.

아타나시우스나, 암브로시우스나, 아우구스티누스(=어거스틴) 등이 감독의 고유한 책무를 주장하기는 했지만, 오히려 세속정치에 깊이 개입된 감독들이 적지 않았다. 이처럼 교회에서 국가에 대한 견제와 비판을 가하기도 했지만, 대부분 교회정치의 세속화가 주도적이었다.

하지만 속권보다 교권이 상대적으로 주도적이었던 중세와는 달리, 여전히 속권이 우위에 있었지만, 점차 교회의 신앙과 교리적 영역에 대한 우위를 드러내기 시작하면서, 교회의 주도권은 강화되었다.

기독교 박해에 대한 초대교회 기독교인의 반응은 오히려 국가의 권위와 법을 대항해 집단적인 항변이나 폭력적 자세를 취하지 않고, 우상숭배를 금한 최고의 권위이자 하나님의 법의 기준에 순종하기 위해, 그들은 제국의 법에 따라 기꺼이 순교를 당하였다.

그것은 황제숭배와 이방 제의에 참여할 수 없는 더 큰 권위에 따른 것이었다. 하지만 이러한 순교신앙의 결과가 교회를 더욱 정화(淨化)시켰으며, 교회 성장의 씨앗이 되어 기독교 확장의 밑거름이 되었다.

그러나 이러한 많은 성도들의 순교의 열매로 획득한 신앙의 자유가 오히려 정치적인 의도에 휘말려 교회의 진정한 정체성이 퇴색되며 변질되어 갔다. 황제들의 제국의 정치적 통일과 평화를 위한 교회의 일치 노력에도 불구하고, 교회 내의 이단과 개인적 야심을 목적으로 들어온 구성원들 때문에 교회는 점점 초기 기독교 사회의 영향력을 잃어 갔던 것이다.

이러한 상황에서도 권력과 법률이 아닌, 하나님의 말씀에 기초한 신앙과 윤리의 기준을 제시한 교부들의 가르침을 통해 교회와 국가의 바람직한 관계가 계속 지속되었다. 즉 국가에 대한 인식이 조금씩 차이는 있지만 근본적으로는 하나님의 나라를 이 땅에 실현하기 위해 필수적인 존재로서 상호 공존과 보완의 관계가 필요함을 절실히 깨닫게 되었다.

암브로시우스와 아우구스티누스와 같은 교부들은 교리와 신앙의 영역에 있어서는 철저한 우위를 주장하였다. 초대교회사를 통해 볼 때, 교회는 핍박을 통해서 자유를 획득했던 것을 알 수 있다. 그래서 교부 암브로시우스는 이렇게 강조했다. "교회는 형제들에게 사랑을 받을 때보다도 박해를 받을 때가 훨씬 더 행복했다."[36]

여기에서 교회의 역설적 특징이 나타나는 것이다. 교회는 결코 박해를 요구하지 않았지만, 박해가 왔을 때, 교회는 그것을 그리스도의 은총으로 여기고 박해로부터 더욱 견고하게 헤쳐 나왔다.

암브로시우스를 비롯한 많은 사도교부들은 로마제국과 초대교회와의 관계에서 발생하는 갈등 속에서 대중의 신앙을 돈독히 했다. 결국, 초기 변증가의 저술에 나타난 초대교회 기독교 신자들의 수많은 핍박과 순교의 상황 속에서도 기독교인들이 국가에 대한 호의적이며 공리적인 태도를 취하고 있음을 볼 수 있다.

또한 3세기까지의 박해와 수난 속에서의 순수한 신앙적 열정과는 달리 4세기 이후의 기독교 공인으로 인한 황실 감독을 비롯한 교회정

---

36. 김광채, 『교부열전 중권, 니케아 4세기의 교부』, (서울: 기독교문서선교회, 2005), 134.

치의 세속화 현상이 두드러졌다.

　물론 일부의 감독들은 수도자적 · 금욕적 견지에서 국가권력 간의 밀착이나 교회의 세속 권력화 등에 대해 거부감을 가지고 있었지만, 다른 감독들은 "황실의 비호를 힘입어 자신들의 교회정치적 프로그램이나 신학적 견해를 관철하기 위해서 국가의 도움을 청하거나, 국가권력에 우호적인 태도를 취하면서 다양한 차원에서 세속정치에 결부되었다."[37]

　그런 가운데서도 아타나시우스와 암브로시우스, 그리고 아우구스티누스와 같은 교부들은 교리와 신앙, 그리고 교회 질서 수호를 위해서 국가와 황제의 권력 앞에서도 강력하게 대처했음을 볼 수 있다.[38]

　특히 암브로시우스는 테오도시우스 1세 황제와 두 번에 걸쳐서 크게 대립하면서 그의 예언자적 행정력을 과감하게 보여주었다. 첫 번째 대립은 소도시 칼리니쿰 유대교 회당에서 일어난 방화사건의 주범은 기독교인들이었다. 황제는 법에 따라 방화범을 처벌하고 회당을 복원하기로 결정하였다.

　암브로시우스는 이 결정을 기독교인 황제가 내릴 수 있는 결정이 아니라고 항변하며 황제를 설득하였다. 이때 암브로시우스는 황제 역시 한 사람의 기독교인으로서 자신의 회중에 속한 자로 규정하여, 자신의 결정을 따르지 않을 경우, 성만찬을 베풀지 않겠다고 주장하였다. 황제도 하나님께 복종하여야 한다는 것이다.

---

37. 위의 책, 29.

38. McLynn, Neil B., *Ambrose of Milan: Church and Court in a Christian Capital*, The Transformation of the Classical Heritage, vol. 22 (Berkeley: University of California Press, 1994), 79.

초기 기독교의 세계

결국 황제가 굴복하고 기독교 제국 안에서 타 종교는 법의 보호를 받을 수 없다는 것이다. 하나님의 명령을 어길 경우, 하나님이 제정하신 성례를 받을 수 없다는 것이다. 결국 황제가 굴복하고 기독교 제국 안에서 타 종교는 법의 보호를 받지 못한다는 선례를 남기게 되었다.

테오도시우스 황제와의 두 번째 대립은 데살로니가에서 일어난 폭동의 보복으로 황제가 군중들을 학살한 사건에서 비롯되었다. 암브로시우스는 황제에게 회개를 요구하고 회개의 증거로 공적인 고해(告解)를 요구하였고, 파문의 경로 앞에서 황제는 다시 한번 무릎을 꿇지 않을 수 없었다.[39]

그는 황제에게 성전의 문을 가로막고 "그 자리에 멈춰라. 양손에 불의의 피가 가득한 자, 죄로 더럽혀진 당신 같은 인간은 회개하기 전에는 성찬에 참여하기 위해 거룩한 성소에 들어올 수 없다"고 소리쳤다. 암브로시우스는 설교 시간에 "황제는 교회에 속해 있지만 교회에 군림하지 않는다"(The emperor is in the church, not over the church)[40]고 외쳤다.

이 두 사건으로 황제도 감독의 말에 복종해야 한다는 전통을 서방 교회에서 정립하면서, 중세의 교황들이 세속 권세 위에 군림하는 부정적 모습으로 발전하기도 하였지만 세속 권세가 종교의 영역에서는 교회 감독의 가르침을 따라야 한다는 전통을 만들기도 하였다.[41]

콘스탄틴 대제 이후 교회가 정부의 시녀(侍女)로 전락해 가던 그 시

39. R. Thorton, *St. Ambrose: His Life, Times, and Teaching*. (New York: Dott, Young, & Co., 1879), 85–92.

40. Brown, Peter, *The Rise of Western Christendom, Triumph and Diversity, AD 200-1000*. (Malden, MA.: Blackwell Publishing, 2003), 80.

41. Cameron, Alan, *The Last Pagans of Rome*. (USA: Oxford University Press, 2011), 64–65.

대에 교회와 국가의 분리를 외치며 세속의 압력에서 교회를 보호하고 두려워하지 않고 정의와 복음을 동시에 외치면서도 궁핍한 자와 가난한 자, 눌린 자와 함께한 암브로시우스 감독은 교회 주권 회복의 "불멸의 실례"를 남겨주었다.

이러한 초대 교부들은 그 당시 교회가 로마제국의 긴밀한 협력 관계에 있었음에도 교회를 지도하는 감독으로서의 분명한 자기 정체성을 가지고 고유한 책무를 감당했으며, 자주적인 영향력을 행사하였다.

즉, 이들은 무엇보다도 교리와 윤리의 문제에 있어서는 목회적 차원에서 교리를 수호하고 교회의 질서를 유지하기 위해 탁월한 언변과 치밀한 논쟁으로 맞섰다. 특히 황제를 비롯한 불의한 권력자들 앞에서도 선지자적 사명을 결코 소홀히 하지 않았다.

제 3 장

로마제국과
기독교 사회

1. 로마제국의 기독교 사회의 정황

로마제국의 역사와 정치적 상황

로마는 BC 753년 4월 20일 쌍둥이인 로물루스(Romulus)와 레무스 (Remus) 형제에 의해 중부 이탈리아의 티베르(Tiber) 강가에 세워진 도시로 전해진다. 로마 초기에는 에트루리아인(Etruscan)이 왕정을 세워 출발한 후, 라틴족이 왕정을 타도한 이후 공화정을 세웠다.

초기 공화정 시대는 귀족정이었는데, 전쟁 수행 공로로 인한 평민 의 지위 향상이 함께 있었다. 후기 공화정은 3차례의 포에니 전쟁 이후 지중해 세계를 기반으로 대제국을 형성하였다. 삼두정치를 거쳐 로마 는 제정 시기에 접어드는데 원수정(Principatus) 시기에는 황제와 원로원이 권력을 양분하여 로마의 평화 시대를 유지했었다.

군인황제 시기에는 정치적 혼란기였고, 전제군주정 시기에는 기독 교가 가장 혹독한 박해를 받았다. 그 이후 기독교가 공인되어 국가종교 의 형태를 이루는 시기였다.

원수정 시대에 원로원은 BC 27년에 모든 권력을 장악한 옥타비아누스에게 종신 집정관, 원로원 의장, 최고의 재판관을 겸한 개선장군(Imperator), 신성한 자(Augustus)라는 호칭을 부여함으로써 로마제국(Roman Empire)이 시작되었다.

옥타비아누스는 제국의 평화와 번영을 위해 속주민(屬州民)의 고유한 문화, 종교, 사상 등에 관용 정책을 취함으로써 세계와 보편화라는 세계동포주의를 만들었다. 옥타비아누스의 40여 년간의 치세 동안 로마제국은 내란과 혁명을 종식하고 '로마의 평화'(Pax Romana)를 구현시켰다.

3세기의 로마제국은 게르만 민족의 침입과 제위 계승에 대한 군대의 입김으로 약 50년간(235~285년) 50여 명의 군인이 황제로 등극하는 등 정치적 · 사회적으로 내외적인 혼란기였다.

이러한 혼란기에 디오클레티아누스(284~305년)가 내란을 진압하고 군사적인 개혁을 통해 제국을 다시 통일했다. 그는 공화정의 원수정 제도를 없애고, 강력한 군주정을 만들었다.

그는 285년에 막시미아누스를 자신과 함께 공동 황제로 임명하여 아우구스투스라 칭하고 제국의 서반부를 통치하게 했고, 공동 황제 각각 케사르(Caesar)라 불리는 부황제를 임명하게 하여 명백한 계승자를 지명했다. 디오클레티아누스는 황제숭배를 통해 기독교를 조직적으로 최대, 최고로 박해한 황제였다.

그 후, 콘스탄티누스 황제(303~337년)는 분열된 제국을 통일하고 313년 밀라노 칙령을 통해 기독교를 공인했다. 콘스탄티누스 황제의 지원과 관심 속에서 기독교는 국가종교로서의 발판을 확립하게 되었고, 테오도시우스 황제(379~395년)가 392년에 기독교를 국교(國敎, state religion)로 선포하였다.

테오도시우스 황제는 제국을 이분하여 서로마는 호노리우스(395–423년)에게, 동로마는 아르카디우스(395–408년)에게 나누어 상속해 주었다. 이로 인해 로마제국이 동서로 분리되어 제국의 약화를 초래했고, 서로마의 몰락을 가져오게[1] 되었다.

결국, 서로마의 로물루스 아우구스투스 황제(475–476년)는 서고트족의 오도아케르에게 멸망되었다.

BC 8세기부터 AD 5세기에 이르는 천이백여 년 동안 로마는 서양사의 중심에 있었다. 공화정 로마가 공화주의, 평등주의라는 사회적 · 정치적 구조를 이룩했다면, 제정 로마는 세계동포주의(cosmopolitanism)[2] 사회구조를 형성했다.

세계동포주의는 알렉산더 대왕에 의해 건설된 헬레니즘에서 비롯된다. 알렉산더 대왕은 폐쇄적이고 개인주의적인 도시문화를 동서 문화의 융합으로 세계문화로 형성시켰다. 헬라어가 세계 공용어가 되어 헬레니즘의 고전적인 문화가 더 넓은 시야를 갖게 되는 창(窓)이 되었고, 이 창을 로마가 바로 계승하게 되어 이 사상을 완성하게 된다.

제정 로마에서 세계제국화라는 보편성이 창출되어 로마제국의 보편화와 세계동포주의는 정치, 경제, 사상, 종교에서 발전하게 되었고,

---

1. A. R. Born, *Alexander the Great and the Hellenistic Empire.* (New York: Penguin Books, 1948), 20. 김유준, "로마제국과 초대교회와의 관계사." 「대학과 선교」 제35집 (한국대학선교학회, 2017), 192에서 재인용.

2. Kleingeld, Pauline, Brown, "Cosmopolitanism." Edward N. Zalta(ed.). *Stanford Encyclopedia of Philosophy.* Center for the Study of Language and Information. Archived from the origination 14 January, 2020.

초기 기독교의 세계

기독교가 발전할 수 있는 토양이 된 것이다.[3]

로마제국의 사회적 상황

로마제국 당시의 기독교가 당면한 사회적 상황을 다음과 같은 네 가지로 설명할 수 있다.[4]

첫째, 네로 황제 이래로 박해와 일반적인 의혹을 받았기에 기독교는 그들 자체의 안전을 위해서 비밀리에 집회를 가질 수밖에 없었다. 그리하여 그들은 국가를 위태롭게 하는 비밀조직체라는 누명을 받게 되었다.

둘째, 이교도의 판테온[5]을 인정할 수 없었기에, 기독교 선교를 위한 비타협적인 정열로 인해 로마의 원리인 관용과도 상충되었다.

셋째, 대부분의 기독교인들이 군대나 관직에서의 공식적인 근무나 공동업무 종사를 황제숭배로 인해 거부했다.

넷째, 기독교인들은 사해동포주의를 부르짖는데 이러한 기독교인들의 사상과 태도에 로마 사람들에게는 매우 눈에 거슬렸다.

그런데 로마 사회에서는 기독교인들의 비밀스러운 집회에 대한 의심과 오해가 만연되어 있었고 기독교인들의 태도가 마음에 들지 않았

---

3. Cameron, Averil. "Constantine and the 'peace of the church.'" In Mitchell, M.; Young, F. (eds.). *The Cambridge History of Christianity*. Vol.1. (Cambridge University Press. 2006). 537–538.
4. 지동식 편역. "로마제국의 기독교 사회." 『로마제국과 기독교』. (서울: 한국신학연구소, 1983). 236–249.
5. 판테온(Πάνθειον)은 그리스어의 "모든 신들"이라는 말에서 유래한 말로, 한국어로는 범신전(汎神殿), 만신전(萬神殿)으로도 번역되며, 모든 신을 모시는 신전을 의미한다.

다. 그러나 로마의 행정관이었던 플리니우스(23~79년)는 기독교인들이 융통성이 없는 완고함과 황제숭배의 거부를 제외하고는 어떤 악도 발견하지 못했다고 전한다.

영국의 역사학자, 에드워드 기번(Edward Gibbon) 역시, "기독교인들이 최고의 존재에 대해 품고 있었던 순수하고 고상한 이념은 이교 대중들의 조잡한 개념에서 탈피하고 있었으며, 한편 이교도들은 어떤 육체적인 형상이나 가시적인 상징으로 표시되지도 않았을 뿐만 아니라, 기독교인들에게서 친숙한 화려한 제전, 제단, 제물 등으로 꾸며지지 않은 영적이고 유일한 신을 발견하고는 당황했다"[6]고 기록했다.

로마제국 내 기독교의 사회적 특징과 의미

이러한 로마제국의 상황에서 기독교의 대비적인 사회적 특징을 다음과 같은 세 가지로 정리할 수 있다.[7]

첫째, 기독교는 전통적인 로마 사상과 헬레니즘 문화의 토양에 뿌리를 내렸다. 기독교의 새로운 개념은 세속에서 초연한 데 반해서 하나님과 하나님의 나라에 대한 강렬한 애착을 느끼게 하는 이념이었다.

둘째, 교회와 국가 사이에서 교회가 공직과 군 입대 거부 등의 비협조는 기독교인이 아닌 일반인 사이의 사회적인 유대를 강화하는 데 기여했다. 기독교인들은 전적으로 세속정부에 충성을 바쳤고, 동료에 대

---

6. 에드워드, 기번(Edward, Gibbon), 『로마제국쇠망사』(The History of the Decline and Fall of the Roman Empire), 강석승 역 (서울: 동서문화사, 2018), 66.
7. 지동식 편역, 247-249.

128   초기 기독교의 세계

해서도 깊은 책임감을 보여주었다.

셋째, 기독교 신앙의 사회적인 영향력은 보통 신앙과 도덕이 분리된 이교와는 기묘한 대조를 이룬 것으로서, 높은 인격적·도덕적인 기준을 제시한 점이다. 기독교 사회의 높은 도덕 수준 유지에 자부심을 갖고 있었고, 이것은 그 시대의 사회에서 빛을 주는 감화 세력이었다.

그리고 기독교인들은 평범한 남녀들의 쾌락에 대한 초연함을 보여주었다. 그래서 테르툴리아누스는 로마의 제전이나 의식 참여를 금지했으며, 극장과 원형경기장에서의 경기 및 야수와의 투기, 그리고 경마 등 금지된 세속적인 쾌락의 종류를 열거하였던 것이었다.[8]

이러한 기독교 신앙의 사회적 영향력을 통한 신앙과 도덕의 혁명은 당시 사회에 새로운 인도주의적 정신을 널리 퍼뜨렸다. 이러한 인도주의적 정신은 당대의 스토아학파에서도 발견되는데, 이들은 사회의 매춘 행위와 노예제를 인간성의 타락으로 격렬하게 비난하였고, 비인도적인 행위 근절을 위한 수단으로서 관용과 상호 간의 사랑의 복음을 전파하였다.

기독교 새로운 사회적인 가치관에 대한 공헌 역시 이와 유사했다. 즉 기독교는 직접적으로 노예제도의 폐지를 주장하거나 노예로 하여금 소유주로부터 도망할 것을 요구하지는 않았지만, 모든 사회적 신분 철폐와 해소를 위한 자유의 법과 진리의 법이 선포되도록 그리고 보편적인 인간성이 점점 강화되는 데 일조하였다.

---

8. 염창선, "기독교와 고대후기 로마제국의 놀이문화: 구경거리(spectacula)를 중심으로," 「신학과 사회」 (21세기기독교사회문화아카데미, 2022), 69–95.

기독교 공인 이후의 기독교의 변화

디오클레티아누스(Diocletianus, 284-305년)는 기독교를 가장 혹독하게 박해했지만, 콘스탄티누스 황제는 자신의 매제인 동방의 리키니우스(Licinius)와 맺은 소위 '밀라노 협약'(313년 2월)을 통해서 기독교를 하나의 '합법적인 종교'(religion lecita)로 인정했다.

그리고 교회의 권리 회복과 동시에 몰수했던 교회 재산을 환원시킨 사건은 교회와 국가 간의 '교회정치적' 기존의 관계를 완전히 뒤바꾸어 놓았다.

그에 따른 로마제국의 점진적인 기독교화는 기독교의 자기 정체성 정립에도 엄청난 변화를 초래했다. 다시 말하자면, 로마의 기독교에 대한 기본 정책이 '박해'에서 '관용'으로 바뀌면서 교회와 국가 간의 정치적 관계는 지나간 3세기 동안과는 전혀 다른 국면을 맞이하게 되었던 것이다.

교회는 사회의 변두리에서 중심부로 자리를 옮겼으며, 4세기 말에는 감독들이 기독교인들을 포함한 법정 송사의 문제를 청문하는 정부의 관료가 되기도 했다. 그들은 정부 관료들과 동등한 대우를 받았으며, 관료들은 물론 황제까지도 교회 공동체의 구성원이 되면서 교회는 강압적으로 변했다.

1세기에 박해를 받으며 시작했던 교회가 4세기 말에는 권력의 상층부까지 영향력이 미쳤고, 이방인들과 이교도들을 박해하는 자리에 서게 되었다. 이러한 과정 속에서 교회는 이른바 '세속화'(世俗化)되었고, '세속정치화'(世俗政治化) 되었다.

물론 일부 감독들은 수도자적 · 금욕적 견지에서 국가권력과의 밀착이나 교회의 세속 권력화 등에 대해 거부감을 가지고 있었다. 다른 감독들은 황실의 비호를 힘입어 자신들의 교회정치적 프로그램이나 신학적 견해를 관철하기 위해서 국가의 도움을 청하기도 했다.

이렇게 해서 4세기 교회와 국가는 이전과는 다르게 아주 미묘하고, 복잡하고, 다차원적인 '교회정치적' 국면으로 접어들게 되었다.[9]

로마제국 내 기독교의 사회적 특징

AD 100-300년은 로마제국이 기독교를 박해했음에도 불구하고 복음이 계속해서 확장되던 시기였다. 유대교의 기독교 박해에 이어 네로 황제, 도미시안 황제, 트라얀 황제 및 마르쿠스 아우렐리우스 황제의 박해가 있었다.

그리고 안디옥의 이그나티우스 교부가 로마의 원형경기장에서 야수에게 잡혀서 먹힐 상황에서 일곱 편의 편지를 쓴 사실과 폴리카르포스(=폴리캅) 교부의 순교는 너무나도 유명한 사건이었다. 그래서 테르툴리아누스와 같은 교부는 순교자들의 피를 "교회의 씨앗"[10]으로 보았다.

로마 정부로부터 기독교 공동체가 박해를 받을 때에 사회적으로 기독교의 부정적 이미지가 있었음에도 불구하고 기독교가 놀라운 부흥을 이루었다. 그 부흥의 원인을 다음과 같이 몇 가지로 정리해 볼 수 있다.

---

9. 염창선, "4세기 교회와 국가의 '교회정치적' 차원." 「한국교회사학회지」 제18집 (한국교회사학회, 2006), 97-126.
10. "The Apology", *Latin Christianity: Its Founder, Tertullian*, Roberts, A., Donaldson, J., and Coxe, A. C., ed., Thelwall, S., trans., vol. 3, *The Ante-Nicene Fathers*, (Christian Literature Company, 1885), 55.

첫째, 계속된 전쟁으로 불안정한 삶에 대한 불안과 공포에 빠져 있는 많은 사람들을 내세에 허락될 영생의 길, 복의 길로 인도한다는 소망의 메시지가 기독교에 담겨 있기 때문이었다.[11]

둘째, 로마제국은 기독교인이 보여준 삶의 모범적인 태도와 어려운 가운데서도 선행을 베푸는 기독교인들의 삶에 감동을 받았기 때문이었다.[12] 3세기 말, 이집트의 기독교 공동체에는 사회 고위층에 해당하는 기독교인과 중산계층, 무역에 종사하던 상인과 유력인사들이 많았고, 이들은 경제적으로 풍족하여 구호와 자선에 적극적이었다.[13]

셋째, 지금까지 로마가 실행했던 박해 속에서도 신실하게 믿음을 지켰던 순교자의 신앙이 열매로 나타난 것으로 생각할 수 있다. 기독교인들은 고난과 순교를 거부하지 않았다. 오히려 적극적으로 로마제국의 박해를 감당했으며, 순교자들은 기꺼이 기독교 신앙의 "씨앗이" 되어 기독교 성장의 밑거름이 되었다.[14]

넷째, 로마제국의 통치 아래에 일어난 언어와 문화의 통일성, 그리고 도로와 항만의 발전이 기독교 전파에 큰 몫을 했다.[15] 특히 로마의 도로망은 선교 활동에 중요한 역할을 했다. 로마의 도로망은 선교사들

---

11. E. M. 번즈(E. M. Burnz), 『서양문명의 역사』(Western civilization), 박상익 역 (서울: 조합공동체 소나무, 1994), 214.

12. 이근혁, "디오클레티아누스의 대이집트 과세정책과 이집트 기독교 공동체의 대응." 『서양고대사연구』 제43집 (한국서양사학회, 2015), 275.

13. Brown, Peter, Through the Eye of a Needle: Wealth, the Fall of Rome, and the Making of Christianity in the West, 350-550 AD. (Princeton: Princeton University Press, 2012), 152.

14. 두란노아카데미 편집부, 『초기 라틴 신학』(Early Latin Theology), 이상훈 · 이은혜 역 (서울: 두란노아카데미, 2011), 119-120.

15. Tim, Dowley, Introduction to The History of Christianity. (Minneapolis: Fortress Press, 2002), 66-70.

이 빠르게 이동하고 다양한 지역으로 퍼져가는 데 큰 도움이 되었다. 도로망은 선교사들이 메시지를 전파하고 교회를 세우는 데 필수적인 요소였다.

그리고 로마 도로는 다양한 문화와 인종 간의 교류를 촉진했다. 이는 기독교 선교에도 긍정적인 영향을 미쳤다. 로마의 도로는 다양한 사람들과 상호 작용하고 신앙을 공유하는 기회를 제공했다.

로마 도로는 상대적으로 안전한 여행을 가능하게 했다. 이는 선교사들이 더 많은 지역을 방문하고 기독교를 전파하는 데 도움이 되었다. 로마 도로는 다양한 지역을 통합하는 데 도움이 되었다. 이러한 로마의 도로망은 기독교 선교에 큰 영향을 미쳤으며, 선교사들이 메시지를 전파하고 교회를 세우는 데 도움이 되었다.

특히 이 시기는 '로마의 평화'가 지배하던 시대로서 역사상 대제국들이 누렸던 평화 가운데에서 비교적 안정적이었다. 비록 군사력에 의한 평화였을지라도 이 시기에 초기 기독교인들은 자유롭게 이동하면서 복음을 전파할 수 있었다.[16]

이와 같은 이유로 로마의 토양에서 기독교의 거듭된 부흥은 사두체제에서도 이어져 기독교의 신앙은 황실에까지 영향을 미치게 된 것이었다. 락탄티우스 황제에 따르면, 디오클레티아누스 황제를 비롯한 많은 황제들이 친기독교적 성향을 가지고 있었다고 한다.

기독교의 새로운 사회적인 가치관에 대한 공헌 역시 이와 유사했다. 즉 기독교는 직접적으로 노예제도 폐지를 주장하거나 노예들이 소

---

16. 이얼 E. 케어른스(Earle E. Cairns), 『세계교회사(상)』(Christianity through the centuries), 엄성옥 역 (서울: 은성, 2010), 42.

유주로부터 도망할 것을 요구하지는 않았지만, 십자가에서의 모든 사회적 신분 철폐와 해소, 그리고 자유의 법과 진리의 법이 선포되고 있었기 때문에 보편적인 인간성이 점점 강화된 것도 사실이다.[17]

기독교회의 분열과 일치

한편 교회 조직의 확대와 영향력의 확장으로 인해 구조 내에 분열의 틈이 생겨, 그 속에 기독교 사회집단에서의 지위를 노리는 인물들과 이단자들이 속출하였다. 즉 몬타누스주의자, 마니교, 도나투스주의자, 영지주의자 등이 기존의 순수성과 전통의 통일성을 위협하였다.

특히 밀라노 칙령으로 대중 종교로 변해 버린 교회 내에 특권을 바라며 들어오는 구성원들로 인해 초기 기독교 공동체의 사회정신을 변질시켰다. 영지주의자들의 금욕주의적인 이상으로 인해 결혼과 성욕, 그리고 옷을 벗은 자신의 추한 모습을 보지 않기 위해 목욕까지도 억제하도록 조장했다.

AD 4세기 초에 아타나시우스가 저술한 『안토니우스의 생애』(Vita Antoni)[18]가 발간된 이래, 속세로부터 일어난 수도사의 은둔(隱遁)에 자극을 받아, 수백 명의 정신적인 피난자들이 수도원의 창시자인 안토니우스(Antonius, 252-356년)의 본보기를 따랐다.

니트리아산(山)에는 약 5천 명의 수도사가 있었고, 제라피온(Serapion

---

17. 오정환, "상호적 후견인-피후견인 관계와 바울의 기독론 이해: 빌레몬서를 중심으로." 「피어선 신학논단」 제12권 제2호 (평택신학교, 2023), 35-50.

18. 아타나시우스, 『안토니우스의 생애』(*The Life of St. Antony*), 김재현 편 · 전경미 역 (서울: 키아츠, 2019).

of Antioch)은 아르시나 수도원(Monastery of Arsina)에서 만 명의 집단을 거느렸다. 점차 4세기 말에 이르면 수도원은 많은 순례자들을 거의 감당하기 어려울 정도가 되었다.[19]

복음이 전해지는 곳에서는 교회의 분열도 일어났다. 사도행전은 복음이 전해지는 초기 기독교 확장사(擴張史)뿐만 아니라, 교회의 분열과 일치 추구의 역사를 담고 있다. 이미 신약성경 안에서 교회의 분열과 교회 일치에 대한 노력이 함께 병행되고 있음을 확인할 수 있다.

교회 분열의 조짐과 그 일치 추구는 신약성경에서부터 나타난다. 빌립보서 4장 2절에서는 "내가 유오디아(Euodia)를 권하고 순두게(Syntyche)를 권하노니 주 안에서 같은 마음을 품으시오"라고 하였다.

요한삼서는 "으뜸 되기를 좋아하는" 디오드레베가 "형제들을 접대치도 아니하고 접대하고자 하는 자를 금하여 교회에서 내쫓는다"라고 했다. 이는 모두 교회 분열의 조짐을 보인다.

그러나 신약성경에 나타난 교회 분열의 예(例) 중에서 더욱 심각한 것은 "안디옥 교회에서 이방인들이 할례를 받지 않고 기독교인이 될 수 있느냐"의 문제로 일어난 것이라 할 수 있다. 예루살렘의 야고보로부터 파송받은 사람들은 베드로로 하여금 이방인들과의 식탁교제를 갖지 말 것을 권유하기까지 한다(갈 2:11-14).

바울은 기독교의 유대교화(Judaization)로 인해 큰 위기를 느꼈다. 그는 갈라디아서에서 이들을 다시 기독교인이 되게 하는 데에는 "해산(解産)의 고통"(갈 4:19)이 요구된다고 토로하였다.

---

19. Samuel Dill, *Roman Society in the Last Century of the Western Empire.* (New York: Meridian Books, 1962), 182.

사도행전 15장은 바로 이 문제의 해결을 위해서 사도들과 장로들이 협의회를 열어 교회 분열을 미리 방지하였다는 사실을 말하고 있다. 이는 훗날 에큐메니칼 협의회의 모태(母胎)가 된다.

사도 시대의 이단들

복음이 다양한 문화를 만나 다양한 형태의 기독교를 만들어 내지만, 다양성이 모두 좋은 것은 아니다. 이단은 문화가 복음을 잘못 담아낼 때 탄생하기 때문이다. 신약성경 시대가 끝나기 전에 이미 어둠의 그림자가 교회 위에 드리워졌다.

요한 서신서의 저자는 성부와 성자를 모두 부인하는 거짓 선생을 경계하라고 독자들에게 경고하고 있다. 메시아이신 예수께서 성육신하신 사실을 거부하는 것을 적그리스도의 정신이라고 말하였다. 요한이서는 이단(異端)을 교회로부터 내쫓으라고 경고한다(요이 9–11절).

사도 바울은 고린도전서 15장의 '복음선포내용'(케리그마)을 고린도 교회에서 육체적 부활을 거부하는 이단에 대한 반론으로 제시했다. "그리스도가 죽은 사람들 가운데서 살아나셨다고 전파되고 있는데 왜 여러분 가운데 어떤 이들은 죽은 사람의 부활이 없다고 합니까?"(고전 15:12).

또한 그는 복음을 유대화시키는 이단, 곧 '다른 복음'(갈 1:6–8)을 좇는 자들의 도전에 대한 응답으로 『복음의 성명서』(the Manifesto of the Gospel)라고 알려진 갈라디아서를 썼다.

바울은 자신이 전한 '복음'이 사람의 뜻에 따라 된 것도 아니요, 사

초기 기독교의 세계

람에게서 받은 것도 아니요, 배운 것도 아니요, "오직 예수 그리스도의 계시로 말미암은 것"(갈 1:11–12)이라고 하면서, "그러나 때가 차자 하나님께서는 자기 아들을 보내셔서 한 여자에게서 나게 하시고 … 이는 율법 아래 있는 사람들을 구속하시고 우리로 하여금 아들의 신분을 얻게 하기 위함입니다"(갈 4:4–5)라고 했다.

골로새서는 거짓 교사들의 이단사설(異端邪說)에 대하여 예수 그리스도께서 누구이시며, 그분이 무엇을 행하셨는가에 대하여 역설하고 있다. 바울은 골로새서에서 '철학', '사람의 유전' 및 '초등 학문'(골 2:8)을 좋음으로써, 복음으로부터 빗나간 사람들을 향해, "그 안에는 신성의 모든 충만이 육체로 거하시고"(골 2:9)라고 반론했다.

바울은 디모데전서에서 거짓 교사들의 주장에 대해서도 사도적 전통을 변호하려 했다(딤전 1:7, 4:1–5, 6:3–10, 20–21). 당시 거짓 교사들은 신화와 끝없는 족보에 착념(着念)하여(딤전 1:4), 결혼을 금하고 금식을 장려하는(딤전 4:1) 영지주의자들이었다.

그들은 헛된 말에 빠져(딤전 4:1), 그들은 경건을 이익의 수단으로 생각하는 등 믿음의 정도(正道)에서 벗어났다(딤전 6:20). 이에 대하여 바울은 "전에 너를 지도한 예언을 따라 그것으로 선한 싸움을 싸우며 믿음과 착한 양심을 가지라"(딤전 1:18–19)고 경계한다.

요한일서 역시 이단의 도전에 대한 응답이었다. 요한일서의 저자는 육체와 물질세계를 거부하고, 영혼과 영적인 세계의 가치만을 높인 나머지, 육체는 무덤이요, 감옥이라고 보는 초기 기독교적 영지주의에 대하여 반론하고 있다.

요한일서는 이와 같은 초기 영지주의적 이단 기독론에 대한 반론이다. "여러분이 하나님의 성령을 알아보는 방법은 이것입니다. 곧 예수 그리스도께서 육체로 오신 것을 시인하는 영(靈)은 다 하나님에게서 나온 영입니다"(요일 4:2).

교부들의 이단에 대한 대응

사도들의 뒤를 이어 기독교 신앙의 정통성을 고수하며 신학의 발전에 공헌한 지도자들을 보통 신학자들은 초대교회의 교부(敎父)라고 칭한다. 교부란 '교회의 아버지'란 뜻을 지니고 있다. 초대교회 교부들은 사도들의 뒤를 이어서 교회를 든든하게 세워나가고 복음의 진리를 체계화하는 데 큰 역할을 담당하여 후세에 큰 영향을 주었다.

초대교회가 많은 핍박과 도전을 받으며 복음을 전하는 동안, 복음의 진리를 학문적으로도 정립하고 체계화시켜야 할 필요성이 대두되었다. 교부들의 신학은 순수한 신앙을 가르침과 동시에 외부의 도전들에 대한 변호에서 시작되었다. 이러한 기독교의 변호에 직접 참여한 교부들을 '변증가들'(apologists)[20]이라고도 부른다.

교부의 자격 중 특히 중요한 것은, 그들이 교리에 정통성을 지녀야 한다는 것이었다. 사상이 순수하지 못하거나 정통적이지 못하면 교부로 인정하지 않았다. 그러나 이 정통성의 문제도 '정통'에 대한 정의가 달라 표준 척도가 되지는 못했다.

한 예로, 알렉산드리아의 클레멘트(Clement)와 오리겐(Origen)의 경우

---

20. 변증가(辨證家)란 이교자들에 대항하여 기독교 진리를 변호했던 2세기의 저술가들을 지칭한다. 김광우, 『신학이야기』, (서울: 도서출판 지와 사랑, 2000), 제4장 「교부와 변증가들」.

초기 기독교의 세계

서방교회에서는 그 사상의 비정통성 때문에 교부로 받아들이지 않았지만 동방교회에서는 교부로 받아들였다.

첫 번째 교부로는 1세기 말에 활동한 로마의 클레멘스를 들고, 마지막 교부로는 동방교회에서는 다메섹의 요한(725년 사망)을, 서방교회에서는 그레고리 1세(604년 사망)를 꼽는다.

교부들의 신학사상은 2세기경부터 7, 8세기까지 계속된다. 교부들의 신학사상은 주로 예수님이 계시하신 진리, 예수님에 대해 언급한 구약성경의 예언, 기독교 진리를 전파하기 위한 이방 철학과 관련된 변증 등이었다.

학자들은 속사도(續司徒)와 교부(敎父)들을 구분하기도 하고, 속사도들을 교부의 범주에 포함시키기도 한다. 시대적으로 보면 30-100년경 로마의 클레멘트, 안디옥의 이그나티우스, 헤르마스, 알렉산드리아의 법률학자 출신 바나바, 히에라볼리의 파피아스, 서머나의 폴리카르포스 등은 속사도 시대의 교부들이라 할 수 있다.

서머나의 이레니우스, 알렉산드리아의 클레멘트, 카르타고의 터툴리안(=테르툴리나누스), 로마의 히폴리투스, 카르타고의 키프리아누스(=키프리안), 그레고리(=그레고리우스) 등은 3세기까지의 교부들이다.

니케아 회의 이후의 교부들로는 이탈리아의 락탄티우스, 『교회사』(Ecclestical History)의 저자인 가이사랴의 유세비우스, 아타나시우스, 갑바도기아의 바질, 밀라노의 암브로시우스, 안디옥의 요한 크리소스톰, 로마의 제롬, 북아프리카의 아우구스투스 등이 있다.

특히 당시 속사도들은 사도들과 2세기 후반 저작 활동을 했던 변증가들 사이에 교부들 중 니케아 회의 이후의 대표적인 밀라노 감독이

된 교부 암브로시우스를 소개한다.

암브로시우스는 오랫동안 기독교를 믿던 귀족 집안의 출신으로 339년 트리에(Trier)에서 태어났다. 역할을 했고 기독교가 공인된 이후에는 교회의 신학적 정립을 위해 크게 기여했다.

당시 교회는 규율이 해이해지고 예배는 형식화되었으며 교리는 독단적이 되고, 윤리의 표준은 세속화되어 갔다. 그러므로 교회는 초기의 신앙적 순결과 엄격한 규율을 상실하고 점차 국가적 타락과 세속주의에 빠지게 되었다.

이 같은 상황에서 속사도 교부들은 교회의 정착과 교리의 발달에 주도적이 되었으며 초대 사도들의 신앙 전통을 회복하기 위해 신앙적 모범이 되었다.

사도 시대를 뒤잇는 신학자들을 속사도 교부들 혹은 사도적 교부들이라 일컫는다. 교부(敎父=Church Fathers)란 대체로 목사들로서 교회의 정신적 아버지라는 뜻이다. 이 시기(100–310년)의 교부들로서 소아시아의 이그나티우스, 폴리카르포스, 파피아스, 로마의 클레멘트와 헤르마스 및 알렉산드리아(이집트 근처)의 바나바 등이 있다.

그런데 이 세 지역의 신학은 각각 나름대로의 특징을 나타내면서 복음을 증거하였다. 예컨대, 로마의 속사도 교부들이 실천적 · 윤리적 · 행정적이라면, 필로(Philo) 전통과 그리스의 형이상학 전통을 물려받은 알렉산드리아는 사변적이고 은유적(알레고리컬)인 성경 해석으로 특징지어지며, 구약의 역사성과 예수님의 육신적 삶을 약화시키는 경향을 띠고 있다.

이상의 교부들에게 복음이 여러 지역으로 확산되면서 생겨난 여러

초기 기독교의 세계

지역 교회들의 여러 가지 신학들을 발견할 수 있는데 사도적 전승인 복음을 통일성으로 하는 신학 전통들의 다양성이 엿보인다. 복음은 다양한 문화를 만나, 다양한 기독교를 만들어 낸다.

속사도들의 저서를 통해 그들에게 어떤 신학적 사상을 찾기는 매우 어렵다. 그 이유는 이들에게 사상이 없는 것은 아니지만 그들이 필요에 따라 적절하게 기독교 신앙을 실천적으로 다양하게 표현했기 때문이다.

이들은 또한 교회의 책임 있는 지도자들로서 교회 안에 분쟁이 일어날 때마다 진압에 힘썼고, 교회의 조직이 빈약하여 통일성과 질서를 잃을 때 질서를 강조하였다. 또한 가현설주의자나 유대주의자 등이 교회를 혼란케 할 때, 이와 같은 이단사상을 물리치기에 힘썼으며 교회의 핍박이 닥쳤을 때 직접 순교의 본을 보였다.

이들의 이 모범은 뜨거운 감동과 감화를 준다. 이들은 사도들과 달리 영적 권위를 행사하려고 하지 않았다. 이들은 사도들의 모범적 권위를 표준으로 하여 생활 중에 항상 인용하였다. 예를 들어 사도들이 기독교적 신앙의 근본들을 권위로 반포한 데 비해, 이들은 그 신앙을 전제로 하여 실제 교회 생활에 필요한 것들을 권면하였다. 이들은 가능한 한 사도들의 신앙적 전통에 서려고 노력하였다.

따라서 이들은 신학적이거나 사색적이었기보다는 대부분 목회적이고 실천적 인물로서 초기 보편주의를 향해 움직이던 기독교 공동체의 내적인 삶에 관심을 쏟았다.

2. 초대교회의 로마제국에 대한 입장

로마 황제에 대한 초대교회 변증가의 입장

초기 기독교 신학자인 락탄티우스(Lactantius, 240~320년?)는 그의 『박해자들의 죽음에 관하여』(De mortibus persecutorum)라는 저술을 통해서 전적으로 교회의 입장을 대변해 주었다. 그는 불경한 자들의 음모가 근절되고 기독교인에 대한 황제들의 피에 굶주린 명령들이 철회된 데 대한 만족감을 서술하면서, 기독교 박해자들에 관해 역사적으로 요약했다.

락탄티우스는 네로, 도미티아누스, 데키우스, 발레리아누스, 아우엘리아누스, 디오클레티아누스, 그리고 그의 공동통치자들까지 거론했다. 하지만 그는 네로 황제에서 디오클레티아누스 황제까지 30명의 황제가 있었지만, 동시대를 제외하면 5명밖에 언급하지 않았고, 나머지는 다음과 같이 서술했다.

> 다수의 선량한 황제들이 로마제국의 진로를 결정한 뒤이은 시기에 교회는 적의 공격을 받지 않고 동방과 서방으로 영향력을 더욱 확대시킴으로써, 지상의 아무리 먼 지역이라도 하나님에 대한 숭배가 미치지 않은 곳이 없었다.[21]

이러한 점은 기독교를 박해한 황제들은 소수에 불과하며, 황제들의 대다수가 기독교에 대해 중립적인 태도를 취했거나, 심지어 우호적인

---

21. Lactantius, *De mortibus persecutorum*, III. 4. 김유준, "로마제국과 초대교회와의 관계사." 197에서 재인용.

태도를 취했음을 알 수 있다.[22]

테르툴리아누스도 그의 『변증론』(Apologeticum)에서 박해자 명단으로 네로 황제와 도미티아누스 황제만을 꼽고 있다. 이러한 점은 사르데이스의 멜리톤(Meliton)에게서도 나타난다. 멜리톤도 네로 황제와 도미티아누스 황제야말로 기독교에 불명예를 씌우려고 한 유일한 황제들이었다고 여겼다.

그러나 그들까지도 악인들의 선동이나 혹은 무지의 소치로 그렇게 한 것이라고 주장하고 있다. 이러한 견해는 기독교인들이 희망적 사고에 사로잡혀 현실을 외면한 것인가? 아니면 교회의 우호적 관점을 통해 국가의 영향력의 변화를 기도한 것인가? 이러한 의문에 대한 답변과 함께, 기독교인들이 박해자들을 어떻게 설명했으며, 타협했는지도 확인해 볼 필요가 있다.[23]

멜리톤의 『변증론』은 소아시아에서 일어났던 박해에 관해, 마르쿠스 아우렐리우스 황제를 향해, "만일 당신의 명령권하에서 이와 같은 일이 일어난다면, 그것은 반드시 공정하게 처리될 것입니다. 왜냐하면 공정한 황제는 결코 부당한 결정을 내리지 않을 것이기 때문입니다. 그리고 우리들로서는 그런 죽음의 영광을 기꺼이 받아들일 것입니다"[24]라고 말했다.

하지만 락탄티우스, 테르툴리아누스, 멜리톤은 국가가 교회에 대해 대부분 우호적이었거나 적어도 중립적이었음을 강조한 것은 아니다.

---

22. 쿠르트 알란트 · 지동식 편역, "초기의 교회와 국가관계: 재해석." 지동식 편역, "로마제국의 기독교 사회." 『로마제국과 기독교』, (서울: 한국신학연구소, 1983), 221-235.

23. 김유준, "로마제국과 초대교회와의 관계사." 197.

24. Tertulianus, Apologeticum, 26, 6. 김유준, 198에서 재인용.

기독교인을 옹호한 타티아노스, 밀티아데스, 헤에라폴리스, 아폴리나리스, 사르데이스의 멜리톤, 그리고 아데나고라스 등의 저술가들은 모두 마르쿠스 아우렐리우스 황제 치하에서 기록했다. 그들은 기독교인들이 그 명칭을 가지고 있다는 이유 때문만으로 대중들로부터 박해를 받았다고 기록하고 있다.[25]

실제로 아우렐리우스 황제 치하의 기독교인들은 공중목욕탕과 시장에의 출입을 거절당했으며, 대로(大路)에서의 통행도 금지되었다. 그들은 대중들에게 사형을 당하도록 방치되었으며, 구타당하고 약탈되고, 돌로 타박상을 입는 등의 모욕을 당했고, 마침내는 시장에 있는 시 당국에 끌려가 투옥되었다.

수감자(收監者)의 수는 갈리아의 두 사회에서 계속 증가하여 어떤 지위를 유지하거나 특별한 명성을 누리던 모든 기독교인까지도 감옥에 갇히고 말았다. 그들 중 상당수는 연령이나 성에 관계없이 미리 마련된 방법에 따라 고문을 당하였고, 나머지 사람들은 원형경기장에서 사나운 동물들에게 던져지거나, 다른 방법으로 살해되었다.

감옥에서 죽은 사람들은 개의 먹이로 던져졌고, 갈기갈기 찢어지고 부분적으로 불에 탄 시체들은 병정들의 감시하에 6일 동안이나 전시되었고, 마침내 화장되어 그 재는 론(Rodano)강에 뿌려졌다.

테르툴리아누스 역시 일반 대중들 사이의 기독교인이라는 이름에 대한 증오를 언급하면서, 기독교인의 비참한 실상을 소개하고 있다. 이

---

25. Pamphili Eusebus, *Ecclesiastical History*, 2 vol. tr by Roy J. Dererarin in the Fathers of the Church. (Washington, D.C.: The Catholic University of American Press, 1953), V. 1 cols. 김유준, 198에서 재인용.

러한 점으로 미루어 볼 때, 기독교인들이 희망적인 사고에 사로잡혀 현실을 외면했다고 보기에도 무리가 있다.

이러한 태도는 초기의 기독교인들에게 로마제국은 그들의 국가로서, 로마 국가에 관한 신학적인 관점 이외에, 공리적인 국가관을 가지고 있기 때문이라고 역사학자 쿠르트 알란트(Kurt Aland) 교수는 주장한다.[26]

국가에 대해 손해를 미치는 행위는 그들 자신에게도 해로운 것이라는 의미이다. 그래서 교회와 국가의 관계에서 멜리톤, 테르툴리아누스, 락틴티우스 등이 그들의 역사연구에 이러한 점을 기초로 삼고 있다고 본 것이다. 처음부터 교회는 국가에 대해 호의적이었고, 교회는 신성한 하나님의 기구로서의 로마제국에 한 가지만을 제외한 모든 것은 바칠 수 있는 준비가 되어 있었다.

그 한 가지가 바로 황제숭배였던 것이다. 하지만 로마제국은 교회에서 설정한 한계를 인정하지 않았기에, 계속해서 갈등이 일어났다. 교회는 근본적으로 갈등을 일으키는 자가 황제 자신이 아닌, 기독교적인 악마에 의해서 인도되는 황제의 불량한 간신배들이라고 생각했다.

3세기 동안 기독교인들에게 축적되었던 국가에 대한 충성의 필요성이 로마제국 전체에 퍼지게 되어, 교회와 국가의 관계가 회복되었다. 그래서 니케아 공의회에서 감독들은 콘스탄티누스 황제에게 많은 것을 양보하고 인정할 준비가 되었던 것이었다.

---

26. Kurt Aland, "The Relation between Church and State in Early Times: A Reinterpretation." *The Journal of Theological Studies*, New Series, Vol. 19, No. 1 (1968), 115-127.

제국 황실과의 긴밀한 협력 혹은 강력한 대응

3세기 동안 로마제국의 박해와 제국 시민들의 비난 속에서 확장된 기독교는 그리스도께서 걸어가신 십자가의 길을 걷는 순교신앙을 지켜왔다. 특히 3세기에 보다 조직적이고 전체국적인 박해 속에서 세속화에 대한 경계와 구별을 강조해 왔다.

하지만 4세기의 기독교 공인 이후에 기독교는 전혀 다른 양상으로 전개되었다. 즉 감독들을 비롯한 교회 지도자들의 특권과 혜택으로 인해 로마제국의 황실과 친밀한 관계를 형성해 갔다.

그러한 감독들은 교회정치력에 다양한 방식으로 관여한 황실 감독, 황실 신학자, 재판 감독 등으로 구별하기도 한다.[27] 이러한 감독들은 황궁에 머물면서 황제의 측근에서 교회의 정치적 결정에 영향을 미치며, 황제의 자문 역을 맡은 황실 감독들이 있었다.

그 예로 콘스탄티누스 황제의 고문이었던 코르도바의 오시우스 (Ossius)와 교회사의 아버지로 불리는 카이사랴의 유세비우스(Eusebius), 그리고 아리우스의 절친한 친구요 지지자였던 니코메데이아의 유세비우스(Eusebius)가 있다.

또한 콘스탄티누스 2세 때에는 신기두눔의 우르사키우스(Ursacius), 무르사의 발렌스(Valens) 등이 있었다. 황실 측근을 맴도는 이런 감독들에 대해서 교회 내부에서의 비판도 끊이지 않았다. 320년 안디옥 종교회의에서는 자기 교구의 총감독이나 감독들의 동의를 얻지 않고 어떤 이유에서든지 간에 황궁 출입을 금했고, 포이티에스의 힐라리우스

---

27. 염창선, "4세기 교회와 국가의 '교회정치적' 차원." 106-113.

(Hilarius of Poitiers)는 이러한 황실 감독들에 대해 황궁에서의 영예를 노예적 굴종(屈從)이라고 비난했다.[28]

한편, 4세기 이후의 이런 추이 속에서도 이를 비판적인 입장을 견지한 교부들도 있었음을 주지해야 한다. 이들은 국가의 권력에 편입된 황실 감독들과는 달리 때로는 황제와 정면으로 대립하기도 했고, 교회의 편에서 국가와 황제에 대해서 주권적이고 자주적인 영향력을 행사했다.

대표적인 교부로는 알렉산드리아의 아타나시우스(Athanasius)와 밀라노의 암브로시우스(Ambrosius), 그리고 아우구스티누스(Augustinus)가 있다. 특히 유스티나의 월권행위나 테오도시우스 황제가 391년 세금 폭등으로 인해 시위를 벌인 데살로니가인 집단 학살 사건에 대해 암브로시우스의 강력한 대처는 훗날의 아비뇽(Avignon) 사건을 연상시킬 만큼 국가에 대한 교회의 강력한 대응이었다.

아우구스티누스는 419년 히포의 감독으로 재임할 때, 카르타고에서 세금 폭등으로 저항하다가 붙잡힌 사람들을 위해 아프리카 감독들과 함께 그들을 사면해 줄 것을 촉구하는 서신을 보냈고, 1,500마일 이상 캠페인을 벌이며 권력자들을 찾아다니면서 세금 폭등으로 수감된 사람들의 사면을 촉구하였다.[29]

이러한 초대 교부들은 그 당시 교회가 로마제국의 긴밀한 협력 관계에 있었음에도 교회를 지도하는 감독으로서의 분명한 자기 정체성을 가지고 고유한 책무를 감당했으며, 자주적인 영향력을 행사했었다.

---

28. 김유준, "로마제국과 초대교회와의 관계사," 201.

29. 김유준, 『아우구스티누스의 경제사상』, (안산: 희망사업단, 2015), 61.

3. 로마제국에 대한 기독교의 입장

의식적으로 유대교에서 분리되어 떨어져 나온 것이 아니었던 초대 교회는 동시대 사람들과 학자들의 눈에도 유대교의 한 종파로 간주되었다.[30] 기독교는 유대교 또는 유대인들의 성향을 어느 정도 이어받고 있었기에 로마제국으로부터 유형, 무형의 박해를 받았다.

로마제국의 박해에 대한 회피와 순응

박해가 일어나자 공포와 탄압으로부터 벗어나려고 하는 회피가 일어나게 된다. 실제로 박해가 일어나자 어떤 이들은 박해가 시작되자마자 도망갔다. 그러나 박해 초기에 도망간 구체적인 사례는 매우 한정적이다.

예를 들면, 데키우스 박해(249-251년) 때에 황제는 교회의 지도자를 제거하면 기독교를 제압하기 쉬울 것이라고 생각하였고, 이로 인해 교회의 감독들에게 위험이 집중되었다. 248-258년 카르타고의 감독이었던 키프리아누스(Cyprianus)는 교회를 위해 피신하게 되었다.

그러나 그의 반대자들이 그 결정적인 순간을 놓치지 않고 공격하게 되어, 키프리아누스도 피신이라는 결정을 후회하게 되었다. 키프리아누스와 폴리카르포스의 경우에는 박해에 대한 공포와 위험 때문이 아니라 교회를 위한 마음으로 회피하고 있는 것으로 보이며, 이는 곧 박

---

30. 루돌프 불트만, 『기독교 초대교회 형성사: 서양고대 종교사상사』(Das Urchristentum), 허혁 역 (서울: 이화여자대학교, 1994), 176.

초기 기독교의 세계

해와 위협의 공포를 벗어나고 피신하는 것과는 차이를 갖는다고 생각된다.[31]

초기 기독교 신자들이 박해에 대항하여 충분히 피할 수 있는 상황임에도 불구하고 순교에 대한 열망이 증폭되어 순교자들이 많아지게 되자, 로마 박해의 양상은 단순하게 기독교인이라는 이름을 가졌다는 것만으로도 처형하던 것에서 배교(背敎)를 하도록 유도심문 하는 것으로 변화된 것을 볼 수 있다.

이러한 상황에서 기독교 내부에서도 순교에 대한 기준이 변화되기 시작하여, 『폴리카르포스 순교록』에서는 폴리카르포스가 "우리는 스스로 (순교하겠다고) 나선 사람들을 칭찬하지 않습니다"[32]라고 기록하였다.

신자들은 기독교인임을 부인하는 것도 안 되고 순교하러 가는 것도 안 되었다. 박해의 위험에서 도피하는 것이 당시의 일반적인 견해였다. 이에 대하여 키프리아누스와 오리겐 그리고 알렉산드리아의 클레멘트도 이와 동일한 견해를 가졌다.[33]

1, 2세기에 걸친 국가에 대한 교회의 태도는 복종과 순응의 태도가 주도적이었다. 이러한 점은 베드로전서 2장과 로마서 13장, 요한계시록 13장 등의 신약성경 본문에 근거한 사도들의 입장과 클레멘스와 폴리카르포스 등 사도 교부들의 서신에 나타나 있다.

특히 로마서 13장에 나타나는 국가권력에 대한 복종적인 바울의

---

31. 안신영, "초기 기독교와 로마제국과의 관계―황제를 위한 기도를 중심으로." (호서대학교 박사학위논문, 2014), 56.
32. 위의 책에서 재인용.
33. 오리게네스, 「요한복음 주석」 28 trad. E. Corsini, Torino (1968), 727. 이상규, "초대교회 문헌 안에 나타나는 「순교신학」(Martyriologia)." 「복음과 문화」 Vol. No. 6 (대전가톨릭대학교, 2005), 38.

입장은 다음 세대의 기독교인들에게서 계승되고 있다.

초기 기독교 신자들은 다신교적 종교 행사와 황제숭배를 거부했던 순교자들도 있었지만, 다른 한편으로 로마제국의 통치와 종교, 정치적 방침을 어기지 않는 선에서 타협적으로 순응했던 기독교인들도 있었다.

키프리아누스는 251년 초에 배교자(背敎者)들의 문제에 대한 통일된 규칙의 토대를 만들기 위하여 『배교자들에 관하여』(On the Lapsed)란 제목의 저서를 집필하였다.

로마제국의 박해에 대한 저항

기독교인들은 유대인들과는 달리 폭력적인 저항이 아니라 비폭력적인 저항의 방법을 선택하였다. 성경에서 예수님은 앞으로 닥칠 박해와 고난에 대해 이야기하고 있다(눅 21:12-29). 예수님의 예언처럼 이러한 박해가 실제로 일어나게 되었고 초기 기독교의 신자들이 이러한 문제에 대한 대응으로 순교와 변증으로 대응하였다.

'순교'라는 말은 "기독교 신앙을 위해 박해를 받아 목숨을 바치는 것"[34]을 의미하는 것이다. 순교는 라틴어로 '마르티리움'(Martyrium)이며 이는 '증언자'(증인)를 뜻하는 그리스어인 '마르투리온'(μαρτύριον)에서 유래하였다. 원래는 '증언자'의 의미에서 변화되어 『폴리카르포스 순교록』에서 '피의 증인'(마르투스, μάρτυς)이라는 의미로 기독교 문헌들 가운데서 최초로 기록되었다.

---

34. 이성배, "순교(殉敎)의 신학적 의의." 「신학전망」 제11집 (광주가톨릭대학교, 1970), 91.

기독교의 순교 정신은 유대인들의 폭력적인 저항이 아닌 비폭력적인 저항이었으며, 예수의 십자가와 부활을 신앙으로 보여준 적극적인 저항이었다. 예수님의 십자가는 성도들의 고난을 이야기하며, 예수님의 부활은 승리를 상징하는 것이다.

177년 갈리아(Garia) 지방 특히 리용(Lyon)과 비엔나(Vienna)에서 혹독한 박해가 일어났다. 이에 대한 내용은 무명의 갈리아 공동체의 지도자가 아시아와 프리기아에 보낸 편지에 나타나 있는데, 유세비우스의 『교회사』5권 1-3장에서 순교자의 모습들을 엿볼 수 있다.

> 그들은 먼저 들끓는 외침, 구타, 약탈, 강도, 돌 던짐, 투옥 및 야만적인 백성들이 원수들에게 즐겨 가하는 온갖 해악을 씩씩하게 견디었습니다. 그 후에 그들은 법정으로 끌려가서 군중들이 참석한 가운데 판사들과 시의 권위자들의 심문을 받았고 총독이 도착할 때까지 감옥에 갇혀 지냈습니다. 나중에 그들은 총독 앞으로 끌려 나가 재판을 받으면서 그에게서 온갖 잔인한 일을 당하였습니다.[35]

순교자들은 위와 같은 순서로 고난을 당하게 되었고, 총독 앞까지 끌려 나가 수난을 당하게 되었다. 그러나 자신들의 신앙을 굽히지 않았던 갈리아 지방의 두 교회에서 마투루스(Marurus), 아탈루스(Attalus), 블란디나(Blanticus), 상투스(Santus), 비블리아누스(Biblias), 포티누스(Pothinus), 폰티쿠스(Ponticus)와 같은 사람들은 온갖 잔인한 방법으로 순교를 당하였다.

로마제국은 기독교를 다신교적인 사회에서 하나의 예속된 종교가

---

35. 팜필루스 유세비우스(Pamphilus Eusebius), 『유세비우스의 교회사』((The) Ecclesiastical history of Eusebius Pamphilus), 엄성옥 역 (서울: 도서출판 은성, 1990), 244.

아니라 제국 내의 위협이나 혼란을 초래할 수 있는 신앙공동체로 규정하고 박해한 것이며, 이에 대하여 신앙을 수호하려는 기독교인들의 목숨 건 투쟁의 결과가 '순교'인 것이다.

로마에 대한 저항의 다른 방법으로써 '변증'(辨證)을 말할 수 있다. 트라야누스 황제와 동시대를 살았던 타키투스와 플리니우스가 기독교에 대해서 "유해한 미신", "불량하고 무익한 미신", "완고한 분자들"이라고 언급했다. 기독교인들에 대해서 광신도 집단 또는 자신들이 혐오하던 유대인 집단으로 간주했다.

2세기 중엽 마르쿠스 아우렐리우스가 기독교를 박해하던 시절에 기독교를 직접 공격하려는 의도를 가지고 있던 저작물을 쓴 사람은 바로 그리스 철학자 켈수스(Celsum)였다. 켈수스는 기독교를 경멸하면서 『참된 담론』(Alethes logos)을 집필했다.

변증가들은 기독교가 박해를 받는 시기에 이교도들의 저열한 뜬소문과 비판에 대응하여 기독교를 변증하였다. 이와 같은 2, 3세기 변증가들은 아리스티데스, 유스티누스, 타티아누스, 아테나고라스, 테르툴리아누스, 오리게네스, 미누키우스, 펠릭스, 아르노비우스, 락탄티우스 등이 있다.[36]

변증 문학은 하드리아누스 때 나타나기 시작하였고, 발전하게 되었다. 이들이 쓴 변증의 글들은 황제들, 속주 총독들, 이교 지식인 사회를 향해 집필되었으며, 이 글들은 권력자들과 대중이 기독교와 기독교 신

---

36. 이형기, "로마제국의 박해에도 불구하고 확장되는 기독교(100–313)," 「기독교사상」 제44집 (대한기독교서회, 2000), 123.

자들에 대한 반감을 누그러뜨리기 위한 목적으로 집필되었다.[37]

공인 이후, 계속 긴장 관계인 로마제국과 교회

3세기 동안 로마제국의 박해와 제국 시민들의 비난 속에서 확장된 기독교는 그리스도께서 걸어가신 십자가의 길을 걷는 순교신앙을 지켜왔다. 특히 3세기에 보다 조직적이고 그 전체국적인 박해 속에서 세속화에 대한 경쟁의 구별을 강조해 왔다.

하지만 4세기의 기독교 공인 이후에 기독교는 전혀 다른 양상으로 전개되었다. 즉 감독들을 비롯한 교회 지도자들의 특권과 혜택으로 인해 로마제국의 황실과 밀접한 관계를 형성해 갔다.

그러한 감독들을 교회정치력에 다양한 방식으로 관여한 황실 감독, 황실 신학자, 재판 감독 등으로 구별하기도 한다. 이러한 감독들은 황궁에 머물면서 황제의 측근에서 교회의 정치적 결정에 영향을 끼치며, 황제의 자문 역을 맡은 황실 감독들이 있었다.

그 예로는 콘스탄티누스 황제의 고문이었던 코르도바의 오시우스(Ossius)와 카이사랴의 유세비우스(Eusebius), 그리고 아리우스의 지지자였던 니코메데이아의 유세비우스(Eusebius)가 있다. 또한 콘스탄티누스 2세 때에는 신기두눔의 우르사키우스(Ursacius), 발렌스(Valens) 등이 있었다.

황실 측근을 맴도는 이런 감독들에 대해서 교회 내부에서의 비판도 끊이지 않았다. 320년 안디옥 종교회의에서는 자기 교구의 총감독이나

---

37. 필립 샤프(Schaff, Philip), 『교회사 전집 3권—니케아 이전의 기독교』, 이길상 역 (경기: 크리스천 다이제스트, 2005), 115-116.

감독들의 동의를 얻지 않고 어떤 이유에서든지 간에 황궁 출입을 금했고, 푸이티에스의 힐라리우스(Hilarius of Poitiers)는 이러한 황실 감독들에 대해 황궁에서의 영예를 노예적 굴종으로 비난했다.

한편, 4세기 이후의 이런 추세 속에서도 이를 비판적인 입장을 견지한 교부들도 있었음을 주지해야 한다. 이들은 국가의 권력에 편입된 황실 감독들과는 달리 때로는 황제와 정면으로 대립하기도 했고, 교회의 편에서 국가의 황제에 대해서 주권적인 영향력을 행사했다.

초대교회가 공인된 이후에는 정교일치의 유형인 '국가종교'(國家宗敎)로서 정치적 특권을 누리는 관계가 되었다. 로마제국의 측면에서는 황제숭배를 통한 정교일치(政敎一致) 사회가 된 것이다. 하지만 공인된 이후에도 초대교회의 교회와 국가의 관계에서 그 주도권이 여전히 국가에 비중이 컸기에, 국가의 개념 속에 교회가 편입되어 가는 과정이라고 볼 수 있다.

콘스탄티누스 재위 기간 동안에 일어났던 교회정치적 차원에서의 분명한 변화는 교회의 신학적인 문제나 교회 내부의 갈등을 해결하는 주체로서 세속국가가 급부상했다는 점이다. 그 실례로 도나티스트(Donatist) 분파 운동의 문제를 다루는 콘스탄티누스 황제의 신속한 교회정치적 행보를 주시해 볼 필요가 있다.

312년 11월 로마의 밀비우스 다리에서 정적 막센티누스를 누르고 승리하여 서방의 유일한 황제가 되고 나서, 3개월 후인 313년 2월에 동방의 리키니우스와 밀라노 협약을 맺었다. 다시 8개월 후인 312년 10월에는 '도나티스트 교회분열' 문제에 착수했다.

다시 말하자면, 콘스탄티누스 황제의 이러한 발 빠른 움직임은 도나투스 추종자들의 교회분열운동은 북아프리카를 중심으로 급속도로 확산되면서 제국의 평화를 얼마나 위협했는지를 잘 보여주는 일련(一連)의 사건들에서 나타난다.

서방의 통일과 더불어 조속한 시일 내에 평화를 정착시키려는 콘스탄티누스의 정치적 의도가 짙게 깔려 있음을 알 수 있다. 도나티스트 문제를 해결하기 위하여 313년 10월에 콘스탄티누스 황제는 자신이 주재하는 재판에 심의원으로 19명의 감독들을 로마로 소집했다.

이 사건은 감독이 아닌 황제가 감독 회의의 소집권을 발동한 최초의 사건이다. 또한 최초로 황제와 감독들이 공동으로 재판심의회를 구성했다는 측면에서 국가권력이 교회 문제에 직접 개입하고, 감독들이 국가권력에 편입되는 계기가 되었던 사건으로 교회사적으로 매우 중요한 의미가 있다.

콘스탄티누스는 다시 한번 이렇게 이중적 기능을 가진 감독의 재판심의회를 314년 아를레(Arles)에서 소집했다. 이렇게 하여 교회의 감독이 세속의 권력과 손을 잡고 교회 내적인 문제를 세속의 법률에 의지하여 판단했던 전례를 남기게 된다.

한편 콘스탄티누스는 313년(그 후 333년에도 다시 한번)에 감독들에게 성직자의 특권을 부여하고 시민의 의무, 즉 병역의무와 납세의 의무 등으로부터 면제시킴으로써 감독들을 국가로부터 부여받은 면책특권과 다양한 명예 칭호를 통해서 고위 공직자와 같은 대우를 받았다.

게다가 감독들이 황제를 알현하러 가거나 종교회의 참석차 여행을 할 때는 공식적으로 '국가의 교통시설'을 사용하도록 허락되었다. 또한 325년 콘스탄티누스는 알렉산드리아의 장로 아리우스 문제를 해결하기 위해 제국의 감독들에게 국고에서 자금을 지원하고, 교통 및 숙박 편의 시설을 제공하면서까지 자신의 여름 별장 근처인 니케아(Nicaea)로 종교회의를 소집했다.

본래 종교회의 소집권은 감독의 권한이었던 것에 비추어 보면, 이 사건도 매우 이례적인 것이었다. 즉 황제가 감독의 역할을 대신한 것이다. 아타나시우스나, 암브로시우스나, 아우구스티누스 등이 감독의 고유한 책무를 주장하기는 했지만, 오히려 세속정치에 깊이 개입된 감독들이 적지 않았다.

이처럼 교회에서 국가에 대한 견제와 비판을 가하기도 했지만, 대부분 교회정치의 세속화가 주도적이었다. 하지만 속권보다 교권이 상대적으로 주도적이었던 중세와는 달리, 여전히 속권이 우위에 있었지만, 점차 교회의 신앙과 교리적 영역에 대한 우위를 드러내기 시작하면서, 교회의 주도권은 강화되었다.

기독교 박해에 대한 초대교회 기독교인의 반응은 오히려 국가의 권위와 법을 대항해 집단적인 항변이나 폭력적 자세를 취하지 않고, 우상숭배를 금한 최고의 권위이자 하나님의 법의 기준에 순종하기 위해, 그들은 제국의 법에 따라 기꺼이 순교를 당하였다.

그것은 황제숭배와 이방 제의에 참여할 수 없는 더 큰 권위에 따른 것이었다. 하지만 이러한 순교신앙의 결과가 교회를 더욱 정화(淨化)시켰으며, 교회 성장의 씨앗이 되어 기독교 확장의 밑거름이 되었다.

하지만 이러한 성도들의 순교의 열매로 획득한 신앙의 자유가 오히려 정치적인 의도에 휘말려 교회의 진정한 정체성이 퇴색되며 변질되어 갔다. 황제들의 제국의 정치적 통일과 평화를 위한 교회의 일치 노력에도 불구하고, 교회 내의 이단과 개인적 야심을 목적으로 들어온 구성원들 때문에 교회는 점점 초기 기독교 사회의 영향력을 상실해 갔던 것이다.

이러한 상황에서도 권력과 법률이 아닌, 하나님의 말씀에 기초한 신앙과 윤리의 기준을 제시한 교부들의 가르침을 통해 교회와 국가의 바람직한 관계가 계속 지속되었다. 즉 국가에 대한 인식이 조금씩 차이는 있지만 근본적으로는 하나님의 나라를 이 땅에 실현하기 위해 필수적인 존재로서 상호 공존과 보완의 관계가 필요함을 절실히 깨닫게 되었다.

암브로시우스와 아우구스티누스와 같은 교부들은 교리와 신앙의 영역에 있어서는 철저한 우위를 주장하였다. 초대교회사를 통해 비추어 볼 때, 교회는 핍박을 통해서 자유를 획득했다. 그래서 암브로시우스는 이렇게 강조했다. "교회는 형제들에게 사랑을 받을 때보다도 박해를 받을 때가 훨씬 더 행복했다."[38]

이러한 면에서 교회의 역설적 특징이 나타나는 것이다. 교회는 결코 박해를 요구하지 않았지만, 박해가 왔을 때, 교회는 그것을 그리스도의 은총으로 여기고 박해로부터 더욱 견고하게 헤쳐 나왔다.

아우구스투스는 비록 하나님의 도성(都城)의 시민들이 지상의 도성에 의해서 공공연하게 수모를 겪고 있지만, 교회는 인내함으로써 세상에 대해 승리하게 되는 것이라고 말했다. 안디옥의 주교 테오도레토스 (Theodoretos, AD 393-458/466년) 역시 그가 서술한 『교회사』(Historia Ecclesiastica)에

---

38. Theodoret, *Historia Ecclesiastica* 5, 40, Graecorum Corpus Scriptorum, vol. 347, (Berlin, 1897), 11-17. 김유준, "로마제국과 초대교회와의 관계사." 206에서 재인용.

서 다음과 같이 말하고 있다.

> 환난은 평화보다 훨씬 더 교회에 유익했음을 역사는 분명히 가르쳐주고
> 있다. 평화는 교회의 즐거움을 만끽하게 하며 나약하게 만들지만 환난은
> 우리의 마음을 깨어 있게 하며 변화하는 이 세상의 것들에 개의치 않게
> 만든다. 그리스도 우리 주께서 그분의 교회가 장차 환난 속에서 결코 패
> 하지 않을 것임을 약속하셨다.[39]

암브로시우스도 로마제국과 초대교회와의 관계에서 발생하는 갈등 속에서 이러한 말로써 대중의 신앙을 돈독히 했다. 결국, 초기 변증가(辨證家)의 저술에 나타난 초대교회 기독교 신자들의 수많은 핍박과 순교의 상황 속에서도 기독교인들이 국가에 대한 호의적이며 공리적인 태도를 취하고 있음을 볼 수 있다.

또한 3세기까지의 박해와 수난 속에서의 순수한 신앙적 열정과는 달리 4세기 이후의 기독교 공인으로 인한 황실 감독을 비롯한 교회정치의 세속화 현상이 두드러졌다.

물론 일부의 감독들은 수도자적 · 금욕적 견지에서 국가권력 간의 밀착이나 교회의 세속 권력화 등에 대해 거부감을 가지고 있었지만, 어떤 감독들은 "황실의 비호를 힘입어 자신들의 교회정치적 프로그램이나 신학적 견해를 관철하기 위해서 국가의 도움을 청하거나, 국가권력에 우호적인 태도를 취하면서 다양한 차원에서 세속정치에 결부되었다."[40]

---

39. 위의 책.
40. 염창선, 100.

제<big>4</big>장

지중해 세계에서의
기독교

1. 헬라 문화와 기독교 교회

미국의 사회학자 피터 L. 버거(Peter L. Berger) 교수는 개인에 대한 사회 문화의 위치와 영향력을 연구하면서 신약성경(고린도전서 1장)에 나오는 고린도 교회와 이 교회에 대한 사도 바울의 반응에 주의한다. 바울은 고린도 교인들에게 다음과 같은 서신을 보냈다.

> 십자가의 말씀이 멸망 당하는 사람들에게는 어리석은 것이나 구원받는 우리에게는 하나님의 능력입니다. 기록되기를 "내가 지혜로운 사람들의 지혜를 멸하고 총명한 사람들의 총명을 폐할 것이다"라고 했습니다. 지혜로운 사람이 어디 있습니까? 학자가 어디 있습니까? 이 세대의 변론가가 어디 있습니까? 하나님께서 세상의 지혜를 어리석게 하신 것이 아닙니까? 하나님의 지혜에 있어서는 세상이 자신의 지혜를 통해 하나님을 알수 없으므로 하나님께서는 어리석게 보이는 말씀 선포를 통해 믿는 사람들을 구원하시기를 기뻐하셨습니다. 유대 사람은 표적을 구하고 그리스사람은 지혜를 찾지만 우리는 십자가에 못 박힌 그리스도를 전파합니다. 이것이 유대 사람에게는 마음에 걸리는 일이며 이방 사람에게는 어리석은 것이지만 부르심을 받은 사람들에게는 유대 사람이든, 그리스 사람이든 그리스도는 하나님의 능력이며 하나님의 지혜입니다(고전 1:18-24).

초기 기독교의 세계

사도 바울은 서신에서 왜 "십자가의 도가 이방인들에게 미련한 것"이라고 고린도 교인들에게 반복(18, 23절)해서 말했을까? 그리고 왜 '지혜'를 거듭하여 언급하면서 헬라인들의 지혜에 대해 비판했을까?

피터 버거(Peter L. Berger) 박사는 바울이 헬라인들의 지혜를 비판한 것은 당시 고린도 교인들이 처한 상황 때문이라고 지적한다. 고린도는 헬라의 문화, 헬라의 지혜가 만연한 사회였다. 일반 고린도 사람들이 가지고 있던 헬라적 관점에서 보면 바울, 그리고 그가 전파하는 종교는 매우 미련하고 어리석게 여겨졌을 것이다.[1]

독일의 성경학자 한스 콘젤만(Hans Conzelmann) 교수가 지적하였듯이 고린도는 전형적인 헬라 도시였다. 헬라 문화는 당시 세계를 지배하던 최고의 문화였다. 이 문화권에서 살던 헬라인들에게 바울은 어떻게 비쳤을까?

그들에게 있어 바울은 변방 지역의 한 식민지에서 온 이름 없는 전도자였다. 출신도, 행색도, 언어도 어설프고 이상하게 비치었을 것이다. 비록 그가 헬라의 문화와 언어에 대해 다른 유대인들보다 많이 알고 있었을지라도 헬라인들이 보기에는 궁색하였을 것임이 틀림없다.

바울의 모습과 언어만 그렇게 보인 것이 아니다. 그가 전파하고 있는 종교도 그렇게 보였을 것이다. 헬라인들은 매우 잘 발달된 신론(신화)에 근거한 종교를 가지고 있었다. 그에 비해 바울이 전하는 기독교는 이제 갓 시작한 종교에 지나지 않았다.

종교학자 에른스트 트렐취(Ernst Troeltsch) 교수의 구분법을 적용해 본

---

1. Peter L. Berger, *A Far Glory: 'The Quest for Faith in an Age of Credulity.'* (New York: Anchor Books, 1992), 4.

다면 하나는 종교인 데 비해 다른 하나는 종파(sect)였다는 것이다.[2] 당시까지 기독교는 경전(신약)도 교리도 종교조직도 성직 계급도 제대로 없는, 미발달한 종파에 불과하였다. 이러한 상태에서 그가 전하는 종교는 고린도 사람들에게는 하나의 이방의 신앙 정도로 인식되었을 것이다.

이러한 상태에서 바울이 전하는 가르침은 그들에게 관심의 대상이 되기는 쉽지 않았을 것이다. 그리고 그가 가르치는 내용은 그들에게 기이하고 이상하게 들렸을 것이다. 특히 십자가의 도(道)에 대한 가르침은 더욱 그리하였을 것이다.

헬라인들은 많은 신을 숭상하였고, 이 신들은 인간과 다른 신분과 지혜와 능력을 가지고 있다고 믿었다. 이런 점에서 바울이 전하는 지혜와 능력의 신, 곧 하나님을 이해하거나 받아들이는 데 있어서 이들은 별문제를 느끼지 않을 수 있었을 것이다.

문제는 그다음의 가르침이었다. 곧 이 하나님이 인간이 되었고, 그후 사람들에게 붙잡혀 고난을 받다가 십자가에서 죽임을 당하였다는 것이다. 헬라적 신관에 따르면 이것은 있을 수 없고 도저히 이해할 수도 없는 일이었다.

어떻게 신이 인간이 되며, 그것도 인간이 되어 사람들에게 고난을 받고 죽임을 당할 수 있는가? 이것은 그들에게 —더 정확히 말해 그들의 지혜로 볼 때— 어리석고 어설프고 미련하게 보일 수밖에 없는 생각이었다.

---

2. Meredith B. McGuire, *Religion: The Social Context.* (Belmont, Cal.: Wadsworth, Inc., 1981), 108–109.

초기 기독교의 세계

그럼에도 불구하고 바울은 그의 특유의 대담성과 능력과 지혜로 그 도시에 소수의 믿는 자를 만들어 냈다. 그리고 이들을 함께 모아 신앙 공동체, 곧 교회를 형성하였다.

문제는 바울이 그 도시를 떠난 후에 일어났다. 믿는 자들의 수는 소수였다. 그 도시의 절대다수는 이 이상한 가르침을 어설프고 미련하고 어리석게 생각하는 사람들이다. 다수가 이렇게 생각하는 상태에서 소수가 자신의 생각과 믿음을 계속 유지하기란 쉽지 않다.

피터 버거 교수는 여기서부터 사회심리학적인 용어를 사용하기 시작한다. 개종자는 인지적 소수(cognitive minority)이다. 반면 여타의 사람들은 인지적 다수(cognitive majority)이다. 인지적 소수가 인지적 다수와 한 장소 안에서 일상적 상호 작용을 유지하는 한 인지적 다수의 영향을 피할 수 없다.

특히 이런 경우와 같이 인지적 소수가 믿은 것에 비해 다수가 그것은 어리석고 미련하고 어설프다고 할 때는 더욱 그렇다. 고린도 상황을 보면 인지적 다수(일반 고린도인)가 어리석고 미련하고 어설프게 생각하는 것을 인지적 소수(고린도 교인)가 계속 동일하게 생각을 견지한다는 것이 쉽지 않다.

피터 버거 박사는 이런 상황에 놓여 있는 두 집단 간에는 다음과 같은 상호 작용이 전개된다고 설명한다. 먼저, 두 인지 집단 간의 인지적 갈등 및 인지적 대결, 두 집단 간의 인지적 오염, 그리고 인지적 타협이다.

이 "대결과 오염 및 타협"의 과정은 상이한 의견을 가지고 있으면서 한 공간에서 계속 상호 접촉을 하는 사람들 사이에서는 언제나 일어날 수 있는 현상이다. 고린도에서 일어난 일은 바로 이런 종류의 것이다. 인지적 다수가 너무도 당연한 듯이 미련하게 생각하는 것을 소수의 고린도 교인들이 변함없이 견지하는 것이 결코 쉽지 않았을 것이다.

처음에는 자신들의 생각을 어리석다고 여기는 다수들과 대립하겠지만 시간이 지남에 따라 오염이 흘러들어 오고 결국에는 타협의 길로 들어설 수밖에 없었다. 피터 버거는 실제로 그런 조짐이 구체적으로 드러났다고 보았다.

초기 기독교 공동체 시대에 이미 "그릇된 가르침들"(이단자들)이 기독교의 가르침에 동일한 색조의 그림으로 색을 띠고 있었다. 이미 다양한 가르침들이 상호 유사하게 기독교 공동체 내부와 주변에 존재하였다.[3]

그 가운데서도 가장 유별나게 알려진 이단이 바로 영지주의(靈知主義, Gnosticism)라고 알려진 집단이다. 이에 따르면 영지주의는 어리석고 기이하고 미련하게 보이는 기독교의 기독론을 헬라 사람들에게 맞추어 덜 어리석고 기이하고 미련하게 보이려는 타협적 시도라고 보는 것이다.[4]

바울이 보기에 이것은 명백하게 이단적인 생각이었다. 그는 이 신앙의 위험성을 가만히 지켜볼 수만 없었다. 그리하여 고린도 교인들에게 서신을 보냈다. 곧 "십자가의 도가 멸망하는 자들(고린도 헬라인들)에게는 미련하게 보이겠지만 성도들에게는 하나님의 능력이다"라고.

헬라인은 지혜를 찾으나 세상에 하나님만큼 지혜로운 자가 어디 있느냐? 하나님의 지혜(곧 십자가의 도)를 세상이 자기 지혜로 알 수 있는가?

---

3. 조병하, "초대교회(1–2세기) 이단형성(의 역사)과 정통 확립에 대한 연구: 영지주의를 중심으로." 「성경과 신학」 제72집 (한국복음주의신학회, 2014), 291–323.
4. 피터 버거(Peter L. Berger), 「이단의 시대」((The) heretical imperative), 서광선 역 (서울: 문학과지성사, 1994), 101–107.

오직 부르심을 입은 자들에게는 그것은 하나님의 능력이요, 하나님의 지혜이다(고전 1:20–24).

바울은 이러한 내용을 보내어 인지적 다수의 생각과 태도로 말미암아 흔들리거나 타협할 수 있는 고린도 교회의 인지적 소수들의 믿음의 본질에 견고히 세우고자 하였다.

그러면 이 시기에 일어난 기독교가 로마제국의 문화와 어떠한 충돌, 또는 갈등을 겪게 되었는지 그리고 소수파 종교, 기독교가 어떤 식으로 주류사회에 들어가게 되었을까?

낯선 기독교의 로마제국에 유입됨에 따라 기독교에 대한 많은 좋지 못한 소문 그리고 비난과 더불어 기독교는 로마제국의 많은 사람들의 비판과 조롱의 대상이 되었다.

2. 로마제국의 문화와 기독교 교회

로마제국과 기독교가 충돌했던 이유

초기 기독교와 로마제국 간의 갈등은 로마의 이데올로기적 힘으로 작용한 황제숭배에 신학과 예수를 주로 선포한 기독교와의 충돌을 반영한다. 기독교 최초의 문서인 데살로니가전서는 이러한 로마제국과의 관계를 구체적으로 드러낸다.

데살로니가 교회가 당한 경험은 '고난'과 '환난'으로 표현된다. 이러한 고난과 환난은 단순히 기독교인들이 이전의 삶과 단절되어야 했던 심적 고통과 아픔을 가리키는 표현이 아니다. 오히려 이러한 고난과 환난은 폭력적 사태로 인한 간헐적인 죽음에 이르는 박해였다.[5]

한편 이러한 박해가 일어나기 이전에 기독교가 로마제국에 던진 가장 충격적인 외침은 뿌리 깊은 차별이 존재한 로마 사회에 기독교는 모든 사람이 동등한 새로운 공동체라고 주장한 것이었다. 로마 문화와 기독교 문화와의 충돌을 야기시킨 것이었다.

로마제국에는 귀족, 평민, 노예 계급이 존재했는데 귀족과 평민은 자유민으로 시민권을 가지고 있었으나 노예는 말하는 동물 취급을 받았다. 이런 노예가 전(全) 인구의 30%를 차지했었다.

특히 도미티아누스 통치기에 기독교인들은 대부분 로마 사회의 하층계급에 해당되는 사람들이었다. 하층계급으로서 귀족 집단으로부터 갖은 멸시를 받았던 기독교인들은 당시 상층계층에서 용인되지 않은 만민이 평등하다는 사상을 받아들였다.

예로부터 기독교인들은 예수의 가르침(마 28:18-20)에 따라 만인평등사상에 입각한 선교행위를 실시하고 있었다. 하지만 이러한 기독교인의 만인평등사상은 도미티아누스의 기독교 박해의 한 요인으로 작용하였던 것이다.[6]

이와 더불어 기독교인들이 박해를 받은 가장 큰 이유 가운데 하나는 로마 사람들이 숭배하는 다양한 신들에 대한 숭배를 거부했기 때문이었다. 로마 사람들은 일찍부터 동방인들과의 교류 속에서 많은 동방

5. 김형동. "데살로니가전서에 나타난 환난과 로마제국의 상관성에 대한 재조명." 『신약논단』 제17권 제2호 (한국신약학회, 2010), 325.
6. 이쾌재. "로마제국 기독교 박해의 제요인." 『사총』 제26권 (고려대학교 역사연구소, 1982), 57-127.

의 전통 신들을 로마로 들여왔다.

그 대표적인 신들 중에는 이집트에서 유입된 이시스(Isis)와 그녀의 배우자 오리시스(Orisis)가 있고, 페르시아에서 유입된 광명의 신(神) 미트라(Mithra) 등을 들 수가 있다. 또한 동방의 황제숭배 사상이 로마에 들어오기도 했다.[7] 이처럼 주변 지역에서의 신들의 유입으로 인해 로마는 마치 수많은 이교신들의 전시장과 같은 모습을 지니고 있었으며 종교적으로 혼합적 성격을 띠고 있었다.

이러한 상황 속에서 AD 1세기에 로마로 유입된 기독교는 로마제국의 국가 제신(諸神)들에 대한 공적 예배 문제로 로마제국과 자주 충돌하였다. 로마 사람들이 신봉하는 제신(諸神)은 기독교인들의 관점에서 본다면 신앙을 위반하는 우상숭배였기 때문이다.[8]

로마 사람들의 기독교에 대한 편견과 소문

기독교인들의 성찬 예식에서 예수께서 포도주를 주며 "이것은 나의 피다" 그리고 떡을 떼어 주시면서 "이것은 내 몸이다"란 말을 듣고는 기독교인들은 예수의 피와 살을 먹는다고 얘기를 했고 기독교를 잘 몰랐던 로마 사람들에게는 기독교인들이 식인(食人)을 한다고 생각했다. 이런 오해로 인해 기독교에 대한 편견이 깊어만 갔다.

당시 로마 사람들은 자유로운 생활을 즐겼고, 특히 술을 흥청망청

7. K. M. Setton & Winkler, *Great Problems in European*, Civilization, (Prentice-Hall International, 1966), 45-46.
8. 조인형, "콘스탄티누스 대제의 기독교로의 개종 배경," 「서양고대사연구」 제4권 (한국서양고대사문화학회, 1996), 152-159.

마셨고 자유롭고 개방적이었다. 로마의 자유 시민들은 성적인 제재가 없었고 여자 노예들을 성적으로 학대하는 일도 흔했다. 자유로운 성생활이 문화로 여겨지던 시대였다.

로마 시민들의 일상생활은 먹고 놀고 하는 것뿐이었다. 이런 로마 사회에서 기독교는 금욕주의를 강조했고, 예수의 가르침을 실천하기 위해 자기검열(自己檢閱)을 했다. 기독교인들은 술에 취하지 말라고 했으며 금욕적이고 도덕적인 사람들이었다.

112년경 플리니우스 총독은 로마의 속주인 바티니아-폰투스를 다스리고 있었는데, 미풍양속, 사회질서를 어지럽힌다는 기독교인을 고발하는 일이 있었다. 플리니우스는 기독교인들이 사회질서를 문란케 한다는 것에 동의했고, 그래서 기독교인을 사형시켰는데, 이때 마녀사냥처럼 고발이 번지면서 플리니우스는 황제에게 편지를 보냈다.

그 편지를 보고 황제는 플리니우스가 잘 처리했다는 답변을 보냈다. 황제는 기독교를 불법 종교로 사형을 내릴 중죄로 규정했다. 이 규정으로 인해 기독교 신자는 기독교인이라는 이유로 고발을 당하면 변론도 못 하고 사형을 당하기 마련이었다.

로마 사람들의 기독교에 대한 비판들

AD 245-48년경, 알렉산드리아의 오리겐(Origen)은 『켈수스에 반대하여』(Contra Celsum)라는 작품을 펴냈다. 서명(書名)에서 암시하듯, 켈수스(Celsus, AD 2세기)라는 이교도 철학자의 기독교 비판을 재비판한 작품이다. 켈수스의 생애에 대해서는 거의 알려져 있는 것이 없다.

　　　　　　　　　　　　　　　초기 기독교의 세계

시리아 지방 사모사타의 루키안(Lucian of Samosata)은 『알렉산더, 그 거짓 선지자』(Alexander the Paphlagonian)라는 책을 켈수스에게 헌정한 바 있는데, 이 책에서 켈수스는 그의 친구이자 에피쿠로스학파의 인물로 묘사되어 있다.

가이사랴의 유세비우스(Eusebius of Caesarea) 역시 켈수스를 에피쿠로스학파의 사람이라고 말한다. 오리게네스의 경우, 그는 처음에는 켈수스를 에피쿠로스학파의 사람으로 소개했다가, 후에 플라톤학파로 수정했다.[9]

켈수스의 기독교 비판은 그 내용에 있어서 이전 비판가들과는 확실히 차이가 있었다. 켈수스가 기독교를 비판하기 전에 행했던 비판은 기독교에 대한 이해와 비판은 단편적인 것이었고 체계적이지 않았으며, 무엇보다도 그 근거는 일반 대중들 사이에 퍼진 소문이 대부분이었다.

하지만, 보수적인 헬라-로마제국의 전통적 가치관을 소유한 지식으로서 켈수스는 단순히 소문에 의존하지 않았고 직접 성경을 읽고 기독교를 비판했는데, 이 점이 큰 차이점으로 기독교에 특히 위협이 되었다.[10]

켈수스 이전의 기독교 비판

먼저 노예 출신 스토아 철학자인 에픽테토스(Epictetus, 50-130 AD)의 경

---

9. 신민석. "기독교에 대한 초기 헬라-로마 지식층의 태도: 켈수스의 예수 비판을 중심으로." 「갱신과 부흥」 28호 (고신대학교, 2021), 73.

10. James C. Paget and Simon Gathercole, *Celus in His World: Philosophy, Polemic and Religion in the Second Century.* (London: Cambridge University Press, 2021), 135.

우를 보면, 그는 94년경 도미티아누스 황제가 로마와 이탈리아 지역에서 모든 철학자를 추방했을 때, 니고볼리(Nicopolis)로 옮겨 철학을 가르쳤다.

이곳은 바울이 50년대 말경 겨울을 지냈던 곳이기도 하다(딛 3:12). 에픽테토스는 여기서 기독교인들에 대한 지식을 어느 정도 가진 것으로 보인다. 그가 언급한 "갈릴리사람"(οἱ Γαλιλαῖοι)은 기독교인들로 볼 수 있는데, 이들은 어린이들과 미치광이처럼 세상 권세자들에 대해 두려움이 없다고 말한다.

잘못된 지성에 기반을 둔 기독교인들의 대담무쌍한 용기를 비판한 것이다. 그러면서 다른 한편으로는 언행이 일치하는 점에서 기독교인들을 칭찬하기도 했다. 2세기 초, 기독교를 언급했던 첫 로마 지식층이었던 플리니우스, 타키투스, 수에토니우스의 경우, 이들은 공통적으로 기독교를 "새롭게 발생한 타락한 미신"(superstitio nova et prava)으로 간주했다.

견유학파(犬儒學派. Cynic)로 로마에서 활동한 크레스켄스(Crescens, 2세기)는 기독교인들을 무신론자와 불경건한 자라며 공개적으로 비난했는데, 이는 군중들을 즐겁게 해 주기 위한 단순한 이유에서였다. 유스티누스의 제자 타티안의 기록에 따르면, 유스티누스가 순교하게 된 데는 크레스켄스의 선동이 큰 역할을 했다고 한다.

미누키우스 펠릭스(Minucius Felix, 2. 3세기)의 작품, 『옥타비아누스』에 보면 이교도를 대표하는 카이킬리우스(Caecilius)가 기독교를 비판하는 내용들이 나온다.

비천하고 무지하다는 점, 밤에 비밀스럽게 모인다는 점, 세계가 불로 멸망할 것이라며 위협하는 점, 신전을 경멸하고 우상에 침을 뱉는다는 점, 자주색 옷을 입은 공직자를 모욕하는 점, 공공 축제나 연극 등의 사회적 행사에 전혀 참여하지 않는다는 점, 영아를 죽이고 이것으로 식사를 한다는 점, 난교(亂交)를 행한다는 점 등이다.

당시 기독교에 대한 일반 대중들의 편견과 부정적 인식이 어떠했는지를 그 전체적인 윤곽을 보여주는 사례라고 볼 수 있다.

사모사타의 루키안(Lucian of Samosata)은 기독교인들을 향해 이들은 "팔레스타인에서 못 박힌 그 사람"을 숭배한다고 비난하면서, 예수를 "율법을 준 첫 인물", '소피스트'(σοφιστήν)[11]로 부르고 있다.

사모사타의 루키안은 사복음서를 자료로 사용한 것 같지 않아 보인다. 의사였던 버가몸의 갈렌(Galen, ca. 129–99년)의 경우, 그는 기독교를 다른 시각에서 비판했다. 기독교에 대해 알게 된 때는 그가 로마로 갔을 때인 162년인데, 기독교를 "모세와 그리스도의 학파"라 부르고 있다.

그는 기독교를 하나의 철학파로 제시하면서도 동시에 기독교인들은 고대 헬라 사상을 바탕으로 철학적 훈련 없이 모든 것을 맹신한다고 비판했다. 그럼에도 불구하고 성욕과 육체적 욕망을 절제하고 정의를 추구하는 기독교인들의 윤리와 가치들에 대해선 높이 평가하고 있다.

2세기 당시 대중들에게 퍼진 비판의 내용들, 즉 인육을 먹는 것, 근친상간, 영아살해, 난교 등은 켈수스의 목록에서는 발견되지 않는다.

---

11. 소피스트(Σοφιστές, sophist)는 고대 그리스의 특정 종류의 교사를 일컫는 말로서 원래 의미는 '현자'(賢者), '알고 있는 사람'이었으나 플라톤이나 아리스토텔레스에 의해 '궤변가'(詭辯家)라는 부정적 의미로 사용되었다.

지식을 갖춘 철학자로서 켈수스는 자신의 기독교 비판의 내용이 무지한 군중들 사이에 퍼진 소문의 내용들과는 차별을 두었던 것으로 보인다.

무엇보다도 켈수스의 기독교 비판이 특히 주목을 받은 이유는 앞에서도 언급한 바와 같이 그가 직접 성경을 읽고 비판했다는 점 때문이다. 오리게네스는 켈수스가 성경 본문을 실제로 알지 못하면서 잘못 이해하고 있었다고 언급하나, 이는 알렉산드리아학파에서 행해진 다양한 성경 해석 방법을 알지 못했던 점을 지적한 것이다.

이들의 증언과 켈수스의 철학적 사고를 고려해 볼 때, 그를 중기 플라톤주의자(middle Platonist)로 보는 것이 더 적절해 보인다.[12]

켈수스는 알렉산드리아와 로마에서 활동했는데, 알렉산드리아에서의 활동은 그의 논리와 주장이 특히 플라톤 작품에 근거한 점, 유대교의 알레고리 해석에 친숙하다는 점 때문이다.

켈수스는『참된 로고스』(Αληθής Λόγος)라는 책을 통해서 기독교를 비판했는데, 오리게네스의 작품이 나오기 약 70년 전인 177-80년경이었다. 기독교를 비판한 하나의 완성된 작품으로는 최초의 사례이자, "체계적으로 다룬 첫 번째 작품"(the first systematic treatise)으로 평가된다.

비록 이 작품은 현존하지 않지만, 앞서 언급한 오리게네스의 작품에서 그 내용을 상당수 얻을 수 있다. 오리게네스는, 켈수스의 비판을 조목조목 반박하면서 그의 말을 상당수 인용하고 있는데, 무려 4분의 3이나 되는『참된 로고스』의 내용을 재구성할 수 있다.

---

12. Henry Chadwick, *Origen: Contra Celsum.* (Cambridge University Press, 1953), xxvi. Robert L. Wilken, *Christians as the Romans Saw Them.* (New Haven, CT: Yale University Press, 1984), 95.

초기 기독교의 세계

켈수스의 기독교 비판을 가장 체계적으로 연구해 학계로부터 주목을 받게 된 것은, 20세기 중반 독일 교회사학자인 안드레센(Carl Andresen) 교수에 의해서였다. 그는 무려 400페이지가 넘는 자신의 책(Logos und Nomos)[13]에서 기독교에 대한 켈수스의 입장과 비판을 네 가지로 제시했다.

(1) 예수가 하나님의 한 아들이라는 기독교인들의 주장에 대한 반대, (2) 기독교는 유대교의 한 분파이자 새로운 한 종교로 적절치 못한 토대 위에 세워졌다는 주장, (3) 한 신을 섬긴다고 기독교는 주장하나 실제로는 두 신을 숭배하는 왜곡된 새로운 종교로 "이성 없는 세계"(Welt ohne Logos)며 "교리 없는 세계"(Welt ohne Nomos)임, (4) 헬라-로마의 전통과 대중 종교에 대한 기독교인들의 거부가 그것이다.

안드레센의 이와 같은 분류는 『켈수스에 반대하여』에 수록된 내용의 순서에 근거한 것으로, 차례대로 기독론, 유대교와의 관련성, 유일신 사상, 사회와의 관련성으로 각각 그 주제를 요약할 수 있다.[14]

이전의 비판들이 대체적으로 기독교인들에게 초점을 두었다면, 보수적인 지식인 켈수스의 비판은 예수라는 인물에 더 집중해 있었다. 2세기 당시 대중들에게 퍼진 비판의 내용들, 즉 인육(人肉)을 먹는 것, 근친상간(近親相姦), 영아살해(嬰兒殺害), 난교(亂交) 등은 켈수스의 목록에서는 발견되지 않는다.

지식을 갖춘 철학자로서 켈수스는 자신의 기독교 비판의 내용이 무

---

13. Carl Andresen, *Logos und Nomos: Die Polemik des Kelsos wider das Christentum*. (Berlin: Walter de Gruyter, 1955), 44–108.

14. James C. Paget and Simon Gathercole, 135.

지한 군중들 사이에 퍼진 소문의 내용들과는 차별을 두었던 것으로 보인다. 무엇보다도 켈수스의 기독교 비판이 특히 주목을 받은 이유는 그가 직접 성경을 읽고 비판을 했다는 점 때문이었다.

'예수'에 대한 켈수스의 비판

예수에 대해서 켈수스가 비판한 내용을 보면 크게 세 가지로 구분할 수 있는데, 첫 부분은 예수의 성육신과 세례 사건을 둘러싼 신성에 관한 비판이고, 둘째는 십자가의 처형과 부활에 대한 비판이고, 셋째는 예수가 행한 이적과 가르침에 대해서 비판한 내용이다.

마리아가 성령으로 잉태한 것에 대해서, 켈수스는 하나님은 본질상 부패한 육체와 사랑을 나눌 수 없다고 말한다. 신의 완전한 초월적 특성상, 신이 물질세계와 접촉하는 것이 불가능하다는 점을 강조한 것이다.

켈수스는 변화와 변형을 경험하는 것은 죽는 존재(mortal being)로, 신은 결코 이 같은 변화를 겪지 않는다고 보았다. 즉, 신의 존재란 순결하고 완전한 신성에서 더럽고 추한 인간의 몸으로 변할 수 없고, 선에서 악으로, 아름다운 것에서 추한 것으로, 행복해서 불운으로 결코 변할 수 없는 것으로 이해했다.

결국 신이 지상에 내려왔다고 믿는 기독교인들의 신앙은 잘못되었다는 것인데, 이 주장은 신과 물질세계가 분리되어 있다는 원칙을 깨뜨렸다는 그의 철학적 이해에 근거한 것이었다. 켈수스는 다른 관점에서도 성육신 교리를 비판하며 반문한다.

초기 기독교의 세계

켈수스의 시각에서 보면 결국 기독교인들은 무신론자였다고 볼 수 있는데, 이 점은 AD 1세기 헬라화 된 이집트 문법학자 아피온(Απίων)이 유대인들을 향해 무신론자라 비난했던 것과 유사하다.[15]

십자가 사건과 관련해서는, 켈수스는 십자가 고통을 받기 위해 예수가 나타났다는 것을 인정하면서도, 만약 예수의 십자가 처형이 실제 일어났다면 처형을 집행했던 자들에게 반드시 형벌이 가해졌을 것이라 말한다.

인간 ⇨ 영웅 ⇨ 반신(半神) ⇨ 신(神)으로 승화할 수 있는 그의 헬라적 사고에서, 예수가 사람에서 신으로 승화될 수 있다는 것에는 반대하지 않았지만, 이 같은 영광을 얻기에 합당했던 인물이 아니었다는 것이 켈수스의 논지라 볼 수 있다.

3. 후기 로마제국의 기독교 문화

로마제국의 놀이문화에 대한 기독교의 저항

후기 로마제국 사회에서 다신론적 전통 로마 문화와 새로운 문화인 유신론적 기독교 문화의 만남은 다양한 문화적 현상을 낳았다. 380년 기독교가 공식적으로 로마제국의 국가종교로 선언되어 로마제국 안에서 소위 '제국교회'로서의 면모를 갖추기 시작할 때, 이러한 현상은 뚜

---

15. 요세푸스, 『요세푸스 4: 요세푸스 자서전과 아피온 반박문』, 김지찬 역 (서울: 생명의말씀사, 2007), 168–189.

럿이 관찰된다.

특히 기독교의 국교화 이전과 이후의 시기를 포함하고 있는 4세기 암브로시우스의 밀라노 교회에서는 두 문화의 문화적 공존과 융합, 수용과 배제, 동화와 반응의 모습이 나타나는데, 이러한 현상은 바로 축제였다.[16]

전통적인 로마 축제문화는 자체적으로 고대 축제들의 자체적 사멸이 진행되면서 새로운 축제들(경기들과 황제숭배일)이 만들어지는 발전을 이루었고, 4세기 기독교회의 축제들은 예식과 예배, 순교자 기념들 등의 모습으로 확대되고 발전하는 모습을 보였다.

이러한 모습은 정치적 힘의 논리나 종교적 배타성의 영역에서 바라본 결과가 아닌, 인류문화발달사적인 관점에서 나타나고 있는 '로마 문화의 기독교화와 그리고 기독교 문화의 로마화'라는 현상이었다.

문화적 과도기에 서 있었던 두 문화는 결국 새 시대 새로운 사상과 가치를 담아낼 수 있는 적합한 문화를 선택하거나, 변용 혹은 동화되어 현재적 융합을 지나 앞으로 수용될 문화를 만들어 내고 있었다.

로마제국의 놀이문화는 시민이 직접 참여하는 "경연"(agon)과 관람하는 형태인 "구경거리"(spectacula)로 구별하는데, 여기서는 주로 관람 형태로 행해지는 놀이, 세 가지 구경거리들, 즉 연극공연과 검투사 경기 및 종교축제를 중심으로 당시 기독교인들이 어떻게 적응했는지를 살펴본다.

많은 자료에 의하면 그 당시 기독교인들은 로마의 문화에 극히 소

---

16. 황훈식, "후기 로마제국의 축제문화와 기독교—암브로시우스 시대를 중심으로." 「신학과 선교」 제55집 (기독교신학연구소, 2019), 84.

초기 기독교의 세계

극적으로 대응한 것을 볼 수 있다. 어떤 면에서는 그 당시 로마의 놀이 문화에 저항했다고 볼 수 있다. 그것은 로마의 놀이문화를 이루고 있던 정신적인 기반이 기독교와는 철저하게 이반된 것이기 때문이었다.[17]

그러므로 초기 기독교 지도자(교부)들은 기독교인들에게 이교적인 종교축제에 참여하거나 음탕한 연극공연과 유혈이 낭자한 살인적인 검투사 경기를 관람하는 것을 금지하고, 오히려 도덕적이고 신앙적인 삶을 유지하도록 계속 요구했다.

특히 연극도 부도덕한 행태뿐만 아니라, 때때로 로마의 (여)신들이 등장하는 이교적인 문화의 연장이었으며, 종교축제에서도 성적으로 퇴폐적인 장면들이 출연되었기 때문에 도덕적인 문제와 종교적인 문제가 가끔 혼합되어 등장한다.[18]

대규모 인원을 수용하는 검투사 경기는 공간적인 제약이 있었고, 종교축제는 해당 신들과 특히 여신들의 축일 전후에만 열린다는 시간적 제약이 있었다. 그러나 일반 소도시들에도 있었고, 공연 시간의 제약이 별로 없었던 극장 문화는 기독교인들도 훨씬 더 다가가기 쉬웠고, 성적 방종과 도덕적 타락이 제일 경고의 대상이었다.

그럼에도 불구하고 많은 기독교인들은 놀이문화를 멀리하지 않았던 것을 보면, 기독교 지도자들이 그토록 엄격하게 금지시키려는 노력들이 별로 성공하지는 못한 것으로 알 수 있다. 결국 기독교인들의 로마 문화에 대한 강한 거부는 기독교인들이 로마제국의 놀이문화 속으

---

17. 요한 하위징아(Johan Huizinga), 『호모 루덴스』(A Study of the Play-Element of Culture), 이종인 역 (서울: 연암서가, 2020), 제1장.

18. H. H. Scullard, Festivals and Ceremonie of the Roman Republic. (London: Thames and Hudson, 1981), 177–207.

로 편입되는 과정에서 불거진 교회의 반발이라고 할 수 있다.

이렇게 로마의 놀이문화를 형성하고 있던 3가지 놀이, 즉 극장과 연극관람, 검투사 경기, 그리고 축제에 참여하는 것을 교부들은 부정적으로 보았다. 그러기에 그들은 교인들이 출입을 자제하도록 하였다.[19]

극장 출입과 연극관람 금지

고대 로마 시대에는 어느 정도 규모가 있는 도시에는 연극을 공연하는 대규모 극장들이 있었다. 그리스 시대 극장의 초기 형태는 주로 도시 외곽에 비탈진 자연 지형을 이용한 것이라면, 로마 시대 이후 극장들은 도시의 평지에 세워졌다. 그러므로 극장에서 공연하고 관람하는 것은 로마 사람들의 일상 가운데에 자리 잡기가 매우 수월하였다.

그러나 기독교인들이 극장 출입을 주저하게 만든 것은 극장 문화의 '부도덕성' 때문이었다. 기독교 변증가들이 다양한 문헌들을 통해서 이러한 극장 문화가 얼마나 퇴폐적이고 타락했었는지를 가늠할 수 있다.

연극관람석에서 벌어지곤 했던 음란하고 퇴폐적인 행위들 때문에 황제 아우구스투스도 남자는 먼 꼭대기 줄에서 서로 떨어져 앉아서 관람하도록 명령했으며, 비기독교 저자들도 연극에서 벌어진 처녀들과 부인들의 풍기 문란에 대해서 충분히 언급한 바 있다.

기독교권에서는 2세기 말에 이런 문제의식들이 드러나기 시작했다. 안티오키아의 테오필오스(Theophilos of Antiochia)가 검투 경기를 관람하

---

19. 염창선, "기독교와 고대후기 로마제국의 놀이문화: 구경거리(spectacula)를 중심으로." 「신학과 사회」 (21세기기독교사회문화아카데미, 2022), 75-95.

는 것과 극장에서 연극을 관람하며 함께 노래를 부르는 것을 금지하는 내용이 등장한다.

검투사 경기는 잔혹한 살인이며, 구경꾼들에게 은연중에 살인을 조장하는 것이고, 연극은 성적 문란과 간통을 조장하는 악행이자 악습으로 간주되었다.

그러니 테르툴리아누스의 기록에는 대부분의 기독교인들이 연극 관람을 자제하지 않았고, 자신들의 오락 욕구를 신학적 정당성으로 은폐하려고 했다는 내용도 있다.

이런 도덕성 문제는 3세기 카르타고(Carthago)에서도 예외는 아니었다. 테르툴리아누스는 "극장에서 정숙함이란 배울 수 없다"고 단정적으로 말했다. 그보다 한 세대쯤 후에 카르타고의 감독 키프리아누스도 "다수의 여성들은 정결하게 극장에 입장했다가 후안무치(厚顔無恥)하게 퇴장했다"고 지적했다.

처음에는 고상한 척 입장했다가 음란한 공연을 보면서 결국 자신들도 그렇게 음란한 행동을 하거나 최소한 음란한 것에 동조하게 된다는 것이다. 로마의 미누키우스 펠릭스(Minucius Felix)도 이교도들의 입을 빌려서 기독교인들이 연극관람과 축제행렬에 가담하지 않는다는 점을 간접적으로 드러냈다.

이렇게 연극관람에서 보인 바와 같이 '구경거리'의 부도덕성 문제는 서방교회의 문제만은 아니었다. 실제로 알렉산드리아의 클레멘스도 이 문제를 신랄하게 비판했다.

클레멘스에게 극장과 경기장은 한마디로 '멸망의 자리'이자 사악한 집회였다. 여기서 '무질서'와 '무도함'과 '부적절한 행동을 조장하는'

집회란 주로 성적 음란성을 의미한다.

당시 기록을 보면, 귀부인들이 돈으로 매수한 연극배우들과 검투사들과 벌이는 정사에 대한 언급들도 있다. 특히 저속한 농담과 음란한 대화로 잘 알려진 어릿광대짓은 당시에 아주 인기가 많았는데, 이런 형태들은 기독교 저술가들뿐만 아니라, 심지어 기독교권 밖에 있는 일반 저술가들에 의해서도 비난의 대상이 되었다.

이렇게 기독교권 안팎에서 비판을 받았던 것은 연극공연의 성적 부도덕성이 성경의 가르침에도 위배되지만, 양심에 근거한 인간의 보편적인 도덕적 판단으로도 심각한 해악으로 여겼기 때문이었다.

더 나아가 디오클레티아누스 시대(284–305년)와 콘스탄티누스 시대(306–337년)에 '기독교의 키케로'라고 불리며, 수사학자로서 명성을 날렸던 락탄티우스는 연극공연의 폐해를 좀 더 상세하게 묘사한다.

그는 특별히 『신적 교훈』(Divinae institutiones)의 짧막한 발췌집에서 구경거리라는 주제로 이전의 다른 저자들과 마찬가지로 부도덕성과 우상숭배를 비판했는데, 이때 부도덕성과 우상숭배로 문제가 된 구경거리는 주로 이교도적 축제와 검투사 경기와 더불어 극장에서 공연되는 연극이었다.[20]

우리는 락탄티우스의 글에서 당시 로마 사회의 도덕적 타락의 정도를 가늠할 수 있다. 당시에 연극관람은 로마 전체의 행사였고, 일상적인 문화 행위였다. 따라서 젊은이들뿐만 아니라, 하층민들과 모든 계층의 대표들이 참여했다.

물론 가끔 도시를 방문했던 시골 사람들에게는 예외도 적용되었다.

---

20. 위의 책, 86–90.

초기 기독교의 세계

연극의 주된 소재들의 부도덕성은 이루 말할 수 없을 정도였다.

비극에서도 마찬가지여서 유피테르(Jupiter)의 간음 사건 같은 야한 '극적인 갈등'이 주된 소재였다. 4세기 말 히포의 감독 아우구스티누스도 극장 도시였던 카르타고에서 한 쌍의 연인이 결합하고 이별하는 비극공연을 보았다고 고백한 적이 있다.

아우구스티누스는 이어서 극장이란 부도덕을 가르치는 학교이며, 기독교 도시의 불명예이자 매춘에 대한 지속적인 기회를 제공하는 곳이라고 폭로했다. 이런 부도덕성 때문에, 에픽테토스(Epictetus)와 같은 스토아 철학자도 연극관람을 비판했다.

특히 락탄티우스가 정서적 평온을 위해서 연극관람을 금지하는 대목은 감정표현에 대한 스토아적 무정욕(無情欲, apathia)을 희미하게나마 암시하는데, 다른 기독교인들 중에 연극애호가들도 때때로 정서적인 평정 상태를 강조했던 적은 있다.

그러나 로마제국 내에서 연극관람이 이렇게 대세였던 점을 감안하면, 기독교인은 스스로 완전한 지혜의 이상을 실현할 수 있었다고 보았던 락탄티우스의 입장은 스토아적 절제와 평정심을 느끼게 한다.

한편 도덕적 이유 외에도 종교적인 이유에서도 연극관람을 거부하는 경우가 있었다. 기독교인들은 신앙적 동기에서 다신(多神)을 섬기는 로마제국의 종교-문화적 행사에 참여하는 것을 스스로 자제하거나 금지해야 했다.

로마의 미누키우스 펠릭스(Minucius Felix)도 기독교인들이 종교적 차원에서 축제 참가와 축제 음식을 거부한다는 것을 이교도들의 입을 빌려서 간접적으로 언급한다.

아주 초창기부터 로마식 제의에서는 신탁을 구하고 내장(exta)을 봉헌한 다음에 동물의 나머지 부분을 먹어 치우는 일은 아주 흔했으며, 개인적 제의에서는 기부자와 책임자가, 국가적 제의에서는 제사장과 원로원이 집전했다.

그리스신화연구자인 부커르트(Walter Burkert) 교수에 의하면, 뼈와 살을 태운 희생제물과 포도주와 물과 우유와 꿀을 마셨던 초기 헬라식 제의와는 구별되지만, 본질상으로는 헬라식과 로마식 제의는 큰 차이가 없었다.[21]

특히 이교도들은 향연을 시작하기 전에 화관으로 몸을 치장했고, 몸을 관리하기 위해 향유를 발랐으며, 더 나아가 목욕한 다음에, 그리고 운동 연습 후에 신상들과 사자(死者)를 위해서 향유를 사용했다.

또한 2세기 말 기독교 변증론자였던 순교자 유스티누스(Justinus Martyr)의 저술에 의하면, 기독교인들은 사자 기부, 방향 제물과 무덤 화환 장식 등 이교도 관습을 거절한 것을 알 수 있다. 특히 200년경 테르툴리아누스는 『구경거리에 대하여』(de spectaculis)에서 모든 종류의 이교도적 구경거리들은 부도덕하고 우상숭배에 연루될 위험이 있다고 판단했다.

테르툴리아누스는 연극관람, 전차경주, 사냥, 검투 경기 등 다양한 놀이의 기원은 우상숭배에 있다고 생각했기 때문에 기독교인들은 잔혹한 살해와 부도덕한 야유 등 로마 사람들의 놀이관습을 거절해야 한다고 말했다.

그러나 이렇게 강력한 관람 금지 경고에도 불구하고 당시에는 습관

---

21. Walter Burkert, *Greece Religion: archaic and classical.* (Cambridge, Mass.: Harvard University Press, 1985), 125–140.

초기 기독교의 세계

적으로 연극을 관람하는 것을 포기하지 않는 기독교인들도 매우 많았는데, 그들은 오히려 연극은 기쁨을 주며, 성경에는 연극관람을 금지한 규정도 없다고 반박하기도 했다.

여기서 묘사하는 연극은 무대에서 비극과 희극을 밀어내면서 인기 공연 목록을 차지했던 어릿광대 놀이를 의미하는데, 이교도들은 물론 기독교인들에게 매우 인기가 있었다. 주로 웃음을 자아내는 익살스러움과 사랑의 모험과 부도덕한 간통이 부각되었고, 플로라(Flora) 축제에서는 공연이 끝날 무렵에 관중의 요구에 의해 여배우들은 나체가 되기도 했다.

검투사 경기 관람 금지

연극공연은 기혼자들의 간통이나 처녀 강간과 같이 성적 타락상을 보여주고 실행하며, 최소한 그런 분위기를 조장하는 온상이었다면, 검투사 경기는 매우 잔인한 살육의 현장이었다. 수사학자 락탄티우스가 보기에도 부도덕성과 우상숭배로 문제가 된 구경거리는 주로 이교도적 축제와 더불어 연극과 검투사 경기였다.

검투사들이 목숨을 걸고 한쪽이 죽을 때까지 싸우는 잔혹한 경기는 특히 제정 시대에 헬라적인 동부 지역에서 두드러졌다. 여기서 락탄티우스가 사투르누스(Saturnus)와 검투사싸움을 연결시킨 것은 사투르누스 축일(Saturnalia)인 12월에 검투사 경기가 개최되곤 했었다는 것과 관련이 있는 것으로 보인다.

검투사 경기는 살인 놀이라는 혐오가 이교도였던 세네카(Seneca)와 테르툴리아누스, 노바티아누스, 테오필로스 등과 같은 기독교인 저술가들에게서 반복적으로 등장한다. 비록 콘스탄티누스 대제가 잔혹한 놀이를 종식시키려고 했을지라도 황제 호노리우스(Honorius)에 의해 보편적으로 금지되었던 399년까지 지속되었다는 기록이 있다.

축제 참여 금지

테르툴리아누스는 『변증론』(Apologeticum)에서 축제 참여를 금지하는 대목이 나오는데, 앞에서 락탄티우스의 글에서도 본 바와 같이 당시의 축제는 신화와 결부된 제의적 성격이 강하다. 이것은 기독교인들에게 신앙적 이유에서 축제 참여를 금지하게 만드는 결정적인 요인이었다.

따라서 그는 종교축제에 참여하지도 않았고, 사투르누스 축일(Saturnalia) 아침 여명에 목욕하는 풍습도 따라 하지 않았으며, 다른 사람들처럼 리베르 축일(Libernalia)에도 길거리를 보려고 하지 않았다는 대목이 등장한다.

오리겐은 로마 사람들의 전통적인 축제들 속에 내포된 이교적이고 제의적 속성들을 간파한 대표적인 저술가이다. 당시에 이교도 철학자 켈수스(Celsus)가 말했다는 "신은 보편적이고, 선하고, 자족적이다"라는 명제는 당시의 경신 사상에 대한 철학적 주제였다.

승리를 치하하기 위해서 신전의 영예를 위해 해마다 개최되는 축제와 오락은 로마 광장에 있는 아주 오래된 디오스쿠로이(Dioscuroi) 신전에서 열리곤 했다. 로마 광장에 있는 샘(泉)의 여신 유투르나(Juturna) 신전에서 해마다 수공업자들의 축제가 열렸다.

또한 에스퀴리누스 언덕의 비탈에 있는 텔루스(Tellus)와 대모여신(大母女神) 테라(Mater Terra) 신전에서도 축제가 열렸다. 그리고 식물 생장의 여신 케레스 축제(Cerialia)도 있었다. 따라서 로마 축제의 특징은 다신적인 로마의 전통 신들과 여신들과 연결된 종교축제였다는 점이다.

초기 기독교 저술가들이 로마제국의 연극공연, 검투사경기, 종교축제 등 놀이문화를 강력하게 배척했던 상황과 입장을 살펴본 서양사학자 염창선 교수는 다음과 같은 결론을 내리고 있음은 매우 흥미롭다.

> 수 세기에 걸쳐서 로마제국의 다양한 지역에서 기독교인들에게 이교적인 종교축제에 참여하거나 음탕한 연극공연과 유혈이 낭자한 살인적인 검투사 경기를 관람하는 것을 금지하고, 오히려 도덕적이고 신앙적인 삶을 유지하도록 계속된 요구가 있었다는 그만큼 많은 기독교인들이 로마제국의 놀이문화에 대한 애착과 동화의 정도가 상당했음을 방증한다.[22]

---

22. 위의 책, 89.

제5장

초기 기독교와
노예제도

1. 초기 기독교의 노예제에 대한 이해

많은 역사학자들은 "보편적 세계주의 이념을 도덕률로 하는 초기 기독교의 교리는 가난한 자와 비천한 자, 그리고 억눌린 자에게 자선을 베풀 것을 요구하면서도 제국 초기에 만연하고 있었던 사악한 노예제 (奴隸制, slavery) 자체에 대해 냉담한 태도를 보였다고 비난한다."[1]

그리고 "세속의 일체 제도와 기구까지도 모두 하나님의 창조적 의지에 기초된 것으로 보아 그 대립을 문제 삼지 않는 모순성을 드러내고 있다"[2]고 지적하면서 초기 기독교는 결국 노예제를 인정하였다고 비난한다.

> 특히 초기 기독교는 인간과 하나님 사이에 계급과 신분을 초월한 이른바 주 안에서 모두 하나라고 하는 평등 이념을 기초로 하면서도 세속 사회의 노예제도나 정치적인 전제주의를 현실적인 자연 질서로서 인정했다.[3]

---

1. 조남진, "초기 기독교의 노예제개념과 평등이념." 「사학회」 11월호 (단국사학회, 1982), 19.
2. 위의 책.
3. 위의 책.

초기 기독교의 세계

형제애 사상을 부르짖으면서도 기독교도 노예들에게 명하여 말하기를 "종들이여, 육신의 주인에게 순종하기를 두려움과 떨림과 성실한 마음으로 주께 하듯 하십시오"(엡 6:5)라고 말하는 것처럼 종들은 그들의 주인을 섬길 것을 권고하고 있다.

이 구절에 대한 해석을 기독교 신학을 비판하는 사람들은 노예의 영혼을 해방시켜야 한다는 초기 기독교의 주장은 오히려 노예화를 강화시키는 결과로 해석하고 있다.[4]

물론 역사학자들과 신학자들은 이러한 모순성에 대해서 그 당시 노예제에 대한 기독교의 이해를 공감하려고 많은 노력을 기울였다. 특히 신약성경에서 논의되는 노예제에 대한 이해에 대해서 긍정적인 측면에서 많은 설명을 시도하였다. 어떻게 보면 신약시대의 노예제(Slavery)에 대한 이해를 높이려 하였다.

그럼에도 불구하고 초기 기독교 시대에 교회가 노예제에 대처한 것에는 부끄러운 문제가 있었음을 인정하지 않을 수 없다. 19세기에 이르기까지 서구의 기독교 국가에서 여전히 노예제가 지속되어 온 역사적 사실은 더욱 기독교를 난처하게 만드는 것 또한 사실이다.[5]

그러므로 여기에서 이 초기 기독교의 이중구조적 논리에 대한 올바른 이해를 위해서 그리스·로마의 노예제에 대해서 그 역사를 간단하게 살펴볼 필요가 있다.

---

4. J. S. Jeffers, *The Greco-Roman World of the New Testament Era: Exploring the Background of Ealry Christianity.* (Illinois: IVP Academic, 2009), 229.

5. 허현, "링컨과 노예제, 그리고 노예제 폐지론—링컨과 노예제 폐지론들과 관계를 중심으로." 「서양사론」 제154권 (한국서양사학회, 2022), 172-205.

고대 로마 사회의 노예제

고대 로마 사회에 있어서 BC 3세기에서 AD 3세기에 이르는 동안 노예제는 로마 사회와 경제의 결정적인 요소였다. 즉 로마 사람들의 농업생산 및 도시에서의 생산을 받쳐주는 토대는 노예제였던 것이다.[6]

우선 당시 노예 신분은 세습적이었다. 즉 노예의 자식은 노예가 되었던 것이다. 자유민의 남자와 노예인 여자 사이에서 아이가 생기는 일은 흔한 일이었는데 이 경우도 그 아이는 노예가 되었다. 또 노예 신분은 원칙적으로 변경할 수 없는 것이었다. 물론 노예를 자유민으로 만들수도 있었으나 그것은 주인과 국가의 협력을 요하는 복잡한 일이었다.

고대 로마법에 있어서 노예해방의 세 가지 방식, 즉 행정관의 변호(vindicta)에 의한 자유의 선언, 호구조사명부에의 등재, 주인의 유언은 모두가 그러한 복잡한 성격을 띠고 있었다.

첫 번째의 경우는 법정관(法政官, praetor)이 양도 판결에 의해 주인의 뜻을 인준하는 것이었고, 두 번째의 경우는 감찰관(censor)이, 그리고 세 번째의 경우는 민회에 모인 시민들이 그렇게 하는 것이었다.[7]

또 노예는 원칙적으로 외국인들이 되었다. 노예는 대부분 전쟁에서 사로잡힌 미개한 외국인 포로들로 구성되었다. 국가는 자유인을 노예로 전락시킬 수 없었으며 하물며 한 개인이 그렇게 할 수 없었음은 물론이다.

---

6. 헬무트 슈나이더(Helmuth Schneider), 『노동의 역사』, 한정숙 역 (서울: 한길사, 1983), 125.
7. H. 레비-브룔(H. Levy-Bruhl), "노예제이론." 고대대학원 서양고대사연구실 편역, 『서양고전고대 경제와 노예제』, (서울: 법문사, 1981), 196–197.

가장 오래된 헬라법의 경우에도 고대 로마법에 있어서와 마찬가지로 자국민을 노예화한 사례는 있었던 것 같지 않다. 단 한 가지 형벌에 의한 노예를 제외하면 로마 시민들에 대해서는 어떠한 노예화도 적용될 수 없었다. 그것도 로마 제정기의 일이며 극히 드문 특수한 사례였다. 결국 로마에서의 노예의 근원적인 발생원은 전쟁이나 해적 행위에 의한 취득이었다.

유대인의 법에서도 부채로 인한 예속은 유대인에게도 적용하고 있으나 진정한 노예제의 적용은 외국인에게만 적용되고 있다. 고대 게르만인의 경우도 마찬가지였던 것 같다.

따라서 같은 민족을 노예로 간주하는 데 대한 반감은 고대 로마를 위시하여 최소한 시민권에 기반을 둔 사회에 있어서는 지극히 보편화되어 있었던 사실로 여겨진다.

로마 공화정 시기의 노예제

로마 사회에 있어서의 공화정 시기와 제정기 시기의 로마의 노예제는 어떠했는지를 살펴보면, 로마 사회에서의 노예제는 고대의 다른 모든 지방에서와 같이 언제인지도 모를 고대로부터 존재한 제도이며 어떤 인물도 이를 폐지하려고 기도한 적이 없던 제도였다.

BC 3세기에 이루어진 로마의 사회적·경제적 변화는 노예제 발전에서 가장 명백하게 구현되었다. 이 이전의 로마 사회에서는 소규모적인 가부장제적 노예제였으나 그들의 법적인 위치는 12동판법(=12표법, BC 451~450년)에 규제되어 있었다.

이 초기의 법전에는 자신의 아들을 팔 권리가 아버지에게 부여되고 있었다. 부채노예제(負債奴隸制)도 존재했지만 고대에 있었던 엄격한 의미에서 노예라 보기는 어려웠다.

프랑스 문화인류학자인 앙리 레비-브뤼홀(H. Levy-Bruhl) 박사는 이와 같은 가부장에 의하여 팔린 자녀나 채무로 인하여 예속 상태에 있는 사람들은 완전히 그 권리를 박탈당한 의미로서의 노예와는 성격이 달랐다고 주장한다.[8]

BC 5세기 및 4세기에 노예는 대부분 이탈리아 출신이었다. 이 시기의 노예는 농민의 대가족에 소속되어 가족의 노동력을 증가시키는 것이 주된 역할이었다.

BC 3세기에 들어서면서 로마의 노예제는 근본적인 변화를 겪게 되었다. 로마의 영토는 확대되고 농장은 분할지 경영방식을 지양하여 광대한 단일 경작지로 재편성되었다. 그 결과 소농민들은 쫓겨났으며 그 대신 노예들이 들어왔다.

즉 이 시기에 이르러 노예는 범지역적인 시장을 목표로 삼아 생산을 영위하는 경제단위, 즉 대농장에서 가장 중요한 노동력으로 이용되었다. BC 4세기 말에 부채로 인하여 로마 시민을 노예화하는 행위가 금지된 이후에는 전쟁포로를 노예화한다든가 노예 자녀를 양육하는 일이 아니면 노예시장에서 노예를 매입하는 방식이 노예경제를 유지하는 데 가장 중요한 수단이었다.

동부 유럽 지방의 민족들 또한 전쟁포로나 부채로 예속된 자들을 외국에 노예로 팔고 있었기 때문에 이와 같은 새로운 형태의 노예제는

---

8. H. 레비-브뤼홀(H. Levy-Bruhl), 191-193.

초기 기독교의 세계

중부 이탈리아 지방에서 급격히 뿌리를 내리게 되었다.

그리고 헬라의 노예 무역상들은 광범위한 지역에 걸쳐 거래망을 구축하고 있었기 때문에 로마 사람들이 대량으로 노예를 수입하기 시작했을 때 우선 헬라의 노예상인들로부터 노예를 구입했던 것이다. 로마의 대토지 소유자들은 이렇게 노예시장을 이용함으로써 혹은 전쟁포로를 통하여 필요한 노동력을 확보할 수 있었다.

BC 2세기 전반의 50년 동안에 25만의 전쟁포로가 이탈리아와 시실리에 들어왔고 다른 수많은 노예도 일상적인 무역방식을 통하여 들어왔다. 이렇게 하여 경영하는 대규모 노예농장은 라티푼디아(Latifundia, 또는 라티푼디움[Latifundium])라 불렸으며, 이 라티푼디아는 BC 200년경에 이탈리아에서는 일반화되었다.[9]

당시 노예 신분은 토지 소유의 입장에서 볼 때 단지 토지의 부속물에 불과한 존재였다. AD 73년부터 2년간 노예들을 이끌고 반(反)로마 공화정 항쟁(抗爭)을 지도한 노예 검투사인 스파르타쿠스(Spartacus)는 "노예란 농장에 속하는 도구"[10]라고 절규했었다.

즉 법률의 관점에서 본다면 노예는 물건이나 동물이라고 해도 좋은 그러한 존재였다. 물론 물건이 아닌 생각하는 인간으로서 사명을 다할 수 있는 노예들도 있었다. 노예로서 의사, 교사, 작가, 회계사, 대리인, 토지관리인, 감시인, 비서와 선장의 일을 하는 사람들이었다.

요컨대 당시 로마의 노예는 대체로 어떤 법적 규제에 의해서도 보

9. T. W. Wallbank & A. M. Taylor, *Civilization Past and Present*. (Chicago: Scott, Foresman and Co., 1949), 162.

10. Nic Fields, *Spartacus and the Slave War 73-71 BC: A Gladiator Rebels Against Rome*. (Osprey Publishing, 2009), 28.

호받지 못한 비참한 존재였다. 그들 중에서도 대농장에서 집단적으로 혹사당했던 노예들이 가장 가련한 처지였다. 그들은 가족도 세습재산도 없었으며 종교는 미온적으로만 인정되었을 뿐이었다.

노예의 혼인은 결혼이 아니라 동거(同居, Contubernium)라 불리었다. 그리고 일반적으로 주인이 마음대로 노예를 처벌하였다. 노예가 벌어들인 것은 전부 합법적으로 주인의 이익이 되고 주인의 소유로 되는 것이었다.

어머니가 노예인 경우에는 그 자식도 주인의 재산이 되었다. 로마의 정치가였던 카토(Cato)는 노예들에게 격년으로 속옷 한 벌과 담요 하나를 주었고 육류는 전혀 먹이지 않았다. 많은 노예들은 불행하였고 일반 여론은 노예에 대한 채찍의 사용이나 그 사용 가치가 없어졌을 때 살해하거나 노예가 늙으면 저렴한 값으로 파는 행위 등을 용납하고 있었다.

이와 같은 노예에 대한 학대로 BC 135년과 70년 사이에 시실리와 이탈리아에서 세 번에 걸쳐 중대한 노예 반란이 일어났는데 결국 노예군은 격퇴되고 무자비하게 분쇄 당했다.[11]

그러나 공화정 후기에 들어오면서 인도주의적인 관념과 경제적 진보에 의해 노예의 형편도 개선되기 시작하였다. 특히 스토아 철학자들은 노예와 자유인의 동등한 인간성을 강조하였으며 자유인이 정욕과 공포와 비애 혹은 탐욕의 노예가 될 수 있듯이 노예도 정상적으로 해방될 수 있다고 했다.

---

11. P. A. 브룬트(P. A. Brunt), "로마의 노동과 노예제." 고대대학원 서양고대사연구실 편역, 「서양고전고대경제와 노예제」, (서울: 법문사, 1981), 260.

그리고 인간은 태어날 때부터 자유인이지 노예는 아니라고 했다. 그러나 스토아 철학자들은 노예에 대하여 잔학한 학대를 하는 것은 반대하였으나 노예제 폐지를 주장하는 데까지 나가지는 못하였다.[12]

로마 제정기의 노예제

BC 31년 악티움 해전의 승리로 장기간 지속된 내란을 진압하고 질서를 회복한 옥타비아누스(Octavianus)에게 로마 원로원은 가능한 최고의 권한을 부여하였다. 즉, 종신집정관, 원로원의장, 최고재판장 등을 겸임한 그에게 아우구스투스(Augustus, 존엄자)의 칭호를 부여하였다. 이것으로 로마의 정치체제는 실질적인 제정(帝政)으로 전환하였다.

아우구스투스 황제는 로마제국의 질서를 확립하고 번영의 길을 열어 놓았으나 노예에 대해서는 좋은 정책을 쓰지 않았다. 오히려 그는 외국인, 해방 노예, 노예들에 비해 로마 시민의 위치를 보강시키는 정책을 썼기 때문에 노예에게는 불리하였다.

또 당시 노예해방이 일반화되어 갔는데 그는 이에 엄격한 제한을 가하여 해방 노예들에게 세금을 부과하기도 하고 자의적으로 노예해방의 한도를 감축시키기도 하며 20세 이하의 노예 소유주는 아예 노예해방을 시키지 못하게 조치하였다.[13]

또 그는 친히 도망 노예를 잡기도 하였다. 그는 자랑하기를 "나는

12. K. 호프킨스(K. Hopkins), "로마노예제의 발전과 실제." 고대대학원 서양고대사연구실 편역, 299.
13. 존 G. 게글(John G. Gager), 『초기 기독교형성과정 연구』, 김쾌상 역 (서울: 대한기독교출판사, 1989), 178.

해적을 정복하고 바다에 평화를 가져왔다. 그 전투에서 나는 주인으로 부터 도망쳐 무기를 잡고 대항한 3만 명가량의 노예를 잡아 벌하도록 그들의 주인들에게 넘겼다"[14]고 말하였다.

그의 시대에 이탈리아에는 자유인 5명당 3명의 노예가 있었다고 추측된다. 클라우디우스(Claudius, AD 41-54년) 황제는 노예에 대하여 우호적인 정책을 썼고 그 궁정의 스토아 철학자인 디오 크리소스톰은 매춘행위와 노예를 인간성의 타락이라고 해서 격렬하게 비난하였다.[15]

클라우디우스 황제는 주인으로부터 버림받은 병들거나 허약한 노예는 해방시켜야 한다는 칙령을 발표하였다. 그의 치세 때 황제의 해방 노예로 구성된 비서국 직원들은 부유했고 정치에 막강한 영향을 발휘하였다.

그중에 한 사람의 형제가 바울 시대에 유대를 통치했던 벨릭스(Felix) 총독이었다. 이 황제 때 노예의 숫자는 전 주민의 반가량인 600만 명 정도였다고 역사가 기번(E. Gibbon)은 추정했다.[16]

악명 높은 네로(Nero) 황제도 노예의 인권에 관심이 많았던 세네카 (Seneca)의 영향으로 노예가 주인의 불법에 관하여 호소하면 불만 사항을 접수하여 조사하도록 담당관에게 명하였다.[17]

이러한 노예들에게 유리한 법이 이후의 황제들에게서 발표되었다.

14. C. K. Barrett, ed., *The New Testament Background: Selected Documents*. (New York: Harper & Row, 1961), 2.

15. A. J. Rayner, "로마제국의 기독교사회." 지동식 편역, 「로마제국과 기독교」, (서울: 한국신학연구소, 1980), 244.

16. Edward Gibbon, *The Decline and Fall of the Rome Empire*. (Harmondsworth: Penguin Books, 1982), 66.

17. Jerome Carcopino, *Daily Life in Ancient Rome*. (Harmondsworth: Pernguin Books, 1981), 70.

예컨대, AD 83년에 도미티안(Domitian) 황제는 노예의 거세를 금했으며 만일 이 금령을 위반할 경우에는 그 주인의 재산의 절반을 몰수하였다.

2세기의 하드리안(Hadrian) 황제는 노예들을 뚜쟁이나 검투사 훈련자에게 파는 것을 금했고, 법에 의한 관계관의 허락 없이 노예를 사형시키지 못하게 했다. 이와 같은 인도적인 조치는 2세기 중엽 안토니우스 피우스(Antonius Pius) 황제 때 절정에 이르렀는데 이 황제는 주인이 자의(恣意)로 노예를 죽이는 경우 살인죄로 처벌했다.

이러한 법적인 조치들은 당시 노예에 대한 사회의 관례를 반영해 주는 것으로 로마 사람의 다수가 노예에 대하여 관대해졌다고 볼 수 있다.

노예의 신분에서 벗어난 해방 노예들 중에는 상당한 재산을 모은 사람도 있고 그 후손들은 출세할 수도 있었다. 시인 호레이스(Horace)도 해방 노예의 자식이었으며, 페르티낙스(Publius Helvius Pertinax)와 같은 사람은 해방 노예의 자식이었지만 그 자신의 능력에 의하여 193년에 황제까지 되었다.

대체로 로마제정기의 노예는 공화정 시기에 비하여 그 생활 조건도 개선되었고 최소한의 인권도 인정되었으며 특히 해방 노예들은 중요한 위치에 오른 사람도 있었다.

그러나 로마제국의 정복 전쟁의 중지로 노예의 공급이 줄어들고 점차 소작농의 손으로 경영되는 등 경제구조의 변화를 초래하게 되어 제국 후기에 이르러서는 경제적으로 노예의 중요성이 약화되었다.

2. 노예제에 대한 초기 기독교의 입장

이러한 노예제의 실정(實情)에서 기독교 자체가 노예제를 무시할 수만도 없었던 사실은 그러한 노예제를 부정했을 때 그것은 로마 사회에 대한 최대의 사회적 혁명을 의미하고 나아가서는 국가와 교회에 예측할 수 없는 결과를 초래할 우려가 있었기 때문이었다.

다만 교회는 이 노예제도를 기정사실로 인정하면서도 최초부터 주인과 노예라는 인간관계를 일방적인 법적 관계로부터 도덕적으로 개선하여 법률의 가혹성에서 기독교적 사랑의 정신으로 완화하려고 노력한 면은 극히 타당한 처사라고 할 수 있다.

예수 그리스도의 가르침과 사도들의 설교에 의하면 노예는 하나님 앞에 완전히 동등한 인간이며, 교회도 역시 계급의 차별 없이 주인이나 노예도 동등하게 하나님 앞에 하나의 형제로 보게 된다.

여기에 로마제국은 노예제의 정신이 이미 파기되어 가면서 노예의 지위 향상을 위한 길을 열게 한 원동력으로서의 교회의 입장을 지적하게 된다. 교회는 노예에 대해서도 자유인과 대등하게 하나님의 은총을 부여하고, 그들이 쉽게 이해될 수 있는 이유에 의해서 해방되었을 때 그들에게도 교회의 최고직을 주게 되었다.[18]

예컨대, 교황 칼릭스투스(Calixtus. 217~222년)는 전신(前身)이 노예였다는 데서도 증명된다. 노동에 관한 기독교적 윤리관은 한층 노예해방을 촉진시켰다. 그리스나 로마에서는 육체노동을 노예의 노동으로 간주하여

---

18. J. S. Jeffers, 101.

경시했다.

사도 바울은 데살로니가의 기독교인에게 말없이 일해서 제힘으로 빌어먹도록 권고하여 "일하기 싫어하는 사람은 먹지도 말라"(살후 3:10)고 했다. 이것은 육체노동에 대한 기독교인의 의무로서 강조되었고, 따라서 노예노동에만 한정을 지우려는 안일과 태만의 사고방식에 대한 일대 경고라 볼 수 있다.

여기서도 역시 노예를 인간사회의 완전한 평등적 존재로 여기려는 것이었다.

신약성경에서 보이는 노예관

신약성경 시대에 예루살렘에는 노예를 경매하는 경매석(競買石)이 있었다. 도시에 있는 대부분의 노예는 가내노예(家內奴隷)로서 궁중을 제외하고는 그들의 숫자가 많은 것은 아니었다.[19] 물론 예수께서도 당시의 노예제도를 아셨고 때때로 노예들도 보았을 것이다.

예수께서는 노예에 대해 언급하면서 "종은 주인보다 높지 않다"(마 10:24, 요 13:16, 15:20)라고 말한다. 이러한 예수의 언급은 마치 예수가 그 시대의 노예제를 인정한 것처럼 보인다. 그렇다고 해서 예수가 노예제를 인정하였다고 단정할 수도 없다.

분명 예수는 '이웃 사랑'이라는 지평 안에서 사람들에게 하나님을 사랑하고 이웃을 사랑하라고 하였기 때문이다. 우리는 이를 어떻게 이해할 수 있을까? 결국 이를 이해하기 위해서 신약성경에 드러나는 노

---

19. Joachim Jeremias, *Jerusalem in the Time of Jesus.* (London: SCM Press, 1967), 315.

예제도에 대한 언급이 사회적 측면이 아닌 종교적 측면에서 이루어졌음을 망각해서는 안 된다.

예수의 활동 목적은 사회적 혁명이 아닌 복음의 선포였기 때문이다. 복음을 선포하는 예수의 태도는 사회를 변혁시키는 것이라 할 수 있지만 단순한 사회혁명을 일으키는 것보다 훨씬 심원한 변화를 꾀하였다고 할 수 있을 것이다.[20]

예수의 사명은 정치적 제도나 사회적 악습을 직접 개혁하기 위한 것은 아니었다. 예수의 목적은 보다 근본적인 영혼 구원과 정신 개혁에 있었다. 정치적·사회적 개혁은 그 시대적 요구에 따라 구원받아 새로운 정신을 가진 사람들이 수행해야 할 일인 것이다.

예수께서는 당시의 노예제를 비난도 찬동도 하신 일은 없으나 구약성경에서 노예제도가 인정되었던 것과 같이 예수께서도 노예제를 자신을 둘러싸고 있는 현실로 받아들이고 있었다.[21] 사회제도로 주어져 있는 노예제를 그의 영적 진리를 효과적으로 설명하기 위하여 교훈적으로 사용하셨다.

노예제 폐지 여부는 복음의 관심사가 아니었다. 말하자면 예수께서 선포하신 복음의 내용은 결국 인간에게 하나님이 만민의 아버지이시며, 하나님 아드님이신 예수 그리스도를 통하여 만민이 구원되리라는 기쁜 소식이었다.

신약성경 전문가 다드(C. H. Dodd) 박사도 예수의 비유에 대하여 당시

---

20. 안토니오 지를란다(Antonio Giraldo), 「신약성경 입문」 제1권, 성염 역 (서울: 성바오르딸수도회, 2009), 233.

20. 안토니오 지를란다(Antonio Giraldo), 「신약성경 입문」 제1권, 성염 역 (서울: 성바오르딸수도회, 2009), 233.
21. G. E. M. de ste. Croix, "초기 기독교의 재산 및 노예제에 대한 태도." 지동식 편역, 「로마제국과 기독교」, (서울: 한국신학연구소, 1980), 425.

의 모든 문학작품 중에서 거의 비교될 수 없을 정도로 하층중산계급과 노동계급의 생활상을 함께 구성요소로 한 것이었다고 평가하고 있다.[22]

예수께서 직접 노예제를 반대한 일은 없지만, 그의 사랑의 교훈은 바로 노예제와는 정반대되는 것이었기에 그의 가르침은 결과적으로 노예제를 완화시키고 노예제를 폐지하는 데 영향을 주었다고 볼 수 있다.

노예제뿐만 아니라 고대 세계의 모든 사회적 문제들이 예수께서 전한 복음에 의하여 직접적인 영향을 받았던 것이다.[23]

실제로 초기 기독교인들은 로마제국에서 노예와 귀족의 벽을 넘어 형제로 부르며 교제하는 유일한 공동체였으며, 모범적 섬김의 공동체로서 자신들의 노예를 가족처럼 대하거나 해방해 주었다.

사도 바울의 노예관

바울 시대에도 마찬가지로 노예제는 기존 사회의 근본 요소 중의 하나였다. 로마제국 내에는 앞서 보았듯이 수많은 노예들이 있었다. 그러므로 바울은 노예, 노예제에 대해 언급하지 않을 수 없었을 것이다.

로마제국 초기에 있어서 로마제국 영토 내에 살고 있던 주민들은 로마 사람, 즉 시민권을 소유하고 있던 사람들과 비(非)로마 사람으로서 시민권(市民權)을 가지고 있지 않았던 사람이 있었다. 당시 시민권을 가지고 있지 않았던 사람들을 가리켜 '바깥 사람'(peretrinus)이라고 불렀다.[24]

---

22. C. H. Dodd, *Gospel and Law*. (Cambridge: University Press, 1957), 53.

23. S. E. Wirt, *The Social Conscience of the Evangelical*. (New York: Harper & Row, 1961), 18.

24. H. F. Jolowicz, *Historical Introduction to the Study of Roman Law*. (Cambridge University Press, 1967), 40–72, 357, 456.

사도 바울이 전도 활동하고 있던 무렵 로마제국 내에서 순수하게 시민권을 가지고 있었던 사람은 전체 인구의 10% 미만이었다고 한다.[25] 그런데 이 시민권을 소유하고 있지 않았던 사람들, 즉 외국인들은 자유인과 노예들로 구성되어 있었다. 따라서 초대교회의 신자들 대다수가 자유인과 노예 신분의 사람들이었다는 것을 가히 짐작할 수 있다.

그러므로 초대교회의 신자들 중에서 시민권을 소유하고 있었던 사람들은 매우 희귀한 존재들이었다고 볼 수 있다. 시민권 소유자는 곧 자유인이었지만 반면에 자유인이 곧 시민권의 소유자들이 아니었다는 것을 알 필요가 있다. 이 양자 간에는 법적으로나 사회적으로 명백한 차이가 있었다.

로마 정부가 주민들에게 시민권을 부여하기 시작했던 것은 BC 4세기라고 학자들은 추정하고 있다. 그것은 라틴 동맹 시 전쟁이 끝나고 로마가 도시국가의 맹주로서 이탈리아반도의 통일을 위해서 역사의 무대 위에 등장하기 시작하던 때부터였다.

이 무렵 통일을 위해서 로마에 자진하여 순응하는 도시에는 자치도시로서 시민권을 부여하였고 어떤 도시에는 라틴 식민지로서 시민권을 부여하였다. 그런데 자치권과 시민권을 가지고 있는 도시라고 해서 모두가 평등한 권리를 가지고 있었던 것은 아니다.

예컨대 라틴어를 사용하지 않은 도시에 대해서는 시민권을 부여하였지만 투표권은 주지 않은 경우가 있었다. 그러나 BC 90년경에 이르러서는 이와 같은 차별을 폐지하고 동등한 권리를 부여하였다.

그 후 시민권은 로마공화국이나 제국에 공로가 있는 자유인에게 부

25. Edward T. Salmon, *A History of the Roman World from 30 BC. to AD 138.* (London: 1959), 69.

여하는 경우가 있었고, 혹은 거액의 돈으로 시민권을 매수하는 사람들에게도 부여되었다. 그리하여 AD 212년 카라칼라(Caracalla) 황제에 의해서 소위 안토니우스 칙령이 발포됨으로써 제국 내에서 거주하고 있는 전 자유인에게 시민권이 부여되었다.[26]

시민권 소유자들은 로마 시민과 외부인에게 똑같이 적용되는 만민법의 보호하에 있었음과 동시에 로마 시민에게만 적용되는 시민법(Civil law)의 보호하에 있기도 하였다. 그러므로 로마 초기 제정 당시 시민권 소유자의 수가 로마제국 전(全) 인구의 10% 미만이었다는 것은 사도 바울이 시민권을 소유하고 있었다는 사실의 중요성을 의미한다고 해도 지나친 말은 아니다.[27]

로마에서 자유인들에게는 시민권을 획득할 수 있는 길이 열려 있었지만, 노예는 우선 노예의 보호자로부터 자유인이 되지 않을 것 같으면 그 길은 열릴 수 없었다.

사도 바울의 경우, 아마도 라틴 식민지에서 살고 있던 선조가 시민권을 획득했을 것으로 짐작하거니와 이 시민권은 세습제였으므로 바울은 생득적인 시민권 소유자였다.

그러면 시민권 소유자와 자유인, 그리고 노예들은 당시 로마 사회에 있어서 각각 정치적·사회적·법적으로 권리 또는 차별을 받고 있었는가를 먼저 살펴볼 필요가 있다.

일찍 로마의 황제였던 가이우스(Gaius)는 법률을 제정하여 공포한 바

---

26. Albert A. Trever, *History of Ancient Civilization*, vol. II. (New York: 1939), 636–637.
27. 고경주, "서기 1세기에서 3세기 초, 속주 총독의 사법권하에서 시민권의 상소권." 「서양고대사연구」 제50권 (한국서양고대사문화학회, 2017), 199–223.

있었거니와 그 법률조항의 제3항을 볼 것 같으면 다음과 같이 사람의 신분에 대해서 규정하였다. "사람의 법에 관한 첫째 분류는 모든 사람이 자유인이냐 혹은 노예인가?"를 구분하는 것이라고 하였다.

이와 같은 규정은 노예 신분이란 주인을 위해서 자유로울 수 없는 사람의 신분으로서 정의하는 것을 의미한다. 즉, 서양 고대사회에 있어서 노예는 주인의 소유권에 예속되어 있었기 때문에 한갓 '물건'으로 취급하였다.

사실 노예란 아리스토텔레스에 의할 것 같으면 "생명 있는 도구" 또는 "말하는 도구"(vocale, speaking tools)[28]에 지나지 않았으며, 때로는 "언어가 있는 도구"로 정의됨으로써 일종의 재산으로 취급되었다.

그런데 BC 490년경에는 일반적으로 노예에 대한 취급은 관대하였고 노예를 소유하고 있던 주인이라고 하더라도 그들 스스로가 노동하였으며 노예들과 함께 식사도 같이 하였다. 따라서 공화정 말기보다는 훨씬 부드럽고 온화하게 취급하였다고 한다.

그러나 로마가 지중해 세계를 석권하게 되자 점령지로부터 많은 노예들이 이탈리아반도로 유입되어 종전까지 지켜 내려오고 있던 주인과 노예와의 관계는 더 이상 유지하기가 어렵게 되었다. 노예의 수가 많아지고 인종의 수가 증가함에 따라 교양이 낮은 미개한 종족 출신의 노예도 비례하여 증가했기 때문이다.

따라서 노예들의 대우도 악화되어 대다수가 집단적 강제노동에 투입되는 경우가 많았다. BC 2세기 후반부터 노예제는 마침내 정점에 도달하였다. 로마 공화정의 3분의 1이 노예였을 정도로 노예의 수는 범

---

28. J. S. Jeffers, 229.

초기 기독교의 세계

람하였다.[29]

로마 공화정 말기에 이르러서는 이른바 대농장제도(Latifundium)가 발전하여 노동력의 필요에 따라 노예를 그곳으로 투입시켰다. 그들은 거의 감금 상태하에서 비어 있는 창고와 같은 집에서 북데기를 깔고 자면서 중노동에 시달리고 있었다.

로마의 장군이며 정치가인 카토(Cato, BC 234~149년)는 말하기를, 노예를 마치 가축이나 가구와 같이 취급하고 늙어 쇠약해져서 더 이상 노동을 하지 못하게 된 노예와 병에 걸린 노예들은 값의 고하를 따지지 말고 팔아넘겨야 한다고 하였다.

또한 노예들이 나쁜 짓을 할 경우, 가차 없이 가죽 채찍으로 치는 것이 예사였다. 그리고 노예들이 노동하고 있을 때에도 여전히 발목에 쇠고랑이 채워져 있기 마련이었다.[30]

그러나 이와 같은 상태는 오래 계속될 수는 없었다. 반항 내지 반란이 발생하기 시작하였다. 로마 공화정 말기에 이를 것 같으면 노예들이 집단적으로 행동하여 주인과 주인의 가족을 살해하는 경우가 한두 번이 아니었다. 로마 속담에 노예에 관한 이야기가 나올 정도로 사태는 심각하였다.

시실리섬의 노예 지도자 이유누스(Eunus, BC 134~132년)가 일으켰던 반란, BC 73년의 검투사 스파르타쿠스(Spartacus)의 반란 등은 그 대표적인 예라고 할 수 있다. 역사가 타키투스(Tacitus)가 쓴 『연대기』를 보면 그 잔인성을 쉽게 발견할 수 있다.

---

29. J. D. Douglas(ed.), *The New Bible Dictionary*. (London: IVP Press, 1962), 1198.

30. Theodor Mommsen, *The History of Rome* Vol. III, (Illinois: The Free Press, 1961), 118.

가령 "주인이 자기가 소유하고 있는 노예 중 한 사람의 손에 의해서 살해되었을 경우, 그 주인에 속해 있는 모든 노예를 사형에 처한다"는 등의 비상식적인 법률이 실행되고 있었다.[31]

그러나 로마제국 시대로 접어들자 로마의 대외 침략적 확장은 일단 중지되었고, 노예의 공급도 감소되었다. 따라서 노예 소유주들의 노예를 사고팔 때 과거와 같은 잔인성과 무자비성은 점차 누그러지게 되었고, 또 한편으로는 로마제정이 「노예학정에 관한 각종의 처벌법」을 공포함으로써 노예를 함부로 다루지 못하도록 했기 때문에 사태는 다소 호전되었다.

로마제정 초기부터 노예를 서서히 해방시킨 것은 일반적으로 학자들이 견해를 같이하고 있지만 노예를 해방시킨 동기에 대해서는 학자들 사이의 의견이 구구하다.[32]

그런데 해방의 동기를 크게 두 가지로 구분할 것 같으면 다음과 같다. 첫째는 국가적 차원에서 실시된 해방이고, 둘째는 노예 소유자의 개인적인 동기에서 실시된 해방이다.

기독교가 발전하여 로마제국 판도의 각 지역으로 확장될 때 기독교인들이 각 계급에서 나왔으나 다수의 기독교인들은 사회적으로 경제적으로 하층계급에 속했다. 즉 가난한 사람들과 노예들이 교회에 많았던 것이다.

이와 같은 여건에 직면하여 이방인 사도로서 선교의 범위를 온 세계로 확장하려고 한 바울이 당시 로마 세계에 널리 퍼져 있는 노예 문

---

31. Tacitus, *The Annals,* trans. John Jackson, 5 vols. (Harvard University Press, 1970), XIV, 42.

32. Beard & Crawford, *Rome in the Late Republic,* (London: Duckworth, 1999), 41-49.

초기 기독교의 세계

제에 대해 원칙을 세우지 않을 수 없었을 것이다. 그러므로 성경 기자 가운데 사도 바울이 노예에 대해 가장 많은 관심을 가지고 자주 언급하게 된 것이다.

특히 바울이 세운 교회 중 에베소, 골로새, 빌립보, 고린도 등의 교회에는 노예 신자들이 많아 그들에게 보낸 서신에서 그들을 위한 특별한 교훈을 남기고 있다. 바울의 노예관은 신약성경 빌레몬서를 통해서 구체화되어 나타난다.

바울의 노예관을 구체화한 빌레몬서(書)

빌레몬서, 즉 빌레몬에게 보낸 서간(書簡)은 신약성경의 한 권으로 골로새 교회의 지도자인 빌레몬에게 바울과 디모데의 편지로 용서와 화해의 내용을 담고 있다. 신앙, 신학과 사회적인 실제의 관계가 갈등으로 표출되고 있는 상황을 중재하고 있는 편지다.

그것은 당시 가정 노예였던 오네시모(또는 오네시모스, Ὀνήσιμος)는 신약성경 중 빌레몬서에 나오는 빌레몬의 노예로 간주되는 인물로, 그는 바울을 만나 기독교인이 되어 그보다 먼저 기독교인이 되었던 주인(κύρις) 빌레몬의 집(familia)에서 다른 사회적인 지위를 가졌는가 하는 것이다.

빌레몬서는 일반적으로 바울의 개인 서신으로 된 청원서로 분류되기도 하지만, 그 서신의 서두에 나오는 수신자는 "빌레몬, 자매 압비아,[33] 전우 아킵보, 너의 집에 모이는 교회"로 확대된다.

---

33. 바울 편지의 수신자 중에서 여성의 이름이 언급되는 것은 '자매 압비아'가 유일하다. 이것은 빌레몬의 가정교회 안에서 그녀의 역할이 두드러졌다는 것을 암시한다. S. Bierstein, "A Reading

이 편지는 바울과 빌레몬의 관계를 '나와 너'로 표현하고 동시에 그것을 '우리와 여러분'의 관계로 확대하는 개인 서신이면서 동시에 한 공동체로 보내는 편지이다. 그러므로 이 편지는 한 사람의 변화가 전 공동체에 영향을 주는 것을 목적으로 작성되었다.

바울이 이 편지를 가지고 목표로 하는 것은 자신의 가정을 교회로 개방하였던 빌레몬을 설득하는 것이었다. 정확한 이유를 알 수 없지만 빌레몬의 노예였던 오네시모는 주인의 집을 벗어나 바울의 곁에 머물며 기독교인이 되었다.

바울은 오네시모가 기독교인이 되는 과정을 "감금 상태에서 낳은 자식 오네시모"라는 은유를 사용한다. 그리고 그를 빌레몬에게 다시 돌려보내니 "더 이상 노예가 아닌 사랑하는 형제"로 받아줄 것을 청원한다(16절). 이 문장은 바울이 교회 공동체의 관점에서 오네시모의 노예 상태를 더 이상 인정하지 않겠다는 진술로 이해해야만 한다.

바울의 이 청원에는 그가 자식을 낳은 부모·아버지로서 가정의 정점에 있다는 것을 암시하며(10절), 빌레몬과 오네시모가 서로 사랑하는 형제 관계가 된다는 것은 그 당시의 가정 개념과 잘 어울린다(16절).

이것은 오네시모가 현실 세계에서는 노예라는 위치에 있다고 하더라도 가정교회 공동체의 입장에서 보면 동일한 아버지를 모신 평등한 형제임을 말하는 것이다.

이것을 위해서 바울은 빌레몬에게 명령을 내릴 수 있는 영적인 사도의 권위를 포기하고 빌레몬을 '동역자', '사랑하는 형제'로 부르며 사

under Appia's Critical Eyes", *Feminist Biblical Interpretation*, Luise Schottroff and Marie-Theres Wacker, eds. Lisa E. Dahil et al., trans. (Grand Rapids: Wm. B. Eerdmans, 2012), 850.

초기 기독교의 세계

도로서의 권위를 포기하고 있다. 동시에 그의 이런 행동은 빌레몬으로 하여금 그의 사회적인 지위를 포기하여 기독교의 정신에 투합하여 살게 하려는 의도를 보여준다.

이 편지에 드러나는 것은 빌레몬의 믿음으로 교제하는 일이나 아니면 그가 그의 가정교회를 통해서 바울을 돕고 그의 협력자가 되고, 사랑하는 자나 형제가 되는 모든 것이 빌레몬의 결정에 달려 있다는 것이다. 그리고 이것은 다시 오네시모에게까지 확대된다.

바울은 오네시모를 "나의 심장·마음"이라고 부르고 있는데, 그런 오네시모를 받아들이는 문제는 빌레몬으로 하여금 그가 가지고 있는 믿음이 현실 세계 속에서도 구현되고 있는지 선택을 요구한다.

빌레몬의 이런 입장을 고대 세계의 가정 개념을 가지고 정리해 보면 다음과 같다. 우선 빌레몬의 집에 모이는 교회에서 빌레몬의 집은 이미 편지를 통해서도 나타나는 것처럼 사적인 장소가 아니라 공적인 장소로서의 집(domus)[34]이다.

그리고 이 편지는 빌레몬을 위시한 그의 가정교회의 구성원들 모두가 바울의 음성을 들을 수 있도록 하는 기능을 하고 있다. 바울은 이미 위에서 말한 것처럼 빌레몬이 해야 할 일을 요구나 명령보다는 탄원의 형식을 취하고 있다.

바울 자신이 스스로를 노인이라고 부르는 것이나 그가 감금 상태에 있다는 진술도 그 편지를 읽은 공동체들로 하여금 호의를 얻고자 하는

---

34. '도무스'(Domus)는 '집'을 뜻하는 라틴어로, 당시 초대교회의 예배 공간을 '도무스 에클레시아'(Domus Ecclesiae)라고 불렀다. 가난한 사람들이 살던 인술라(Insula)와는 다르게, 부유한 귀족들이 도무스(Domus)에 살았다. 정용한, "교회건축을 위한 로마 가옥연구: 상가교회를 중심으로," 「신학논단」 제74집 (연세대학교, 2013), 243-271.

의도를 보여준다(9절). 그리고 바울이 빌레몬서를 통해서 말하고자 하는 가정의 이미 가정의 언어학은 빌레몬의 사회적인 위치에 도전하면서 그것을 바꾸려는 의도를 가진다.

즉 빌레몬과 오네시모는 이제 바울의 편지를 읽음으로써 바울의 교회 안에서 형제 관계로 살아가야만 한다. 이 과정에서 바울은 오네시모를 낳았다고 말하면서 신앙을 통한 입양 관계로 말하고 있다.[35]

이것으로 빌레몬의 사회적인 위치는 바울이 지향하는 가정 공동체의 모습과 모순되거나 상충된다는 사실이 분명해진다. 빌레몬서는 빌레몬과 빌레몬의 가정의 위치가 바울의 교회 안에서는 더 이상 유지되지 못한다는 것을 말하고 있다.

그리고 바울의 공동체 안에서 바울의 위치는 가정을 교회로 제공한 당시의 가장들보다 영적으로 더 높다는 것이 드러난다. 특히 빌레몬서는 오네시모가 바울에게 속한 자라는 것을 분명히 한다. 그리고 빌레몬에게는 오네시모를 자기와 동일하게 받아들이라고 간청한다(17절).

바울은 오네시모에 관해서 말하면서 무익(無益)/유인(有益)이라는 화법을 구사한다. 바울은 오네시모를 자신의 옆에 두고 자신을 섬기게 할 수도 있었다.

이런 이해는 당시 가정을 가지고 있는 집안 대 집안의 친구의 관계를 반영하지만 동시에 바울이 노예의 주인이었던 빌레몬보다 더 높은 위치에 있다는 것을 보여준다.

이것을 종합하면 바울은 빌레몬서를 통해서 오네시모를 전면에 내

---

35. 오정환, "상호적 후견인-피후견인 관계와 바울의 기독론 이해: 빌레몬서를 중심으로." 「피어선 신학논단」 제12권 제2호 (평택신학교, 2023), 35-50.

　　　　　　　　　　　　　　　　　　초기 기독교의 세계

세우면서 그를 새로운 공동체를 위한 실천적인 모델로 제시한다. 다시 말해서 바울은 오네시모를 통해서 빌레몬이 세웠던 고대 세계의 가정에 대한 변화와 혁신을 요구했다고 보아야 한다.

우리는 이것을 통해서 당시 가정의 권력이 바울의 교회 안에서는 변화되어야만 했다는 것으로 이해할 수 있다. 이것은 당시의 관점에서 보면 오네시모와 빌레몬에게 고착화되어 있었던 의식과 사회적인 변화에 엄청난 힘을 발휘한 것으로 말해 준다.

바울의 진술처럼 그의 사역에서는 당시 사회의 구조였던 노예제를 넘어서서 오네시모가 더 이상 노예가 아니라 사랑하는 형제로 받아들여지는 것이 더 중요했다.

즉 이 편지가 의도하는 것은 혁명적인 노예제 폐지가 아니라 "그리스도 안에서"는 당시의 사회적인 차별이 더 이상 아무런 의미가 없다는 것을 보여주는 것이었다.

바울은 빌레몬을 동지(同志)로 여기고 있으며, 동시에 도망 노예인 오네시모를 동지라고 생각한다. 여기서 우리는 '동지'(κοινωνόν, 코이노논)라는 단어가 결코 주인과 노예의 관계에서는 적용될 수 없는 단어라는 사실을 기억해야 할 것이다. 당대의 이 단어의 사용은 도시국가나 가정 안에서 자유인들에게만 상호 적용될 수 있는 관계 양태였기 때문이다.

그럼에도 바울 사도는 이러한 '동지'라는 관계의 지평을 도망 노예였던 오네시모에게까지 확장하여 적용시키고 있다.[36] 더욱이 바울은 나아가 오네시모를 "내 아들"(빌 1:10)이라고까지 표현하고 있다. 바울 사도

---

36. F. 라우프(Franz Laub), 『고대 노예제도와 초기 그리스도교』, 박영옥 역 (서울: 한국신학연구소, 1991), 103-104.

의 사고는 사회 변혁적 사고로도 비칠 수 있었을 것이다.

오네시모에 대한 바울 사도의 표현은 주인과 노예의 종속적 관계가 아닌 형제적 사랑을 가져야만 한다는 것으로 귀결될 수 있었기 때문이다.

하지만 노예에 대한 형제애적 관점은 바울이 노예제도에 반대했다고 주장할 수 있는 근거로 제시될 수 있다. 바울이 빌레몬에게 보여준 행동은 당대의 노예제도가 만연했던 세계를 살아갔던 사람들의 행동양식과는 큰 차이를 보이기 때문이다.

당대 노예들을 대하는 주인들의 태도에서는 노예제도 자체와 형제적 사랑은 양립이 불가능했던 것으로 보인다. 그럼에도 바울은 노예제도에 반대하는 것처럼 보이는 태도를 빌레몬에게 요구하고 있었다.[37]

바울의 관점에서 볼 때 기독교 공동체 내에서는 이제 더 이상 종이나 주인은 존재하지 않게 된 것이다. 기독교인으로 노예는 노예가 될 수 없고 주인은 더 이상 주인으로 있을 수 없는 것이다.

바울은 당시 로마제국 지배하의 사회에 살면서 당시 사회로서는 노예에 대해 생각하지 못한 원리들을 주장한 셈이다. 당시의 스토아 철학자들보다도 훨씬 깊고도 근본적인 면에서 노예에 대해 언급했다. 즉 주인도 노예도 하나님 앞에서는 평등하며 그리스도 안에는 종과 자유인의 구별이 없다는 것이다(갈 3:28, 골 3:11).

나아가 노예나 자유자나 성령 안에서 한 몸이 되었다고까지 표현했다(고전 12:13). 특히 주인들에게 대해서는 그들 위에 하나님이 계심을 의식하고 노예를 학대하지 말고 의(義)와 공평으로 대해야 한다고 명하였

---

37. 변우찬, "노예제도," 『한국가톨릭대사전』 제3권, (한국교회사연구소, 1995), 1397-1398.

다(엡 6:9, 골 4:1).

성경학자 렌스키(R. C. H. Lenski) 교수는 빌레몬서 주석에서 다음과 같이 말하고 있다.

> 빌레몬서에서 우리는 종을 금하는 외적인 법을 찾아보는 것이 아니고 자동적으로 종의 불가능성을 자각하고 그러한 마음을 갖도록 촉구하는 사랑의 복음 정신을 찾아볼 수 있다.[38]

빌레몬은 부유한 상류층의 사람으로 바울의 전도로 회심하였다. 오네시모는 빌레몬에게 속하여 있던 노예였는데 로마로 도주하였다. 그는 로마에서 바울을 만나 회심하였을 뿐만 아니라 바울의 심복이 되어 옥중의 바울에게 많은 위로와 도움을 주었을 것이다.

그의 봉사는 바울에게 유용하고 고마운 일이었으나 도주한 노예를 그 주인의 허락 없이 봉사하게 할 수는 없었다. 그래서 오네시모를 위해 그 주인인 빌레몬에게 용서를 구하여 그를 주 안에 있는 형제로서 맞아 줄 것을 청원한 편지인 빌레몬서를 쓴 것이다.

그러므로 성경학자 케이브(S. Cave) 교수는 "노예제도에 관한 바울의 교훈은 그리스도교 인간관과는 근본적으로 배치되는 사회질서 안에서도 기독교인으로서의 생활을 할 수 있다고 하는 가능성에 대한 불멸의 증거가 된다"[39]고 말하면서 노예에 대한 바울의 자세를 높이 평가하고 있다.

---

38. R. C. H. 렌스키(R. C. H. Lenski), 『디모데 전후서, 디도서, 빌레몬서』, 장병일 역 (서울: 백합출판사, 1976), 441.
39. S. 케이브(S. Cave), 『신약성서와 윤리문제』, 현영학 역 (서울: 대한기독교서회, 1960), 228.

이렇듯 바울 사도의 사회개혁적 성격을 발견할 수 있음에도 불구하고 분명한 것은 그가 사회적으로 노예제도를 폐지하자고 주장하지 못했다는 점이다. 빌레몬에게 요구했던 그의 형제애적 자세는 단지 도덕적이고 종교적 결단을 요구한 것으로 이해할 수 있을 것이다.

왜냐하면 사도 바울이 빌레몬과 자기 자신을 기독교인으로 다시 태어난 오네시모와 동일시하고자 노력했던 목적 때문이다. 그것은 바로 바울 사도가 자신이 그렇게 함으로써 빌레몬에게 인간 상호 간의 영역에서 복음이 모든 사회적 한계를 초월하여 작용한다는 것을 예증적으로 보여주고자 했던 것이다.

일설에 의하면 AD 130년경 안디옥 교회의 감독이었던 이그나티우스(Ignatius)는 체포되어 로마로 이송되던 중 서머나(Smyrna)에서 에베소 교회에 편지를 보낼 때 다음과 같이 언급한 바 있다. 그는 뛰어난 감독 오네시모를 높게 평가하였다.

> 나는 자비심이 깊은 오네시모를 만났습니다. 그것은 하나님의 이름으로 에베소 교회 전체를 본 것이나 다름이 없습니다. 여러분들이 예수 그리스도의 이름으로 오네시모를 사랑하고 모두가 그를 본받기를 원합니다. 여러분에게 적합한 감독을 선물로 주신 분에게 축복이 있기를 바랍니다.[40]

사도 바울은 "예수 그리스도의 종말론적 메시지의 지평"[41]에 살아

---

40. G. Neran, *The Epistle of Ignatius in Antioch*. Edited by T.W. Crafer. (New York: The Macmillan Co., 1945), 41.
41. 김수연, "글로컬 시대의 세계시민주의: 바울의 종말론적 공동체 사상을 중심으로." 「신학논단」 제111집 (연세대학교, 2023), 21.

214   초기 기독교의 세계

갔던 사람이었다. 예수 그리스도의 종말론적 메시지의 지평 속에서 예수 그리스도의 메시지는 강력한 묵시적 견해를 가지고 있음이 전제된다. 이는 하나님의 나라 및 하나님의 통치가 예수 그리스도의 활동 가운데 실재하고 있음을 나타낸다.

이러한 상황 속에 반복되지 않는 하나님의 초대에 직면한 사람들은 반드시 결정을 내려야만 했다. 전통 속에서 예수께서는 종말의 시간을 명확하게 설명하고 있지 않으셨다. 비록 우리는 정확한 그의 시간은 알 수 없었을지라도 우리에게 주어지는 확실한 하나는 곧 종말(終末)이 다가온다는 사실이었다.

바울 역시 종말에 대한 같은 관점을 가지고 있었다. 즉 그리스도의 죽음과 부활이 시대의 변화를 결정지었다는 사실이었다. 이러한 바울의 강력한 묵시 사상은 사회구조 개혁에 대한 관심을 저하시킨다. 예수께서 곧 오시리라는 관점 속에서는 그 누구도 장기간의 사회 계획을 조장하기 힘들다. 바울 역시 마찬가지였다.

물론 복음의 선포를 방해하는 사회구조는 제거되어야만 한다. 하지만 그리스도께서 다시 오신다는 확신은 복음의 가치를 나타내지 않는 다른 구조들이 오히려 그리스도가 전파되기 위해 무시될 수 있다면 지속되도록 용인될 수 있다. 왜냐하면 그러한 상황은 오래가지 못하기 때문이다.[42]

이렇게 바울의 주된 관심이 사회제도의 변화가 아닌 복음을 선포하는 것이었다는 사실은 신학자 라우프(F. Larlaub) 교수의 진술을 통해서도 드러난다. 라우프 교수는 이에 대해 "그의 관심은 오로지 기존의 사회

---

42. 레미몬드 E. 브라운, 「신약개론」, 김근수 · 이은순 역 (서울: 기독교문서선교회, 2009), 719.

문제를 제도의 틀 안에서 부르심을 현실화시키고 신자가 됨으로써 생겨나는 새로운 상황을 이룩하는 것이다."[43]

이는 바울에게 있어서 기독교인의 조건에서 사회적으로 노예의 상태에 있음이 중요하지 않음을 나타내는 것이다. 왜냐하면 그리스도 예수 안에서 '하나'가 되었기 때문이다(갈 3:27-28).

분명히 사회적 차원에서 노예들은 자유를 얻기 위해 힘쓸 것이다. 그렇지만 만일 사람이 부르심을 받을 때 종이고 육체적 자유를 얻을 수 없다고 해도 그러한 상태는 본질적으로 중요성을 가지지 않는 것이다.

이렇듯 바울은 일반 사회적 차원에서 고대의 노예제도에 대항하려고 시도한 적이 없다. 그에게 그럴만한 가능성이 있었을 리도 없었으려니와 그런 언쟁을 하는 의도는 없었을 것이다.

대신 그에게 결정적으로 중요한 관심사는 공동체였다. 하나님의 공동체가 진정한 그 이름으로 모인 그곳, 이 세상 마지막 날 하나님 백성으로 표출되는 그곳에서는 노예와 자유인이라는 차별이 더 이상 아무 구실도 하지 못하는 것이기 때문이다. 진정한 하나님의 공동체에서는 누구나 똑같이 하나님의 자녀이다.

사도 베드로의 노예관

베드로는 그의 서신인 베드로전서 2장 18-25절에서 노예의 의무에 대해 논하고 있다. 여기에서는 사환(使喚)이라는 용어를 쓰고 있으나 이

---

43. F. 라우프, 98.

사환의 원어인 오이케테스(οἰκέτης)는 '가정 관리인'이란 뜻이 있는 말인데 그들은 대체로 노예에 속했다.[44]

베드로는 교회 안의 노예들에게 "종들이여, 여러분은 모든 일에 두려워함으로 주인에게 복종하십시오. 선하고 너그러운 사람들뿐 아니라 까다로운 사람들에게도 그렇게 하십시오"(벧전 2:18)라고 교훈을 주고 나아가 애매하게 고난을 받아도 참으라고 권고하고 있다.

바울은 주인과 종에게 각각 교훈을 주고 있지만 베드로는 전적으로 종에게만 교훈하고 있고 주인에 대한 호소나 경고는 찾아볼 수 없다. 그것은 베드로가 서신을 보낸 교회들에는 노예 주인이 거의 없을 것이라고 생각할 수도 있고, 또 있다고 해도 그들의 위치가 긴급한 문제성을 띠지 않은 점도 있을 것이다.

당시 교회에 밀려온 종들 가운데에는 주 안에서 주인과 종의 구별이 없다고 믿고 주인에게 불손하며 불복함으로써 교회 박해의 구실도 줄 수 있었다. 그러므로 베드로는 여기서 그리스도의 고난을 들어 종들이 모든 주인에게 순복할 것을 권하고 있다.

베드로도 노예제도 자체에 대한 논의 없이 현존하는 제도 내에서의 기독교인 노예들의 적응만을 교훈한 것으로 볼 수 있다.

노예제도(Slavery)가 신앙적으로나 사회적으로 올바르지 못한 제도이었으나 성경에서는 노예제도 자체가 부당한 것이니 노예제도 자체에 항거하여 인간이 누려야 할 권리를 찾으라고 노예제도를 충동한 말씀은 있지 않다.

---

44. 헌터(Hunter), 『베드로전서』, 김철손 역, 유형기 편, 『성서주해』, IVP (서울: 감리회총리원 출판부, 1968), 1012.

왜냐하면 만일 노예들이 그렇게 항거했다고 한다면 아무런 보장을
받을 수 없었던 그들에게 무참한 희생만 있었을 것이다. 그런 미묘한
감정을 갖고 있었던 노예들에게 베드로는 본문을 통해서 노예제도가
있는 이 세상이 끝나면 노예제도가 없는 평등의 새로운 나라가 있으므
로 그 좋은 나라를 소망하면서 주인들에게 순복하도록 권하고 있는 것
이다.

고대 로마 사회의 노예제와 기독교에 관한 연구를 수행한 신학자
이대섭 교수는 노예에 대한 신약성경의 교훈을 전체적으로 고찰한 결
과, 다음과 같은 결론을 내리고 있음에 유의할 필요가 있다.

> 노예에 대한 신약성경의 교훈을 전체적으로 정리하면 당시 주어진 역사
> 적인 여건으로 아직 노예제도 자체에 대하여 반대하지는 않았지만 이미
> 구속받은 형제로서 주인과 노예의 구별을 인정하지 않았기 때문에 교회
> 안에서는 로마 사회에서와 같은 고전적 노예제는 이미 소멸되었다고 볼
> 수 있다.[45]

3. 노예제에 대한 초기 기독교의 대처

교회와 노예

처음 몇 세기 동안 초기 기독교 공동체의 구성원은 주로 로마제국

---

45. 이대섭, "고대 로마 사회의 노예제도와 기독교에 관한 연구." 「신학과 선교」 제9권 (서울신학대학
교, 1984), 125.

에서 혜택을 받지 못한 사람들로 노예, 노예 신분에서 해방된 사람들, 하층계급의 자유민들, 다양한 국적을 가진 비(非)로마 사람들에서 나왔다.[46]

그러나 교회 내에서는 이들 노예나 자유인, 하층민이나 부유한 사람의 구별이 없었다. 교회의 중요한 성례전인 세례나 성만찬을 베풀며 노예도 그 주인과 평등하게 참여했고 주인과 같은 인격의 소유자로 대우받았다.

그러나 노예제의 측면에서 볼 때 초대교회는 이에 대하여 도전해 본 일도 없고 노예제에 대한 로마의 태도에 변화를 초래하기 위하여 어떠한 영향력도 행사한 일이 없었다. 이 문제에 대해 기독교 작가 노만 J. 불(Norman, J. Bull) 박사는 당시 로마제국 내에 극소수였던 초기 기독교가 제도로서의 노예제(Slavery)를 공격할 입장에 있지 않았다고 주장한다.[47]

보편적 세계주의 이념을 도덕률로 하는 초기 기독교 교리는 가난한 자와 비천한 자, 그리고 억눌린 자에게 자선을 베풀 것을 요구하면서도 제국 초기에 만연하고 있었던 사악한 노예제 자체에 대해 냉담한 태도를 보였을 뿐만 아니라, 세속의 일체 제도와 기구까지도 모두 하나님의 창조적 의지에 기초한 것으로 보아 그 대립을 문제 삼지 않는 모순성을 드러내고 있다.

제국 초기에 기독교 신자와 교회에 박해가 날로 심화되기 시작하

---

46. 존 G. 게글(John G. Gager), 「초기 기독교형성과정 연구」, 김쾌상 역 (서울: 대한기독교출판사, 1989), 164.

47. Norman J. Bull, *The Rise of the Church*, (London: Heinemann, 1967), 128.

자 교회는 국가의 정치기구와 민법 및 사회제도에 대해 어떠한 영향력도 작용할 수가 없었다. 교회는 물리적인 힘으로 또는 돌변적인 혁명으로써 제국에 대처할 수도 없었으며, 또 그렇게 하려고 생각하지도 않았다. 복음의 말씀에 따라 그리스도의 구원과 주님의 빠른 도래(到來)만을 열망했을 뿐이다.[48]

그리하여 초기 교회는 세속의 자유라든가 행복은 문제시하지 않았다. 초기 교회가 지난 세계관과 가치관은 그리스도의 재림에 대한 확신으로 세속에서의 신분과 조건이야 어떠하든 세속사에 있어 직분과 책임을 다하는 것을 본문으로 생각했다(딤전 6:1-2).

테르툴리아누스도 죄의 굴레에서부터 영혼의 해방이 도달하지 못한 세속의 자유란 무가치한 것이라고 말했다. 그러나 그렇다고 해서 콘스탄티누스 대제 이전의 초기 교회는 노예의 지적·도덕적 조건의 향상은 물론이고 노예와 주인 사이에 상존하고 있는 본질적인 계급의식을 타파하여 노예제 폐지와 아울러 이교 세계의 노예해방에 사상적 기반을 형성하는 데 지대한 영향력에 작용했다는 사실을 간과해서는 안 된다.

특히 교회가 노예들에게 그들의 주인에 항거하고 반란을 일으키도록 고무했던 것은 거의 운명적인 것이었지만, 그 결과는 단지 내란이라든가 대량 학살이라든가, 교회에 대한 전적인 불신을 유발시킬 뿐이었다.

그래서 사도 바울은 기독교인 노예들은 자기 주인을 대할 때 깊이

---

48. 조남진, "초기 기독교의 노예관—AD 1-4세기를 중심으로," 「역사와 담론」 제8·9합집 (호서사학회, 1980), 178-191.

초기 기독교의 세계

존경하며 섬겨야 할 자로 여겨야만 하며 그래야 하나님이 모독을 당하지 않으실 것이고 우리 교회가 비방을 받지 않을 것이라 하였던 것이다.

특히, 같은 기독교인의 주인을 섬기는 노예는 주인이 교우(敎友)라고 해서 소홀히 여기지 말고 더 잘 섬길 것을 충고하고 있다.

결과적으로 기독교인 노예의 의무는 선량한 노예가 되는 일이다. 만일 노예가 불충하고 불손하면 그것은 당시 교회를 비판하는 무기를 공급하게 될 뿐이다. 교회는 충직한 기독교인 노예를 통해서 제국이 기독교의 본질을 올바르게 인식할 수 있도록 훌륭한 봉사만을 요구했던 것이다.[49]

이렇게 초기 기독교는 인간과 하나님 사이에 계급과 신분을 초월한 이른바 노예제나 정치적 전제주의를 현실적인 자연 질서로서 인정했다. 이 슬픈 초기 기독교의 이중구조적 논리는 신학자들의 신학적인 본질적 해석과 의미야 어떻든 역사학의 보편적 인간학으로 볼 때는 이율배반감(二律背反感)을 갖지 않을 수가 없다.

더욱이 바울이 고린도 교회 신자들에게 보내는 첫 서한에서 명시된 바와 같이 "여러분은 각각 부르심을 받았을 때의 상태를 그대로 유지하면서 하나님과 함께 살아가십시오"라고 하였는데, 이 명제는 노예제에 대한 인정이라고 하는 사실 이전에 기독교의 신학적인 필연적 의미를 부여하고 있는 듯하다.

예수께서는 통치자들이 백성을 힘(power)으로 지배하고 지배계층은 권력으로 억압한다고 비난하면서 통치자는 남을 섬기는 사람이 되어

---

49. Jeffers, J. S., 227.

야 하며, 으뜸이 되고자 하는 사람은 종이 되어야 한다고 설파한다. 그리고 인간은 섬김을 받으러 온 것이 아니라 섬기러 왔다고 했다(막 10:43, 마 20:26).

교회사가인 필립 샤프(Philip Schaff) 박사는 당시의 시대적인 여건에서 초기 기독교의 노예제에 대한 입장을 이해하고 있다.[50] 즉 당시 엄청난 노예의 숫자를 생각할 때 노예해방의 경우를 제외하고는 노예제도 자체의 폐지를 전혀 생각할 수 없었다는 것이다. 시대가 그와 같은 조치를 취할 수 있도록 성숙되지 못했다는 것이다.

또한 당시 박해 중에 있는 교회로서는 국가의 기구나 입법에 전혀 영향을 줄 수도 없었다는 것이다. 그리고 당시 교회는 초월적인 것에 주로 관심을 기울였고 주(主)의 재림을 앙망하고 있었기 때문에 지상의 자유나 세속적 행복에 대해서는 별로 관심을 기울이지 않았다고 볼 수 있다.

『디다케』(Διδαχή)와 『바나바 서신』(Βαρνάβα Επιστολή)에서는 "같은 하나님을 섬기는 너희 남종이나 여종에게 심하게 명령을 하지 말아라, 그렇지 않으면 그들은 더 이상 하나님을 두려워하지 않을지도 모른다. 주께서는 계급에 따라 사람들을 부르러 오시지 않고 성령이 준비시킨 사람들을 부르러 오신 것이다"[51]라고 교훈하고 있다.

사도 교부 이그나티우스(Ignatius)도 교부 폴리카르포스(Polycarpus)에게 보낸 서신에서 하나님의 영광을 위하여 또 하나님으로부터 더 고차적

---

50. Philip Schaff, *History of the Christian Church*, Vol. II, (Grand Rapids: Wm. B. Eerdmans Publisher Co. 1959), 349–352.

51. Cecil J. Cadoux, *The Early Church and the World*. (Edinburgh: T. & T. Clark, 1955), 200.

인 자유를 얻기 위하여 더 열심히 봉사하라고 종들에게 권면하고 있다.

사학자 오스카 쿨만(Oscar Cullmann) 교수는 그의 저서 『초대교회』(*The Early Church*, 2012)에서 다음과 같이 전혀 다른 견해를 피력하고 있다.

> 초기 기독교인들은 불의한 외부적 사회구조를 공격함으로 출발하지 않았다. 초대 교인들은 현존하는 사회제도를 없애거나 개혁하는 것보다는 존재하는 사회의 틀 안에서 그들의 모든 형제들에 대한 온전한 사랑을 통하여 시작하려 했다. 이러한 방법으로 그들은 세상의 사회적 제도와 더불어 새로운 공동체인 교회를 창설하였다. 그들은 기독교인 형제들이 진정으로 다른 이들에 대한 이러한 사랑을 가질 때 노예제는 자연적으로 교회 밖에서도 소멸할 것이라고 믿었다.[52]

사실 초기 기독교 교회에서는 가끔 노예해방을 위한 기금을 할당하였고 어떤 교회에서는 노예해방 특별예배를 드리기도 하였다.

2세기에 들어와서는 교회 내에도 노예를 소유한 교인도 많아졌고 때로는 수많은 노예를 소유한 신자도 있었다. 이들 중에서 기독교의 사랑의 정신에 자극받아 노예들을 해방시키는 사람도 때때로 나타났다.

로마의 고관이었던 헤르마스(Hermas)는 로마 주교 알렉산더(Alexander)를 통하여 그리스도를 믿게 되고 부활절에 그의 가족과 1,250명의 노예와 함께 세례를 받았는데 이때 그의 노예 전부를 해방시키고 선물도 후하게 주었다.

3세기 전반기는 로마황제위(位)를 둘러싼 쟁탈전이 심했고 정치는 혼란해져 로마의 국력은 약화되었으나 기독교에 대한 국가적인 박해

---

52. Oscar Cullmann, *The Early Church*. (London: SCM Press, 2012), 200.

는 완화되어 기독교 신자가 증가되었다.

250년에 데시우스(Decius) 황제가 조직적인 기독교 박해를 시작했으나 그 이듬해 사망했고 그를 이은 황제들도 박해를 계속했으나 260년 갈리에누스(Gallienus) 황제가 들어서면서 기독교에 대한 완화정책을 써서 그 이후 4세기 초까지 40여 년간 별다른 박해가 없어 예배당이 각처에 건립되고 신자로서 정부의 관리나 군(軍)의 장교, 시의회의 의원이 되는 사람도 적지 않았다.

이 3세기 중에는 로마제국의 노예제도 많이 개선되었고 해방 노예의 사회적 활동도 두드러졌다. 기독교 내에서도 노예 출신인 칼리스투스(Callistus)가 이 시기에 로마 주교에까지 오르게 되었다.

즉 그는 217년 제피리누스(Zephyrinus) 주교를 이어 로마 주교가 되고 사회계급의 문제에 관심을 기울여 로마법으로 금지된 자유민 여성과, 즉 노예 남성 간의 결혼을 인정하기도 했다.

알렉산드리아의 교부 클레멘트(Clement)는 노예제 자체는 정죄하지 않았지만, 노예도 우리와 같은 사람이라고 때때로 강조하였다. 그리고 그는 결혼한 이들은 집안에서 노예가 보는 데서는 그의 아내에게 키스하지 않도록 권고하였다.

기독교 수사학자였던 락탄티우스는 하나님 안에서 노예와 주인의 구별은 없다고 말했다. 왜냐하면 사람은 모두 한 아버지의 자녀이기 때문에 동일한 권리로 자유롭다는 것이다.

그리고 3세기 이래 노예해방은 성직자와 회중들 앞에서 행해지는 신성한 행위가 되었다. 그것은 교회 축제 시에 특히 부활절 때 행해졌는데 주인은 종을 제단으로 데리고 가서 해방문서를 낭독했고 성직자는 축복을 하고 회중은 동일한 권리와 특권을 가진 자유인 형제로 그들을 받아들였다.

디오클레티안(Diocletian) 황제(285–305년) 때 부유한 로마의 고관(高官)인 크로마티우스(Chromatius)는 기독교를 믿고 1,400명의 노예와 함께 세례를 받은 후, 그 노예들을 해방시켜 주었다.

316년과 323년에 걸쳐 콘스탄티누스 대제에 의해 발포된 칙령에 의해서 기독교 여러 공동체는 교회에 있는 노예들을 해방시킬 수 있는 권한을 부여받았으며 교회는 노예해방(Manumissio in Ecclesia)을 행하는 기구로써 확립해 갔다.[53]

특히 기독교가 합법적인 종교로서 인정받은 시기에 교회는 지난날 그리스 · 로마의 이교 사원과 유대인의 교회에서 오랫동안 노예해방의 특권을 행사했던 것처럼 노예들을 해방시킬 수 있는 권리를 부여받았다.

이제 새로이 공인된 종교로써 기독교의 노예해방, 특히 교회에서의 노예들에 대한 해방선언은 콘스탄티누스 이후에서야 서서히 실현되어 간 것으로 추측된다. 콘스탄티누스는 기독교인들의 면전에서 노예해방을 인정했으며 교회에서 해방된 자들은 로마 시민으로서 완전한 권리를 누릴 수가 있었다.

성직자들은 그들 마음대로 노예들에게 완전한 자유를 줄 수 있었던 것이다. 황제는 교회에서 해방된 자들과 그 후에 기독교로 개종한 자들

---

53. Albert, Harrill, J., "Manumissio in ecclesia." *Brill Encyclopedia of Early Christianity Online*. Edited by David G. Hunter, Paul J.J. van Geest, and Bert Jan Lietaert Peer bolte. Consulted online on 11 January 2024.

에게 완전한 시민권과 라틴적 권리를 누릴 수 있도록 승인하였다.[54]

교회는 처음에 노예제 자체를 하나님의 의지에 의해 제정된 현실에서 실재하는 사업으로 세속사의 중요한 부면으로 보았지만, 구조적인 면에 있어 사회구성에 도덕적 취약성을 인정했다.

콘스탄티누스 대제는 4세기 아프리카 종교회의에서 황제들에게 교회에서 노예를 해방시킨 관례를 따르도록 촉구하였다. 초기 기독교회는 피억압자들과 도망 노예들의 은신처가 되었다.

특히 399년 이전에 개최된 카르타고지역 종교회의에서는 두 주교를 호노리우스 황제에게 사절로 보내어 죄를 범한 자가 교회에 은신처를 구할 경우, 그를 보호해 주도록 하는 칙령을 발하도록 촉구했다.

교회에서나 수도원에 노예들의 해방은 같은 그리스도의 형제라는 의미의 표현이었지 반드시 세속에서 쓴 노예의 굴레를 벗는다는 의미는 아니다. 세속에서의 신분과 지위가 어떻게 되었든 간 교회에서는 하나님의 한 형제라는 것이다.

특히 도망한 노예를 교회나 수도원에서 받아들였다는 것은 국가에 대해 적대적인 행위로 간주되었던 당시에 노예들에게 교회나 수도원 생활을 할 수 있도록 받아들여졌다는 사실은 주목할 만한 일이라 할 수 있다.

제국 초기 3세기 동안은 전통적으로 노예의 본질을 재산으로 간주하였으나 유스티니아누스 황제 치하에서 이에 반대 이론이 제기되어 왔다. 노예들이 우대되어야 한다는 명령은 그들이 인격적 실존의 가치가 있어서가 아니라 노동자로서, 또 국가의 훌륭한 재산의 속성이기 때

---

54. J. S. Jeffers, 231–235.

문이었다.

그러나 당시의 교회는 노예제의 전면적인 폐지는 요구하지 아니하고 오히려 노예제를 노예에 대한 기독교인의 친절한 우의(友誼)로 생각했다. 교회는 비천한 노예들에게 도덕적 자유와 평등의 이념을 부여하였으며, 특히 종교회의를 통하여 노예제 폐지의 내적 준비를 다져갔던 것이다.

강그라(Gangra) 종교회의에서는 신앙을 구실로 노예들에게 주인을 경시하도록 유혹하는 자는 모두 추방시킨다고 경고하였으며, 또 칼케돈(Chalcedon) 종교회의에서 채택된 교회법에서는 주인의 승낙 없이 수도원이 노예들에게 은신처를 제공하지 못하도록 했다.

398년 아르카디우스와 호노리우스의 법에서 남녀 노예들과 채무자, 지방의회의원 및 국가의 중대사에 종사하는 자들은 그들에게 부과된 일을 피하기 위해 의도적으로 교회에 들어가지 못하도록 규정하였다.

콘스탄티누스 대제 이후 교회와 세속과의 관계에서 교회는 노예소유권의 양도는 부동산(不動產)의 양도의 경우에서와 같이 그 보상이 이루어지는 경우에 한해서만 해방의 가능성을 보였던 것이다.

이상과 같이 교회의 제반 의식과 규율은 계급 차별을 무시하고 노예 출신도 성직자에까지 오를 수 있도록 규정하고 있다. 그렇다고 해서 그것이 곧 기독교적 형제애의 혁신을 의미하는 것은 아니다.

교부들의 노예와 노예제에 대한 견해

당시 유력한 기독교 지도자들의 노예에 관한 견해를 살펴보면 먼저 콘스탄티노플의 대주교였던 요한 크리소스톰은 노예제 문제를 바울의 정신에서 논한 교부로 점진적인 노예해방을 권고하였다.

암브로시우스는 노예가 그 성품에 있어 그의 주인보다 우월할 수 있으며 그 주인보다 진정한 의미에서 더 자유롭게 될 수 있다고 말했다. 아우구스티누스는 최소한 노예제가 사악한 것이라는 사실은 인정했으나 노예제를 아담이 범한 죄의 대가로 인류에게 주어진 것으로 보았다.

초기 기독교인들은 당시 여건에서 종교인으로 그 나름대로 여러 가지 면에서 생각하고 판단하여 노예에 대한 태도를 취한 것이라 볼 수 있다.

즉 그들은 오래전부터 존재해 온 외적인 제도를 혼란을 야기시키면서 폐지하는 것보다는 그 제도 안에서 주인이 노예를 해방하게 하거나 노예 신분은 그대로 유지하게 하면서 실질적으로 형제로서 인도적으로 대우할 것에 중점을 두었다고 볼 수 있다.

실제로 기독교의 영향하에 노예해방은 시대가 갈수록 더 흔하게 일어났다. 5세기의 고울 지방의 장로인 살비아누스(Salvianus)는 노예들이 날마다 해방되었다고 말하였다. 또 5세기 말 이전에 노예제는 당 시대의 사회적 경제적 이유와 기독교의 공헌으로 점점 쇠퇴되고 있었다.

그 이후 유스티니아누스(Justinian) 황제(527~567년) 치하에서 노예의 조건은 제도적으로 크게 개선되었다. 시민들에게 인정된 모든 특권이 해방된 노예에게도 주어졌다. 노예와 자유인의 결혼도 합법화되었다.

물론 주인의 허락이 조건으로 된 것이었지만 큰 진전이라고 볼 수 있다. 불구가 된 노예들에게는 자유가 주어졌고 수도원으로 도피해 온 노예들은 주인의 특별한 항의가 없는 한 3년 후에는 그리스도에게 속한 자로 간주되었다.

교부 그레고리우스의 노예제에 대한 견해

니사의 그레고리우스(Gregorius Nyssenus, 335?–395년)는 카파도키아 교회의 대표적 신학자이며 최후의 교부로 그 당시 노예제에 대해 매우 논리적으로 반박하고 있다. 교부학 전공인 하성수 교수는 그레고리우스의 노예제에 대한 견해를 그의 논문 『니사의 그레고리우스의 노예제도 이해』에서 매우 상세히 밝히고 있다.[55]

먼저 노예에 관한 신학적 이해를 보면 니사의 그레고리우스는 모든 인성이 하나님께서 창조하신 첫 번째 인간 안에 내재되어 있다고 가르친다. 곧 아담이라는 인물에게 어울리는 거북한 이미지는 보편적 인간인 전체 인류에게도 해당된다. 그레고리우스는 한 처음에 창조된 인간을 신적 실존의 모상(模像)으로 이해한다.

그레고리우스 교부는 하나님께서 인간을 당신의 모상(模像)으로 만들었기 때문에 인간은 신분이나 출생, 성(性)이나 이름에 어떤 차이가 없다는 것을 거듭 강조한다. 따라서 그는 낙원의 원상태(原狀態)에 인간

---

55. 하성수, "니사의 그레고리우스의 노예제도 이해." 「신학과 철학」 제16호 (서강대학교, 2010), 1–32.

은 어떤 욕구도 느끼지 않고, 예속되지 않았으며, 이성을 지닌 채 평등하게 함께 산다고 내세운다.

따라서 이 원상태에서는 노예 신분도 통치자도 고귀한 출신도 미천한 출신도 없고 어린이나 늙은이, 병과 허약함, 육체적 불행도 전쟁으로 말미암은 노예도 없다는 것이 분명하다. 하나님께서는 노예 신분을 만들지 않으셨고 신분의 차이도 바라시지 않으셨기 때문이다.

그레고리우스는 인간이 피조물 가운데 지적이고 이성적 존재로 창조되었으며, 하나님께서 모든 인간에게 차별 없이 이성과 사고력이라는 선물을 주셨다고 확신한다. 이 사상은 육체가 있는 본성인 인간이 육체가 없는 본성인 천사와 동등시되면서 기독교적으로 펼쳐진다.

교부 그레고리우스는 『코헬렛 넷째 강해』에서 노예 매매에 관한 실질적인 문제를 성서적·인간학적으로 상세하게 다룬다. 그는 인간을 사치스러운 집, 포도밭, 채소밭과 같은 물질적 자산보다 더 중요하게 여긴다.

더욱이 인간이 다른 인간을 사고팔거나 소유할 수 있다고 생각하는 것은 자만이라는 악습을 낳고 하나님께 공개적으로 반항하는 것이다. 그레고리우스는 노예를 매매하는 과정에서 일어나는 부정적 결과들을 제시하면서, 하나님께서 창조하신 인간의 자유로운 본성을 노예화하는 것을 심각한 악행, 곧 하나님의 계명에 직접 맞서고 하나님께서 세우신 자연법을 뒤집어엎고 새로운 법을 세우는 것으로 생각한다.

그레고리우스는 『코헬렛 넷째 강해』 마지막 단락에서 모든 인간의 보편적 평등성을 인상적인 인간학적 명제로 설명한다. 수사학적으로 몹시 빼어난 이 단락에는 스토아철학파의 사상이 반영되어 있다.

곧 주인은 노예와 전혀 다르지 않으며, 같은 종에 속한다. 그들은 같은 방식으로 태어나고 같은 감정을 느끼며, 고통과 기쁨, 용기와 두려움, 병과 죽음 등을 동일하게 느끼거나 겪으며, 같은 신성한 심판을 기다리고 같은 하늘과 같은 땅을 지니고 있다. 단지 명칭의 차이가 그들을 구분할 뿐이다.

그레고리우스 교부의 노예관에 대해서 교부학의 권위자이신 하성수 교수는 그레고리우스 교부는 교부들 가운데 유일하게, 하나님의 자연법을 어긋나는 노예 매매의 부당성을 알리는 중요한 논거를 제시하면서 기독교적 신념에 어울리는 기록을 남겼다고 평가한다.[56]

---

56. 위의 책.

제6장

로마제국의
황제숭배사상

●

1. 로마제국의 이데올로기, 황제숭배사상

　로마 황제숭배는 로마가 그 국가적 성경을 일개 국가에서 다종족
다국가를 포용한 제국으로 확대되는 과정에서 통치 이데올로기로서
등장하였다. 로마제국의 성립과 확장은 로마 사람의 군사적 우월성을
통해 가능했지만, 이를 효과적으로 유지하기 위해서는 군사적 무력만
으로는 불가능했으며 제국의 질서유지와 통제를 위한 새로운 통치 체
계가 요구되었다.[1]

　다양한 문화와 민족 및 정치체제를 포함한 새로운 성격의 체제인
로마 제정은 초월적인 신의 권능과 황제와의 결합을 의미하는 황제숭
배 의례(Imperial Cult)[2]에 의해 더욱 강화되었다.

　황제숭배는 단순히 무력에 의한 통치가 아닌 신적 권위와 결합한
통치 형태였으며 피지배 집단의 복종을 유인하고 그들에 대한 통치를

---

1. 조현미, "로마 황제숭배의 그리스적 전통과 전개 양상에 관한 검토." 「서양사론」 제72권 (한국서양
　사학회, 2002), 5-6.
2. 황제숭배(Imperial Cult, Emperor Cult). 컬트(Cult)란 용어는 예배, 제식 등으로 번역된다. 황제숭
　배 의례(Imperial cult)는 황제에 대한 경외심의 표현으로 제단에 향을 피우고 헌주(獻奏)하며 제
　사를 비롯하여 경기나 연회를 포함한 축제의 의미까지도 포괄한다.

정당화시키는 수단으로 작용하였다.

황제숭배의 기원은 인간을 신으로 숭배하는 그리스적 전통에 근거하여 헬레니즘 시기 이래 동방의 그리스 자치도시를 중심으로 발전한 지배자 숭배의 전통과 각 지역의 전통적 요소가 결합하여 나타난 독특한 숭배 의례에서 찾아진다.[3]

이 같은 정치 지배자에 대한 숭배 문제는 서양 고대 종교사에 관한 연구 중에서 20세기 이래로 현재까지 매우 활발히 연구되고 있는 분야로서, 특히 황제숭배는 로마의 정치, 종교사에서 중요한 부분을 차지한다.

황제숭배 관련 사료는 초기 기독교와 관련된 증거를 제외하면 대부분 비문헌적 자료이다. 즉 풍부하게 남아 있는 황제의 신전과 형상, 여러 도시에서 발행한 주화 그리고 비문 등을 통해 알 수 있는 고고학적 자료가 그 중심을 이루고 있다.

비문은 지방 귀족들의 직책이나 활동을 기념하기 위해 세워진 것이 많으며, 의례의 수립 동기와 의례의 진행 절차 및 희생제에 관한 세부 사항을 기록한 공식적인 규정이 단편적으로 남아 있다.

황제숭배의 증거는 시기적으로 로마제국의 300년간을 망라하고 있으나 의례에 대한 규정이 이루어진 제국의 초기에 많이 집중되어 있다.

이 주제가 오래전부터 역사가들의 관심 대상이 되었던 이유는 그것이 단순히 황제에게 바쳐진 숭배의 의미를 넘어서서 개방성과 포용성이 전제된 로마 국가 권력의 특성을 나타내고 있기 때문이다.

---

3. 조현미, "로마 황제숭배의 기원과 성립." 『로마제정사 연구』, (서울대학교, 2001), 369-398.

황제제의(皇帝祭儀)의 형성

통치자를 신적인 위치에 올리거나 아니면 더 나아가 신으로 숭배하는 것은 다소 차이점이 있다고 하더라도, 고대사회에서 그다지 낯선 일이 아니었다.[4] 원로원을 중심으로 한 공화정 체제가 강력했던 고대 로마 사회에서 한 사람의 통치자를 신으로 숭배하는 황제제의가 자리를 잡기까지는 아우구스투스가 중요한 역할을 담당하였다.

악티움 해전의 승리로 삼두정치체제를 종식시키고 단독 집권에 성공한 옥타비아누스(이후 '아우구스투스'로 불림)는 제1시민(Princeps)을 자처하고 점차 일인 지배체제를 정당화하는 권력 체계를 확립해 나간다.

그중에서 주목하려는 것은 아우구스투스가 헬라 세계에 만연하였던 지배자 숭배 관습[5]에 힘입어 지배자의 권한을 강화시키고 로마의 식민 통치를 효과적으로 수행할 수 있는 국가종교(황제제의)를 로마제국에 확립한 것이다.

아우구스투스가 창설한 국가종교는 황제 개인을 신격화하여 숭배하는 형태로 시작되지는 않는다. 로마의 시민들은 공화정이라는 정치체제에 익숙해 있었기 때문에 특정 개인의 일인 통치, 더 나아가 그 통치자의 신격화를 쉽게 받아들일 수 없었다.

아우구스투스 자신도 이러한 성향을 잘 알고 있었기 때문에 '국가종교'를 통한 자신의 통치권 강화전략은 매우 조심스럽고 우회적인 방

---

4. H. Frank, *Kingship and the Gods*. (Chicago: The University of Chicago Press, 1978), 67.

5. E. Ferguson, *Background of Early Christianity*. (Grand Rapids: W. B. Eerdman Publishing Company, 1993), 186−188.

초기 기독교의 세계

식으로 진행되었다. 따라서 황제숭배는 처음에는 한편으로는 로마 전통 종교의 가족신(家族神), 조상신(祖上神) 숭배와 결합되기 시작한다.

현재 집권 중인 황제에 대한 경의가 도시 로마의 통치라는 정치적인 측면과 전통 신앙이라는 종교적인 측면 모두에서 표현되는 길을 마련하였던 것이다.

로마의 황제숭배의 배경

제국에 대한 충성을 강조하는 황제숭배는 1세기 후반에 이르러선 로마 국가종교의 핵심이 되었다. 종교와 국가가 분리되기 전이라 로마의 신들에 대한 충성은 로마 자체에 대한 충성으로 간주되었다. 황제숭배는 아우구스투스 황제 시대(27 B.C.–A.D. 14년)부터 국가종교의 하나가 되었는데 곧바로 황제에 대한 충성이 제국에 대한 충성을 시험하는 기준이 되었다.

황제숭배는 원래 동방의 헬라 왕국 고유의 지도자 숭배 제도에서 발단된 것이다. 그리스인들에게는 신과 인간의 구별이 모호했다. 그리스 도시의 시민들은 자기들에게 베푼 축복에 감사하기 위해 왕을 숭상했다. 다분히 아첨하는 문구인 '구원자'(savior) 또는 '은인'(benefactor)이라는 호칭으로 불렸고 왕은 마치 축복을 나눠 주는 힘을 가진 신(神)처럼 여겨졌다.[6]

아우구스투스도 황제는 재임기간 중에 뛰어난 업적을 쌓아 황제숭

---

6. Peter Garnsey and Richard Saller, *The Roman Empire: Economy, Society, and Culture.* (Berkeley: University of California Press, 1987), 163.

배의 기초를 놓았다. 수십 년간 계속된 내전을 종식시켜 모든 주(州)에 안전과 풍요를 가져다주었다. 동부의 주들은 그를 구원자로 경배했고 신에 버금가는 찬사를 돌렸다.

심지어 로마에서도 그에게 아주 특별한 칭송을 올렸다. 원로원은 BC 27년에 옥타비아누스에게 "exalted"('숭고한, 경외할 만한')라는 뜻의 "Augustus"라는 이름을 붙여주었고 인간(mortal)[7]보다는 높고 신보다는 모자라는 신분을 부여했다.

이런 배경들이 요한계시록 해석의 좋은 근거가 된다. 요한 사도는 1세기의 아시아에 있는 교회들을 대상으로 계시록을 기록했다. 황제숭배는 필연적으로 로마의 지방 관리들과 황제에게 경배를 드릴 수 없었던 기독교인들이 충돌하는 시발점이 되었다. 흥미롭게도 계시록에 언급된 일곱 교회 중 세 개의 도시(버가모, 에베소, 서머나)에 황제숭배를 위한 신전이 있었다.

로마제국에 충성했던 아시아가 1세기 말 무렵에는 주로, 아마 전적으로, 황제에게만 경배를 드리게 되었다. 제국의 머리인 황제는 로마 전체를 대표했고 또 모든 물질적·영적 축복의 근원이었다. 황제숭배는 권력구조에 통일성과 위계질서를 갖추게 했다.

자연히 그들은 황제를 경배하지 않을 경우, 엄청난 훼방과 핍박이 닥칠 것이라고 예감했다. 로마의 저술가이자 학자인 가이우스 플리니우스 세쿤두스(Gaius Plinius Secundus)의 서신[8]에 의하면 로마 관리들은 기독

---

7. '죽음을 피할 수 없음'을 의미하며, 그 결과 '인간의, 인간에 관한'으로 사용된다.

8. Jerry Stannard, "Pliny the Elder—Roman scholar," *The New Encyclopædia Britannica*, Vol.14 (15ed, 1977), 572.

교인들이 죽이겠다는 협박에도 로마 황제와 신들에게 경배하지도 또 그리스도를 저주하지도 않을 것이라는 사실을 잘 알고 있었다고 한다.

로마의 황제숭배의 이데올로기

황제숭배를 로마제국의 절대적인 권위를 세워주는 정치적 이론을 제공한 이데올로기로 활용되었다고 사학자 김상엽 교수는 그의 "황제 숭배와 아우구스투스의 지위"[9]에 관한 연구에서 다음과 같은 말로 시작한다.

> 아우구스투스는 약 100년 동안 지속된 내란을 평정하고 프린키파투스라는 새로운 체제를 확립시켰다. 그동안 내란으로 지친 로마 시민은 평화와 안정을 가져다준 이 체제를 수용했고 아우구스투스의 권력 집중을 용인했다. 아우구스투스의 카리스마적인 권위는 이를 뒷받침해 줄 만한 토대를 필요로 했는데 이러한 문제를 해결해 준 것이 황제숭배였다.

로마제국의 황제숭배는 중앙정부가 속주(屬州)의 충성심을 확보하기 위해서 사용한 정치적 수단이었을 뿐만 아니라, 지역공동체의 유대감을 형성하고, 속주나 도시 내 계층 간의 권력관계를 정립하는 데 중요한 역할을 담당한 문화현상이었다.[10]

공화정 말부터 활발하게 전개된 식민지 건설로 외부에서 이주해 온

---

9. 김상엽, "황제숭배와 아우구스투스의 지위." 「한국고대사연구」 제19권 (한국서양고대역사문화학회, 2006), 65.
10. 이지은, "로마제정 초기의 황제숭배." 「서양고대사연구」 제25권 (한국서양고대역사문화학회, 2009), 239.

로마 시민과 토착 주민 사이의 구분이 비교적 분명하던 제정 초기에는 속주 공동체 내부에서 시민과 비시민 공동체를 구분하는 데 황제숭배가 기여한 경우를 찾아볼 수 있다.

즉 아우구스투스 시대에 갈리아(Gallia)와 브리탄니아(Britannia) 그리고 베스파시아누스(Vespasianus) 시대에 갈리아 나르보넨시스(Gallia Narbonensis), 아프리카(Africa), 루시타니아(Lusitania) 등지에서 속주 회의와 황제숭배가 조직되었다.

예컨대, 아시아 속주와 비티니아 속주에서 로마 시민과 비시민이 숭배하는 대상을 달리한 BC 29년 아우구스투스의 결정이 그 대표적인 경우이다.

또 한 예로 팜필리아의 아탈레이아(Attaleia) 주민들이 확립한 여신 로마르케게티스(Romarchegetis)의 숭배 의식을 들 수 있다. '아르케게티스'는 주로 그리스 식민도시에서 창립자에게 주어진 형용사로서 여신 로마에게 이 형용사를 붙인 것은 아탈레이아가 아우구스투스 시대에 로마 시민의 정착으로 건설된 식민시(植民市)였음을 반영한다.

그리고 여신 로마가 건국 신으로 숭배된 것은 전체 인구 중에서도 로마 시민들에 의해서 숭배 의식이 발의되었다는 것을 증명한다.

이를 보충하는 증거로서 로마 여신 숭배의 초기 사제들의 이름을 보면 이민자들이 많았다는 점을 들 수 있다. 로마 시민들에 의한 숭배 의식의 정립은 이민자들이 그리스 문화가 지배적인 곳에서 로마 사람으로서의 정체성을 부각시키려는 방법의 하나였음을 알 수 있다.

시간이 흐르면서 시민과 비시민 공동체의 구분을 강조하기보다는 황제숭배를 통해서 도시공동체가 통합되고 공동의 구심점을 찾아가고 있는 과정을 볼 수 있다. BC 5-4년 피시디아(Pisidia) 지역의 밀리아스인들, 그곳에서 경제활동을 하고 있는 로마 사람들, 그 지역에 거주하고 있는 트라키아인들이 함께 여신 로마와 아우구스투스에게 바치는 커다란 제단을 봉헌하였다.

제단설립을 제안한 것은 아마 로마 사람들이었을 가능성이 크지만, 세 집단에 속한 자들이 황제숭배 의례라는 활동을 통해서 새로운 정치적 상황에 공동으로 대응하고 서로 간의 관계를 정립하는 기회를 마련하였다고 할 수 있다.

또 하나의 예는 갈리아 속주에서 찾을 수 있다. 11년, 나르보(Narbo) 시(市)의 포룸에 누멘 아우구스트(Numen August)를 숭배하는 제단이 세워졌고, 숭배 의식과 관련된 세부 사항이 제단의 앞면에 기록되어 있다.

이 비문(碑文)에 따르면, 매년 아우구스투스 황제의 탄생일과 다른 기념일에 로마 기사 계급, 나르보 민회에 속한 자, 해방 노예들 중에서 각각 세 명이 선발되어 동물 희생제를 거행하고, 식민도시민들과 거주 외국인들에게 자비로 향과 술을 제공하도록 규정되었다.

서로 다른 계층에 속한 아홉 명의 나르보 시의 주민들이 제단 앞에서 숭배 의식을 행하고, 식민도시민들뿐만 아니라 외국인들도 동등하게 의례에 참여하고 혜택을 받았다.

한 연설문에서 황제숭배의 신전과 경연회를 통해 '하나 됨'(commones)과 공동의 자부심을 느꼈다고 표현한 2세기 웅변가 아리스티데스(Aelius Aristides)를 통해서 실제로 황제숭배가 주민들에게 공동체로서 유대 의식을 형성할 기회를 제공했다는 사실을 확인할 수 있다.

로마 황제를 숭배하는 의식이나 상징은 지방의 전통적인 수호신을 숭배하는 축제에도 포함되었다. 124년, 리키아의 오에노안다(Oenoanda)라는 소도시에 데모스테네스(Demosthenes)라는 시민이 정기적으로 경연회를 개최할 것을 제안하고 후원금을 기부하였다.

이 축제에서는 도시가 전통적으로 숭배해 온 아폴로 신과 함께 황제에게도 희생제가 올려졌고, 축제행렬과 희생제에 황제숭배의 사제들이 참여하였으며, 경연회를 주재하는 관리가 착용하는 금관에 아폴로 신과 황제의 모습이 함께 새겨졌다.

또한 데모스테네스의 경연회에서는 도시의 행정관과 사제들뿐만 아니라 주변 마을에도 희생제물을 바칠 의무가 부과되어 농촌인구의 참여가 유도되었고, 이로써 도시와 농촌이 함께하는 축제로서 자리매김하였다.

이처럼 지역공동체와 밀접한 관련이 있는 신들에게 바치는 축제에서도 로마 황제에 대한 숭배가 중요한 자리를 차지하게 되었다. 이는 주민들에게 지방의 수호신뿐만 아니라 황제의 보살핌으로 공동체의 안녕과 번영이 보장되는 것이라는 점을 상기시키고, 그들이 로마제국의 지배를 받는 로마 사람이라는 또 하나의 정체성을 상기시키는 효과가 있었을 것이다.

물론 로마국민(Roman people)[11]이란 정체성이 속주민들이 지닌 유일한 정체성은 아니었을 것이다. 그럼에도 불구하고, 황제숭배는 분명 제국민들이 적어도 자신들이 로마에 속해 있음을 기억하고 표현하는 가장 분명하고 널리 퍼진 상징적인 제도 중의 하나였다.

---

11. Erich S. Gruen, "Romans and Jews," In McInerney, Jeremy (ed.). *A Companion to Ethnicity in the Ancient Mediterranean.* (New York: John Wiley & Sons, 2014). 426.

초기 기독교의 세계

한편, 오에노안다의 데모스테네스가 처음 제시한 경연회의 내용에는 황제숭배와 관련된 요소인 금관에 황제의 이미지를 새기고, 축제행렬과 공동희생제에 황제숭배의 사제들이 참여하는 것이 포함되어 있지 않았다. 황제숭배와 관련된 두 가지 내용은 1년 동안 도시 내의 행정과 회의와 민회의 토론과 절충을 거쳐서 추가되었다는 점에 주목할 필요가 있다.

이처럼 축제의 설립 과정은 데모스테네스의 축제가 도시와 주변 지역의 통합을 도모하고, 로마제국과 황제라는 중앙권력을 헬레니즘적 전통을 강하게 지니고 있는 지방축제 속에 위치시켜 전통의 신과 황제 그리고 종속민의 관계를 규정짓는 중요한 소통의 필드(場)이었음을 보여준다.

황제숭배를 중심으로 한 타협과 절충은 중앙과 속주뿐만 아니라 속주 도시 내부에서도 제정기 내내 이루어졌다. 이를 통해서 황제숭배는 중앙에서 일방적으로 강요된 제국 통합의 수단이 아니라 지역의 상황에 맞는 형태로 수용되어 가고 있었다.[12]

남부 이탈리아의 쿠마이(Cumae)에서는 아우구스투스 황제의 생일부터 BC 2년까지 그와 관련된 중요한 일들이 일어난 날과 황실 가족의 생일만을 기록한 달력이 발견되었다. 그리고 유프라테스강 유역의 두라(Dura)에 있는 아르테미스 여신의 신전에서 그곳에 주둔하던 로마군단이 사용하였던 달력도 발견되었다.

달력에 사용된 희생물을 표기하는 약어가 수소는 'b.m', 암소는

---

12. 김선정, "원시 기독교의 사회적 정황: 로마 황제제의를 중심으로." 「신약논단」 제12권 제1호 (한국신약학회, 2005), 211–212.

'b.f'로 '아르발 형제단'(Arval Brothers)[13]의 기록방식과 동일한 점도 군단에서 행해지던 숭배의식이 로마시의 것을 모델로 하고 있다는 해석에 무게를 실어준다.

황제숭배와 속주와의 관계

황제숭배는 속주의 도시행정과도 밀접한 관계를 맺고 있었다. 로마 제정기에 종교, 더 구체적으로 말하면 황제숭배와 정치는 엄격히 구분된 두 개의 독립적인 영역이 아니었다는 사실을 속주 바에티카(Baetica)의 이르니(Irni) 시(市)에서 발견된 법령(Lex irnitana)이 보여준다.

이 법령은 이베리아반도에서 발견된 몇 개의 자치도시의 행정법을 기록한 비문들 중 하나로 속주 도시의 행정, 사법, 입법, 시민권, 재정 등에 관한 중요한 정보를 제공한다.

내용을 살펴보면, 도시 내에서 신성시되는 구역이나 건물의 관리는 사제가 아니라 시행정관인 아에딜리스(aedilis)의 임무 중의 하나였다.

또한 시의 여러 행정업무는 황제숭배와 관련된 축제일에는 몇몇 예외의 경우를 제외하고는 이루어지지 않았다. 행정관이나 외교사절이 임명되면 임기를 시작하기 전에 유피테르 신과 함께 신격화된 황제들에게도 맹세를 해야만 했다.

로마제국의 기본적인 구성요소인 도시에 신전과 제단, 숭배의 제전이 열릴 수 있는 극장과 원형극장을 건설하고, 각종 희생물과 제물을

---

13. 아르발 형제단은 풍년을 바라며 라레스를 비롯한 신들에게 매년 제물을 바치던 고대 로마 종교 사제단.

초기 기독교의 세계

공급하는데 사제직을 맡고 있거나 혹은 앞으로 맡기를 바라는 지방의 부유한 유력자들의 역할이 중요하였다.

북아프리카 투가(Thugga) 시(市)의 경우, 제정 초에 포룸, 극장 및 여러 신전의 건설로 로마식 도시의 모습을 갖추어 갔다. 이러한 새로운 건물과 기념물들의 대부분은 부유한 주민들의 자발적인 헌납으로 건립되었고, 그중에서도 황제숭배의 사제직에 선출된 시민들의 활동이 두드러진다.

투가의 후원자(patronus pagi)이며, 황제숭배의 사제 플라멘인 루키우스 포스투미우스 키우스(Lucius Posstumius Chius)는 36, 37년 무렵에 아우구스투스 황제에게 바치는 제단과 함께 아치문, 사투르누스(Saturnus) 신의 사당을 건설하고, 카이사르의 신전 앞과 포룸을 포장하는 데 재산을 기부하였다.

네로 황제 시대에 역시 투가의 후원자와 플라멘직(職)을 맡았던 리키니우스 루푸스(Licinius Lupus)의 조모는 티베리우스 황제 시대에 황제에게 바치는 신전을 건설하였고, 세월이 지나 낡은 신전 건물을 루푸스의 해방 노예인 리키니우스 티라누스(Licinius Tyrannus)가 자비로 보수하였다.

기부활동과 황제숭배 사제직의 수행은 지역 엘리트에게 로마제국이라는 새로운 지배권력 속으로 편입되면서 자신들이 이전부터 갖고 있었던 지역에서의 영향력과 부를 유지하거나 혹은 새로이 그러한 영향력을 획득하는 데 도움을 주는 기능을 하였다.

또한 황제숭배 사제직을 통해서 중앙정부는 지방 상류계급을 제국의 지배계층으로 흡수하여 그들을 통한 속주의 통치를 원활하게 할 수 있었다. 황제숭배의 사제는 도시 행정관들에게 주어지는 특권을 누렸다.

특히 속주 차원의 숭배 의식을 관장하는 최고 사제는 종교적인 문제뿐만 아니라 속주의 제반 문제를 다루는 속주 의회에 참석할 수 있는 권한을 가졌다. 그러므로 최고 사제직에 임명되는 것은 한 도시에서뿐만 아니라 속주 전체에서 영향력과 명성을 얻을 기회를 갖게 되는 것을 의미하였다.

플라비우스 시대에 반포된 것으로 추정되는 갈리아의 나르보 시에서 발견된 『나르보넨시스 법령』(Lex Narbonensis)에서 속주 황제숭배의 최고 사제가 갖는 특권이 자세히 기록되어 있다.

속주 사제인 플라멘과 그 아내의 권리와 의무를 기록한 이 법에 따르면, 현직에 있는 사제의 의식이나 희생제를 행할 때 도시의 행정관을 수행하는 릭토르(lictor)의 수행을 받고, 시의회나 원로원의 의원들과 함께 자신의 의사를 표시하고 투표권을 행사할 권리가 주어졌다.

극장에서 시의원이나 원로원 의원들과 함께 앞 좌석에 앉아서 경기를 관람할 수 있는 특권을 누렸다. 퇴임한 사제에게는 신전 구역 안에 본인의 조상(彫像)을 세울 수 있는 특권과 지역 의회와 속주 의회에서 투표를 할 수 있는 권리를 갖고 있었다.

공공 행사에서 행정관 본인이 최고 사제일 때 희생제에서 입었던 의복을 착용하고 속주 의회에 참석할 수 있었다. 황제숭배의 사제들이 누린 권리들은 속주 도시의 원로원 의원이나 행정관들이 누렸던 것과 크게 다르지 않았다. 사제들의 임무는 종교적인 것이었으나, 그들의 권리와 지위는 지역사회에서 지배 상류층이 누리는 것과 동일한 것이었다.

속주의 지방 엘리트들은 황제와 중앙정부에는 제국의 통합과 효과적인 행정을 보장하는 중요한 인적 자원이었다. 그러나 그들의 역할이 단순히 사제나 행정관리로서 중앙정부의 권력과 정책을 대변하고, 그에 대한 보상으로 정치, 사회적 지위와 특권을 누리는 것만은 아니었다.

데모스테네스의 축제의 설립 과정에서 보았듯이 헬레니즘적인 성격이 강한 경연회에 황제의 이미지를 포함시키고, 황제숭배 사제들의 참여를 결정한 것은 경연회 설립을 허가한 하드리아누스(Hadrianus) 황제나 속주 총독이 아니라 오에노인다 시(市)의 지배층 내의 토론의 결과였다.

즉, 속주 엘리트들은 독자적인 이해관계와 목적에 따라서 황제숭배를 포함한 공동체의 종교적 관습에 중요한 영향력을 행사할 수 있는 계층이었다. 그러므로 황제숭배와 그 숭배를 관장하고 있는 사제들은 황제와 속주 도시와의 관계뿐만 아니라 속주 도시 내의 권력관계와 공동체의 정체성 형성에도 중요한 역할을 담당하였다고 볼 수 있다.

아우구스투스 시대 이래로 방대한 영토와 다양한 인종과 문화를 포함한 로마제국을 통합하는 데 큰 기여를 가져다준 문화 현상들 가운데 하나가 바로 황제를 대상으로 하는 종교적인 숭배 의식이었다고 할 수 있다.

2. 황제숭배사상에 대한 기독교의 대응

유대-기독교 사회의 종교와 정치관

황제숭배는 처음에는 그 의례에 대하여 거부감이 있던 로마에서조차 게니우스 숭배와 결합된 형태로 정착되면서 2세기 무렵이 되면 절정에 달하게 되었다. 하지만 시대와 지역, 계층을 막론하고 황제숭배 관행과 끊임없이 갈등을 빚던 이들이 있었는데, 이들은 바로 유대교도와 여기에 뿌리를 두고 나타난 기독교인들이었다.

고대 유대인의 왕정관 자체가 고대의 어느 민족과 다른 점이 많았다. 유대인들은 주변 민족들이 거의 왕정국가 체제를 이루었던 가운데서도 왕이라는 존재 자체가 없었다. 하나님의 명령을 듣고 순종하는 모세나 여호수아와 같은 지도자, 혹은 삼손이나 입다, 기드온 등 사사라고 불리던 민족 지도자가 있었을 따름이었다.

그 후에도 이스라엘 사람들은 야훼 하나님을 '왕'으로 섬기면서, 제사장 중심 국가 형태를 띠었다. 이런 점은 주변 민족들에게 색다르게 비추어져서, 예컨대 BC 4세기 말 아브데라의 헤카타이오스(Εκαταίος, BC 550?-476년?)는 유대 사회를 "그들은 왕이 없고 성직자들 중 미덕에서 가장 뛰어난 사람들이 지도자였던" 사회[14]로 묘사한다.

하지만 블레셋 사람들과 오랫동안 싸우는 와중에 유대인들도, 왕이 통치하며 앞장서서 전쟁터에서 싸우는 국가를 요구하게 된다. 이러한 요구에 유대인들의 '야훼 하나님'은 당시의 제사장 사무엘에게 유

---

14. "Hecataeus" in *Oxford Classical Dictionary* 3rd. ed. (Oxford: Oxford University Press, 1999), 670.

대 백성들이 "나를 버려 자기들의 왕이 되지 못하게 하는 것"이며, "왕의 제도란 아들과 딸들을 징발하고, 재산을 가져가고 억압할 것"임을 경고하면서도 왕정을 허락해 준다(삼상 8장).

이런 배경 아래 성립된 이스라엘 왕권은 주변 다른 나라들의 왕정과는 성격이 달랐다. 우선 왕권은 이스라엘 백성들 위에 군림하는 것이 아닌 매우 제한적인 것이었다. 이는 나봇(Naboth)의 포도원을 둘러싸고 일어난 이스라엘 왕 아합(Ahab)과 나봇 사이에 일어난 갈등에서 잘 드러난다(왕상 21장).

나봇은 자기가 가진 포도원을 사겠다는 왕의 요청을 "하나님이 금지하신다"면서 거절하자, 왕은 더 이상 어쩔 수 없다고 생각하고 고민한다. 결국 페니키아 출신 왕비 이세벨이 아합에게 "이스라엘 왕이 되어서 그것도 못 하느냐" 하고 질책하면서 강제로 포도원을 빼앗지만 결국 아합이나 이세벨은 비참한 최후를 맞이하게 된다.

이상에서 유대인들은 처음 야훼 하나님을 그들의 '왕'으로 여기고, 하나님의 말씀과 권능이 임하였던 사람이 그때그때의 지도자가 되어 이끌어가는 신정 국가적 형태를 가졌음을 알 수 있다.

그러다가 팔레스타인 이웃 족속과의 전쟁 속에서 왕정을 형성하게 되면서 정치와 군사를 담당한 왕과 제사, 종교를 담당하는 제사장의 이원 체제로 접어들게 되었다.

이스라엘과 유대가 아시리아(BC 722년)와 바빌로니아(BC 586년)에 각각 망하고, 후에 바빌로니아에 70여 년의 포로기를 살던 유대인들이 페르시아의 관용책으로 예루살렘에 되돌아왔을 때 이들이 세운 국가는 제사장 중심의 일종의 신정국가 형태를 다시 띠게 되었다.

페르시아가 알렉산드로스 대왕에게 무너진 후의 헬레니즘 시대에 이스라엘은 시리아의 학정을 겪게 되었고, 이에 반발하여 일어난 마카베오의 난(亂)의 결과 하스몬 왕조가 성립되었다.

그 뒤 로마제국이 서쪽으로 진출해 오면서 로마는 유대 땅을 통치하기 위해 헤롯 왕가를 내세우고 총독을 파견하였는데, 이런 로마 통치 아래 기독교를 창시한 예수가 태어난다.

고대사회의 종교는 기본적으로 어떤 지역이나 부족에 따른 것으로, 각기 수호신(守護神)들을 가지고 있었고, 이들은 대부분 신전에서 형상물로 숭배되고 있었다. 각 지역의 숭배 대상인 신은 그 지역의 운과 밀접하게 관련되어 있다고 생각되었고, 종교는 공동체 의식과 애국심을 묶는 정치적 힘으로 작용하였었다.

예컨대, 유대의 주변 민족들, 특히 유대인을 지배한 적이 있던 아시리아의 예를 들자면, 아시리아 왕은 자신이 정복한 신을 제대로 섬기지 못한 결과라고 보고 잘 섬길 수 있도록 이스라엘 종교 지도자 및 몇 명을 훈련시켜 사마리아 땅에 보내기까지 한다. 왜냐하면 이스라엘의 신을 포함하여, 각 지역의 신들을 통합하여 자신의 정치권력을 공고하게 하는 것이 필요하다고 생각했기 때문이다.

또한 제권은 가끔 어느 신들보다 우선하기도 한다. 페르시아의 다리우스왕이 통치할 당시, 그의 신하들은 다리우스에게 한 법령을 공포하기를 구하였다. 그 내용은 삼십 일 동안에 페르시아 왕 이외에 어떤 신이든지 사람에게든지 무엇을 구하면 사자 굴에 던져 넣는다는 것이었고, 이 칙령은 통과되었다.

이것은 페르시아 왕이 여러 신 위에 설 수 있었음을 보여주며, 왕이

초기 기독교의 세계

야말로 모든 인간과 신들보다 우선적인 숭배와 기도의 대상이 되었음을 알 수 있다. 강력한 황제권이 신들보다 우선될 수 있다는 관념은 정치적 상황과 맞물려 있었다.

여기서 지상의 왕들의 질서와 천상의 신들의 질서는 상응하는데, 이는 로마 시대에도 그대로 적용되는 관행이었다.

유대인들은 로마 사람들이 말하는 신들의 평화-위계질서 안에 들어오기를 거부하였다. 유대-기독교의 하나님은 다른 신들에 대한 숭배 금지를 제1계명으로 내세우면서 절대로 용납하지 않았기 때문이다.

이에 따라 유대-기독교인들은 자신들의 초라하기조차 한 정치적 입지에 상관없이, 가장 절대적이며 우월한 신, 세계를 창조한 하나의 신을 믿고, 다른 어떤 신들도 거부하였다.

따라서 각 민족의 관습과 종교를 허락해 주었던 페르시아 통치 아래에서 유대인들은 별다른 문제 없이 지낼 수 있었지만, 자기의 종교를 강요하는 나라의 통치를 받을 때는 분란의 여지가 많았다.

이는 시리아의 셀레우코스 왕조나 로마제국 치하에서 유대인들의 반란으로 나타난다. 이러한 유대인의 모습은 대부분 국가나 민족들에게 너무나 이질적으로, 배타적으로 비추어지기 마련이었다.

유대인에 대한 비판이나 불평은 구체적으로는 그들의 출신, 독특함, 종교와 의례, 안식일, 할례, 그리고 돼지고기에 대한 규례 등의 관습, 개종, 배타성, 반역성과 관련한 것으로 나타났다. 특히, 가장 치명적인 유대인의 '죄'는 반역적인 민족이라는 점이었다.

로마 시대에 일어난 이러한 갈등의 근본적인 배경은 앞에서도 언급이 되었다시피 주로 종교적인 것, 즉 일신교 및 신의 형상의 유무, 그리고 그들이 초래한 정치적 갈등이었다.

로마 사회에 예속된 모든 민족이 로마의 황제를 기리기 위해 제단과 신전을 건축하며 그를 신으로 섬기는 데 비해, 오직 유대인들만은 로마 황제의 흉상을 세우고 이름으로 맹세하는 것을 수치로 여기는 반동적 민족으로 비추어졌다.

타키투스는 BC 66년과 AD 136년 두 차례의 반란은 유대교 각 분파의 배타성과 이 땅에 신정 왕국을 건설한다는 유일신 신앙으로부터 생겨난 현상으로 보았다. 이로써 로마의 반유대감정이 극에 달했으며, 유대인들은 국가의 배신자이며 반로마적 정치 집단으로 인식되었다고 한다.

로마 사람들의 기독교에 대한 반감(反感)

이러한 유대인에 대한 반감은 같은 뿌리에서 나온 기독교인들에게도 그대로 적용되는 바가 많았다. 무엇보다도 기독교인에 대한 인식은 앞서 본 유대인에 대한 인식과 크게 다르지 않았다.

당시 인간 유형을 유대인과 비유대인으로 나눈 이들이 많았듯이, 플리니우스는 모든 인간을 기독교인과 비기독교인으로 나누면서 기독교인의 이질성을 강조하였다. 기독교인은 유대교도와 마찬가지로 무신론자 혹은 불경한 자로서 미신적이면서 반동적이며 사악한, 사회의 잠재적 위협 세력으로 간주되었다.

예컨대, 플리니우스는 기독교를 '질서를 해치는 왜곡된 미신'으로, 스에토니우스는 '새로이 나타난 사악한 미신'으로, 타키투스는 파괴적

초기 기독교의 세계

인 미신이자, 모든 종류의 불명예스러운 것으로 보았다.

무엇보다도 흥미로운 것은 유대교나 기독교인들이 '무신론자'(atheos)라는 비난을 들었다는 것이다. 유대인이나 기독교인들의 유일신적 신앙은 전통적으로 숭배되던 국가의 신들을 인정하지 않았으므로, 무신론자라는 별명을 얻게 되었던 것이다.

사회와 문화 전반이 이교 신들의 숭배 관행과 결합되어 있던 당시 유대교도와 기독교인은 인간성의 측면에서도 비난받으며 정상적 사회생활을 하는 데 애로를 느끼기 마련이었다.

유대인이나 기독교인들은 나약함, 무기력함과 욕구의 부재라는 표현으로 자주 비판받으면서 경멸당하였는데, 이는 "나는 너희들을 기독교인(Χριστιανόν)이라고 부르지 않고 무용지물(無用之物, ἄχρηστον)이라고 부른다"라는 말에서도 잘 드러난다.[15]

그런데 유일신 사상을 축으로 하여 처음 비슷한 부류로 인식되었던 기독교와 유대교가 달랐던 점들도 발견된다. 그중에서 가장 중요한 것은 유대교는 끝까지 유대 민족에 기반하고 있었던 종교로 남은 데 비해, 기독교는 '탈(脫)민족적' 성경이 강했다는 점이다.[16]

유대인의 종교적인 민족주의는 기독교인들의 만민주의, 세계주의에 대조적인 것으로, 유대인들은 민족과 유대인의 정권과 정치를 중시하는 경향이 강하였다. 유대인들은 이로 인해 베스카시아누스 황제와 티투스, 트라야누스 황제 때는 고향에서 강제로 쫓겨나 세계로 흩어지

---

15. 최혜영, "로마 황제숭배와 유대-크리스트교와의 갈등." 「서양고대사연구」 제25권 (한국서양고대사문화학회, 2009), 265.

16. A. G. Russell, "The Jews, the Roman Empire, and Christianity, AD 50–180." *Greece and Rome* 6. 18(1937), 170–178. 최혜영, 265에서 재인용.

기에 이르렀다.

2세기 디아스포라 이후 세력이 약화된 유대인에 대한 반감은 줄어들게 된 반면, 성장 일로에 있던 기독교에 대한 적대감이나 두려움은 증가하게 된다. 그리하여 켈수스나 율리아누스 황제같이 유대교보다도 기독교가 더 나쁘다고 주장하는 이도 나타났던 것이었다.

3. 황제숭배와 기독교 박해

황제숭배와 기독교의 갈등

로마 역사가 트란퀼루스(Suetonius Tranquillus, AD 69–140년)에 의하면, 로마교회는 이미 49년에 제법 큰 규모를 갖추고 있었다. 이런 사실은 49년에 로마 황제 글라우디오(Claudius, AD 41–54년)가 로마에서 유대인 추방령을 내린 점에서 잘 드러나고 있다.

유대인 추방령이 내려진 이유가 바로 '크레스토스 소동' 때문이다. 크레스토스는 '그리스도'를 가리킨다. 당시 로마에 있는 유대 사회에서 유대교도와 기독교인 사이에 큰 분쟁이 발생한 것이 화근이 되어 결국 로마 추방령으로 이어졌다.

이렇게 볼 때 이미 로마에 있는 교회들은 49년 이전에 안정된 자리를 잡고 있었음이 틀림없다. 아마도 오순절 성령 강림(AD 30년경으로 추정) 사건 이후, 예루살렘을 찾는 유대인들 가운데 기독교로 회심한 자들이 생겨나고 이들로 인해 로마에 점진적으로 교회가 형성되었을 것이다.

초기 기독교의 세계

로마의 교부 클레멘트에 의하면, 네로 황제(54-68년) 박해 때 "무수히 많은 성도들이 순교 당했다"고 전한다. 로마 역사가 타키투스(Tacitus Cornelius, 55-115년)도 로마의 기독교인들을 "무수한 군중들"[17]이라고 표현하였다.

그런데 로마제국의 기독교에 대한 박해는 지금까지 알려진 바와 같이 피비린내 나는 험난한 박해는 적어도 1세기 기독교 교회에서는 일어나지 않았다고 한다. 신약성경을 보면 기독교가 로마제국으로부터 험한 박해를 받은 것으로 과장되어 있음을 알 수 있다.

영국의 고대 로마사 연구의 대가인 크로익스(de Ste Croix) 박사는 다음과 같이 주장한다.

> 3세기까지는 기독교인들은 로마제국 도시의 극히 적은 소수의 집단으로 공격을 받거나 박해를 받는 존재가 아니었다. 그리고 박해는 많지 않게 일어났다고 해도 극히 한정된 도시에서 일어났으며 일반 주민들 사이에서 벌어졌고 그것도 단기간에 끝난 사건들이었다. 당국이나 도시 공무원이나 총독은 박해 대상에 이름을 올리지 않았다.[18]

순교라는 형식으로 말한 기독교인의 죽음은 격렬한 박해로 일어난 것이 아니라 재판정에서 신앙을 포기할 수 있는데도 이를 열광적으로 거부한 신자들에게 형벌로써 주어진 결과라고 지적하고 있다.

이렇게 볼 때 1세기 기독교사를 제국이나 이교도에 의한 피비린내

---

17. J. S. Jeffers, *The greco-roman world of the new testament era: Exploring the background of ealry christianity*, (Illinois: IVP Academic, 2009), 108.

18. de Ste Croix, "Why were the Early Christians Persecuted?" *Past & Present*, No. 26 (Oxford University Press, Nov., 1963), 6-38.

나는 탄압의 역사로 보는 입장은 기본적으로 문제가 있음을 알 수 있다. 기독교 공동체가 초기에는 유대교의 한 종파로 여겨지면서 박해를 받지 않았던 것이다.

1, 2세기의 초대교회는 인내와 순교를 통해 로마제국에 순응했고, 3세기에는 세속국가로부터 구별을 더욱 엄격히 했다. 그러므로 1세기 무렵에는 교회는 국가로부터 박해를 거의 받지 않았다고 볼 수 있다.[19]

그러나 AD 64년 로마의 다섯 번째 황제인 네로(54–68년 재위)를 시작으로 AD 313년에 기독교가 공인될 때까지 열 차례의 박해를 받았다. 열 차례의 박해가 끝이 난 다음, AD 313년 콘스탄티누스 황제는 기독교를 공인했고, AD 380년 황제 테오도시우스(379–395년 재위)는 기독교를 로마제국의 국교로 정했다.

황제숭배에 대한 기독교의 비판

박해를 받던 기독교인의 로마 황제와 권력에 대한 태도는 복합적이었다. 예수는 일찍이 "가이사의 것은 가이사에게, 하나님의 것은 하나님에게" 드릴 것을 말씀하셨다. 신약성경의 베드로전서, 로마서, 디모데전서 등에서는 "위에 있는 권세에" 굴복할 것을 이야기한다.

그런데 이들 서신이 기록된 시기는 아직 로마 정부에 의한 기독교인에 대한 조직적인 박해 이전일 것으로 보이며, 박해가 조직화되던 2세기 무렵이 되면 정부 권력에 대한 체계적인 분석과 비판을 가하는

---

19. W. H. C. Frend, William Frend, *Martyrdom and Persecution in the Early Church: A Study of a Conflict from the Maccabees to Donatus.* (Grand Rapids, MI: Baker Book House, 1981), 190–240.

기독교인들이 나타나기 시작하였다.

알렉산드리아의 기독교인 학자 클레멘트는 수많은 신들의 기원이나 종류에 대해서 다음과 같이 설명한다.

> 천체 신(神)이 신격화된 경우, 땅의 소산물(디오니소스의 포도주나 데메테르의 곡물처럼)이 신격화된 경우, 호메로스나 헤시오도스 등의 문학 속에서 나오는 신들, 운명, 분노와 같은 악의 처벌자가 신격화된 경우, 희망이나 사랑 같은 감정이 신격화된 경우, 승리 등의 사건이 신격화된 경우, 헤라클레스나 디오스쿠리 형제, 아스클레피오스 같은 구원자적 영웅들이 신격화된 경우, 그리고 정치, 전쟁, 예술 등 특정 분야에 뛰어난 사람들이 죽은 후에 신격화된 경우들이 그것이다.[20]

클레멘트에게 이러한 것들을 신들로 숭배하는 자들이나, 사람들 신들로 숭배하는 자들, 보이는 신들을 숭배하는 자들은 모두 불쌍한 자들이다. 특히 그는 하드리아누스가 사랑한 소년 안티누스가 이집트에서 죽은 후에 신격화된 사건에 대해서 "이집트에서 새로운 신이 추가되었다. 제우스가 가니메데를 사랑하듯이 하드리아누스는 안티누스를 신격화하였다"[21]고 비판한다.

또한 아테나고라스는 "너희들은 황제들이 죽을 때 그의 이미지를 성화하고, 신이라 부르지만, 우리들은 인간이 만든 것을 신으로 숭배하지 않고, 성소에 두지도 않는다"[22]고 선언한다.

---

20. *Protrepticus*, 2. John, Ferguson, *Clement of Alexandria*. (New York: Ardent Media, 1974), 48에서 재인용.
21. 최혜영, 274.
22. 위의 책.

변증가 유스티누스는 로마 황제 권력의 시스템을 타락한 천사들인 이교도 신들의 존재와 연관시킨다. 유스티누스에 의하면 황제숭배는 사람들을 두려움으로 묶어 지배하려는 사탄의 대표적 기제이며, 이교 신들의 이야기야말로 잘못된 정부를 지지하고 지탱해 주는 근거가 된다.

기독교인들도 예전에는 이들을 신이라 부르며 믿었었지만, 이제는 비록 죽음의 위협을 받을지라도 이것들을 경멸하며 오로지 그리스도를 믿는다. 자신들도 예전에 가지고 있던 폭력적이고 폭군적인 성향들을 바꾸어 간다.

현명한 황제로 알려진 안토니누스 피우스와 마르쿠스 아우렐리우스 황제에 대해서 처음에는 그들을 "경건한 철학자, 정의의 수호자, 배우는 것을 사랑하는 자"로 인정해 주지만, 이어서 경건과 철학에 순응하여 정치하지 않으면 폭력과 폭정이 된다고 경고한다.

즉 이교신들을 파트너로 삼은 로마 황제들은 가장 현명하였던 이들조차 자기도 모르는 사이에 결국 사막의 강도와 마찬가지로 사탄의 폭정적인 집행자가 되어 버린다는 것이다.

하지만 박해를 받으면서 황제숭배를 비판하던 기독교인들의 교리나 의례가 황제숭배와 닮아갔다는 점은 흥미롭다. 기독교인들은 황제숭배에 대한 혐오감을 가지면서도 황제숭배적 제식의 영향을 받았던 것으로 보인다.

황제숭배 역시 이에 따른 여러 종교적 · 정치적 의례들이 기독교 의례와 비슷해지는 양상을 보인다. 즉 로마 황제숭배와 기독교는 서로 영향을 주고받았던 현상이 보이는데, 당시 이교도들로부터 기독교로 개종한 사람들이 황제숭배의 영향으로 예수의 신성을 더 쉽게 믿을 수 있었을 것이라는 점은 부인하기 어려울 것이다.

사학자 최혜영 교수는 로마의 황제숭배와 갈등과 대립 관계 속에서도 종교학에서 논의되는 '습합 현상'(習合現像, syncretism)[23]이 나타난 것으로 본다.

예수 그리스도의 신성(神性)

신약성경 학자 렌스버거(D. Rensberger) 박사는 요한복음서에 나타나는 예수 그리스도를 의미하는 칭호인 '세상의 구세주(救世主), 주 그리고 하나님'이라는 칭호가 로마 황제에게 사용되었던 것과 동일한 것에 주목하였다.

그는 로마 황제의 이미지를 이해하는 것이 요한복음서에 나타난 예수를 이해하는 데 도움이 된다고 보았다. 4세기경의 율리아누스 황제도 원래 예수 그리스도는 한 인간이었는데, 요한에 의해서 신격화되었다고 비판하고 있다.

처음에는 그냥 인간적 모습이 강하게 인식되었지만 점차 인기가 높아지게 되자 신으로 포장되기 시작하였다는 것이다. 이러한 관점은 4세기 당시 기독교계 내에서 맹렬하였던 아리우스파와 아타나시우스파

---

23. '습합'(習合, syncretism)이란 두 문화가 절충하여 서로 변모하고 때로는 제3의 문화를 만들어 가는 문화변용을 뜻한다. 대체로 습합은 서로 다른 종교가 각기 장점을 받아들여 공존하는 것, 또는 상이하거나 정반대의 성격을 지닌 믿음들이나 사상들을 조화롭게 통합 또는 융합하는 것을 말한다. John, Cotter, *The New Age and Syncretism, in the World and in the Church.* (Long Prairie, Minn.: Neumann Press, 1990), 38.

의 논쟁과도 연결된다.

신학자 마르틴 헹엘(Martin Hengel) 교수는 그리스 종교적 개념과 초기 기독교 공동체의 개념과는 아무런 상관이 없다고 주장한다. 아우구스티누스 이래 카이사르 신격화에 사용된 이 용어는 주로 시리아와 팔레스타인에 있었던 초기 기독교 공동체에 영향을 주지 않았으며, 영향을 주었다고 하더라도 모델로서보다 부정적인 면에서였다고 주장하였다.[24]

여하튼 로마나 그리스, 이집트 등 각지의 비유대인 기독교인들이 처음 성경을 접할 때, 각자 자라난 문화적 맥락과 전통적 관점에 의하여 이해하였을 것이라 추론하는 것은 정당하게 보인다.

즉 복음은 고린도에서, 로마에서, 예루살렘에서, 알렉산드리아에서 각 문화권에 상응하여 이해되었을 것이다. 실제로 신약성경의 각 텍스트들은 수신자 혹은 공유자에 따라서 용어, 내용, 강조점 등이 약간씩 다르다.

텍스트 분석을 할 때, 후대의 시대착오적인 관점에서 일반화시키기보다는 그 문서가 통용된 집단의 특성에 주목하고 이해할 필요가 있다. 즉 텍스트의 명시적이거나 암시적인 의미를 밝히기 위해서는 그 주변 정황의 정치적 · 사회적 · 문화적 측면, 배경 등을 분석하는 것이 필요하다.

그것은 의미란 저자와 의도된 청중이 공유하는 사회적 · 문화적 체계, 세계관, 공동의 상징들을 통해서 전달되게 마련이기 때문이다.

이러한 맥락에서 당시 왕들이나 다른 통치자들이 신의 아들, 제우

---

24. Hengel, Martin, *The Son of God: the origin of Christology and the history of Jewish-Hellenistic religion.* (Philadelphia: Fortress Press, 1976), 22.

스의 아들, 헬리오스의 아들로 부르고 그려졌다는 것은 시사하는 바가 크다. 즉 아몬의 아들 알렉산드로스를 비롯한 헬레니즘 시대의 통치자에 이어 '하나님의 아들'(huios tou theou)은 제정기의 로마 황제에 의해 사용되었다.

지중해 지역의 주민들은 이 칭호에 익숙하였으며, 예수 그리스도에 대해서도 비슷하게 활용되었을 확률이 많다고 볼 수 있다. '제우스의 아들' 혹은 '아폴로의 아들'이라는 용어에 익숙했던 이들에게 '하나님의 아들' 역시 마찬가지의 맥락으로 들렸을 확률도 많았을 것이라는 추정이 가능하다.

고대의 신(神, theos)에 대한 개념

무엇보다도 우선 고대에 있어서 신(神, theos)이라는 개념이 매우 다양하게 사용되어졌음을 상기해야 할 필요가 있다. 인간과는 엄격히 분리된 전지전능하신 '신'이 유대와 기독교인들의 신관이라면, 헬레니즘적 전통에서는 인간과 신들의 구분이 그리 뚜렷하지 않았다.

즉 신에 대한 개념은 매우 다양하여서, 그 당시 유대교도들이나 기독교인들이 흔히 신이라고 할 때의 거룩하고 초월적인 개념에서부터, 보통 인간보다 조금 우수한 경우를 지칭하는 데까지 매우 포괄적이었다.

철학자 질송(Etinne Gilson)은 "기독교가 워낙 영향을 끼쳐서 우리는 신(god)이 최상의 실체가 아닌 세계를 상상하기가 힘들어졌다"고 말한 바 있다.[25]

---

25. E. 질송(E. Gilson), "존재란 무엇인가?" 「가톨릭신학과 사상」 제18호 (가톨릭신학사상회, 1996),

플라톤에게 있어서 신들(theoi)은 이데아(Idea)들보다 열등한 존재들인데, 예컨대 선(Agathos)은 신(theos)이 아니며, 아가토스(Agathos)의 아들 태양(Helios)이 신(theos)이다. 또한 신플라톤주의자 플로티노스에게 영혼의 상승은 신과 같이 되는 것이며, 이는 노우스(nous, 철학, 마음 등)를 통해 이루어진다.

이처럼 그리스 · 로마적 풍토에서 신(theos)는 매우 다양한 어감(語感)과 용례를 가지는 단어로서, 종교적일 뿐만 아니라, 비종교적인 상황 모두에 사용되고 있다. 즉 고대인들의 신과 인간의 개념은 우리와 다른 뉘앙스와 애매모호함을 지닌다.

"무엇이 신인가? 힘을 행사하는 것이다. 무엇이 왕인가? 신과 닮은 것이다"라는 유명한 그리스 격언이 상징하듯이 신의 중요한 속성 중 하나는 권력, 힘이라고 할 수 있다. 그런 의미에서 전 제국의 권력을 지닌 로마의 황제는 당연히 '신적'으로 비추어졌을 것이며, 정치권력은 종교적인 현상으로 이어졌다.

로마의 황제는 점차 민중과 유리시킨다기보다, 오히려 황제 권력을 친근하게 느껴지게 하는 역할을 하였다. 종교와 정치는 모두 '권력'과 관련되어, 사회를 유지하는 다중의 심원한 권력관계를 함께 구성하고 있었던 것이다.

또한 신(theos)이란 단어는 당시 서술형으로 주로 기록되었다고 지적된다. 예컨대, 그리스에서 신은 인격의 술어적 표현으로 큰 업적이나 공적을 통해서 이룬 상태 혹은 등급에도 사용되었다.

마케도니아의 필립포스는 신으로 불린 바 있었으며, 알렉산드로스

175-179.

와 그 후계자들도 생전에 혹은 사후에 신으로 불렀다. 시리아의 안티오코스 4세는 화폐에 신이라는 단어를 집어넣었다. 유대왕 헤롯 아그립바도 신이라 불리었다가 곧 하나님의 진노로 죽게 되는 이야기가 성경에 전한다.

신(theos)은 로마 황제에 부속된 막연한 개념으로 사용될 수 있었으며, 황제의 이름에 덧붙여 사용하는 경우도 있었다. 즉 신이란 용어는 아우구스투스 치세기에 여러 번 사용되었고, 황제숭배가 쇠퇴하던 3세기에는 살아 있는 황제에게는 드물게 나타나는 대신, 신이라는 형용사가 나타난다.

초기 기독교 변증가들은 황제를 주(主. kyrios)님이라고 부르는 것에는 반대하지 않았을 것이다.

로마 황제와 예수 그리스도

원래 종교와 국가를 분리하여 인식하던 경향에 익숙하였던 기독교인들과 달리 황제숭배를 비롯하여 종교적 관념들이 국가 및 황제와 매우 긴밀하게 연결되어 있었던 이교도들에게 "가이사의 것은 가이사에게, 하나님의 것은 하나님에게"라는 예수 그리스도의 말은 이해하기 힘든 것이었다.

또한 기독교인들에게 그들을 박해하던 로마제국은 '음녀 바빌론'에 가까웠다. 처음 기독교는 대다수의 로마제국 국민들에게 여러모로 이질적인 종교였다. 1세기 말 무렵에 기록된 것으로 추정되는 요한계시록 17장 5, 6절은 로마를 다음과 같이 표현하고 있다.

이마에는 "비밀, 큰 바빌론, 창녀들과 땅의 가증한 것들의 어미"라는 이름이 쓰여 있었습니다. 나는 그 여자가 성도들의 피와 예수의 증인들의 피로 인해 취해 있는 것을 보았습니다. 나는 그 여자를 보고 크게 놀랐습니다.

이는 1세기 말 기독교와 로마제국의 대립을 보여주는데 이들 갈등의 한 축은 신적 통치자와 야훼 하나님 사이의 투쟁, 나아가 "신이 되는 인간 카이사르"(Caesar)와 "인간이 된 하나님의 아들" 그리스도 사이의 투쟁이었다고 할 수 있다.[26]

이처럼 기독교인들에게 그들을 박해하던 로마제국은 앞서 '음녀(淫女) 바빌론'이었다. 그러나 콘스탄티누스 황제가 기독교를 공인한 이후로 로마 황제나 제국에 대한 많은 기독교인들의 태도는 변하게 되었고 두 세계는 긴밀하게 만나게 되었다.

황제의 신성성에 대한 뿌리박힌 믿음은 로마 황제가 기독교를 수용하게 된 후에는 '기독교화'하여 살아남았다. 예컨대, 기독교 로마제국의 공식 이론으로 간주되는 카이사르의 유세비우스의 이론에서 콘스탄티누스의 통치는 하나님 통치의 반영이며, 하나님이 우주의 주인이듯이 콘스탄티누스는 이 땅의 주인이 된다.

무엇보다도 콘스탄티누스 황제는 그리스도 혹은 로고스의 이미지를 가진다.[27] 기독교를 받아들였던 콘스탄티누스이지만, 군대 내에서의 황제초상화 등의 황제숭배 의례를 완전히 없애지는 않았다. 이는 군대

---

26. 최혜영, "로마 황제숭배와 기독교." 「서양고대사연구」 제19권 (한국서양고대역사문화학회, 2006), 87–88.

27. Eusebios, *Triak.* (*De Laud. Const*). IV. 21. 최혜영, "로마 황제숭배와 기독교." 106에서 재인용.

의 충성을 진작(振作)하는 중요한 방편이었다.

율리아누스에 의하면 예수는 어떤 죄악이든지 쉽게 용서해 주는 '죄인'들의 신이다. 아니 그는 병든 아들을 고쳐주는 등 약간의 기적으로 행하였을 뿐, 평범한 하나의 인간이었지, 결코 신은 아니었다.

즉 예수는 한 보잘것없는 변두리 지역인 갈릴리에서 활동하였던 로마 황제의 한 신민에 불과하였다. 하지만 사도 요한이나 바울에 의해 신으로 점차 추앙되었다고 율리아누스는 말하고 있다.

예수의 속성을 둘러싼 갈등은 당시 기독교가 내부적으로 심각하게 겪고 있던 문제와도 연결되어 있다. 콘스탄티누스의 밀라노 칙령으로 기독교가 공인될 당시 기독교 세계는 예수의 신성이나 본질을 둘러싸고 크게 두 입장으로 분열되어 있었다.

예수의 신성을 인정하면서 삼위일체를 주장하였던 아타나시우스파와 예수의 신성을 부정하였던 아리우스파(派)가 그것이었다. 325년 니케아 종교회의에서 아타나시우스파(派)가 정통으로 인정되었음에도 불구하고 아리우스파의 세력은 여전히 강하게 남아 있었다.

아타나시우스파와 아리우스파는 예수의 본질에 관해서 논쟁하였을 뿐 아니라 황제권과 교회와의 관계에 대해서도 서로 다른 입장을 취하고 있었다. 아타나시우스파는 교회의 주권자가 주님이듯이 지극히 우두머리 역시 예수 그리스도라고 보는 데 비해 아리우스파는 황제를 제국의 머리로 보았다고 전해진다.

기독교를 공인한 콘스탄티누스가 살았던 4세기를 흔히 기독교사상과 그리스 · 로마의 철학사상의 결정적인 혼합기이면서, 교회와 국가 사이의 갈등이 구체화된 시기로 보고 있다.

초기 기독교 회화에서 보이는 예수의 모습이 다만 하나의 목자 혹은 기적을 행하는 사람으로 별다른 특징 없이 묘사되던 것과는 달리, 4세기 이후의 예수 모습이 로마 황제의 풍모와 특징을 가지고 묘사되기 시작하였던 것은 이러한 추세와 관련하여 볼 때 흥미로운 사실이다.

초기 카타콤(Catacombs)에서의 예수님은 교사나 철학자의 모습으로 그려졌다. 그러나 공인 이후 한동안은 어떤 방향이 없이 다양한 모습을 띠기도 한다. 한 예로, '선한 목자 예수'는 태양신으로서의 아폴로나, 로마화 된 동방적 관점의 '정복할 수 없는 태양'(the Unconquered Sun)[28]으로 이해되어 태양 마차를 끌고 가는 분이 되기도 한다.

그러니 점차 예수의 자태는 하늘과 땅을 다스리는 분으로서의 권세와 위엄을 갖추신 모습으로 정착되어 간다. 로마의 성 프르덴치아 엡스(Santa Pudenziana apse) 모자이크(402–17년)를 보면 그 내용이 로마적인 것을 기반으로 하여 로마제국으로 간주케 한다.

즉 예수님은 하늘의 예루살렘을 배경으로, 황제가 입는 자주색과 금색의 옷을 걸치고 황제의 옥좌에 앉아 교회를 통치하시는데, 그 양옆으로는 황제의 원로원 수행자처럼 사도들이 계급순서로 배척하듯 자리를 잡고 있다.[29]

이집트에서 예수 그리스도는 최초의 파라오로 알려진 호루스의 모습과 비슷하게 수염 없는 젊은이 모습으로 그려졌다. 즉 기독교와 세상 왕국이 만나게 되었을 때, 그들에게 그리스도를 그릴 수 있는 최선의

28. 박정세, "비잔틴 시대 기독교 미술의 특성과 토착화." 「신학논단」 제47집 (연세대학교, 2007), 220.

29. Bernard S. Myers ed., History of Art with twelve Hundred Illustrations. (Everter Books, 1985), 215.

이미지는 왕의 이미지였던 것이다.

권력과 신의 개념이 함께하였던 그리스 · 로마적 사유와 마찬가지 이유로 기독교인들에게 예수가 점차 황제의 이미지로 비유되었을 것은 당연하다.

일부 기독교인들의 관습이나 의례 속에도 황제숭배 의례가 스며들기 시작하였는데, 당시 번지기 시작한 기독교인의 성인 숭배 사상이나 의례는 로마 황제 숭배적인 의례와 매우 닮아가는 모습을 보인다.

황제는 서서히 예수 혹은 로고스, 지상의 하나님의 대리자로 비유됨과 더불어, 회화에 나타난 예수 그리스도의 모습은 점차 황제로 묘사되었던 것이다.

당시 예수의 본성을 둘러싼 수많은 논쟁 중에서 '에큐메니칼'적 공의회와 끝까지 대립한 것으로 단성론(單性論)이 있었다. 단성론이란 말은 '하나'를 의미하는 모노스(monos)와 '본성'을 의미하는 피시스(physis)에서 온 것으로 예수 그리스도는 인간의 몸을 입었지만, 오직 신성만을 가졌다고 주장하는 교리이다.

단성론 교회들은 이집트를 비롯하여 아르메니아, 에티오피아, 시리아 등에 강하게 존재하였는데, 단성론자들은 칼케도니아 공의회의 결정, 즉 "그리스도의 한 인성 안에 두 본성이 연합되어 있다"는 그리스도의 신인양성론(神人兩性論)을 거부하고, 그리스도의 신성을 중심한 교리를 갖고 있었다.

그 기원은 알렉산드리아의 아폴리나리스로 소급할 수 있으며, 에우티케스 등으로 이어졌고, 보다 급진적인 율리아누스파와 온건한 세베루스파로 나누어졌다. 이집트가 전 세계 단성론자들의 피난처가 되었던 것은 당연한 결과일지도 모른다.

살아 있는 파라오가 신격화되었던 지역에서 '하나님의 아들'의 신성성이 강조되는 것은 너무나 당연한 수순이었을 것이기 때문이다.

이집트의 기독교는 특히 '민족주의적' 양상을 강하게 보이는 것으로 지적된다. 단성론(單性論) 중에는 세베루스와 할리카르나수스의 율리아누스의 두 파가 있었는데, 그중에서도 율리아누스파는 보다 단성론적인 단성론설을 주창하였다.

후자는 그리스도의 성육신한 육체의 불멸성과 불후성을 주창하는 것으로 신과 인간이 하나의 피시스(physis)에 합해졌으므로 예수 그리스도는 부패하지 않는 속성을 가졌을 것으로 보는 것, 즉 보다 신성을 강조한다.

현재 남아 있는 이집트의 콥트 교회(coptic church),[30] 시리아의 야고보 교회, 에티오피아 콥트 교회 등은 지금도 이 교리를 추종하고 있다.

---

30. 콥트 정교회(영어: Copts)는 이집트와 북동 아프리카 및 중동에 기반을 둔 오리엔트 정교회로 이집트에서 가장 교세가 큰 기독교 종파.

제 7 장

로마제국의
디아스포라 유대인

1. 디아스포라의 역사적 기원

'디아스포라'(diaspora)라는 말은 분산, 흩어짐(dia[over]+spero[sow])을 의미하는 그리스어에서 유래했지만, 알렉산드리아의 유대공동체가 모국어 아닌 타국에 거주하는 자신들을 지칭하기 위해 이 단어를 차용한 이후, 일반적으로 타국에 흩어진 유대인 공동체와 집단거주지를 말하는 의미로 알려지게 되었다.[1]

이후 이 디아스포라는 이스라엘 민족 혹은 유대교 역사에서 이집트 종살이와 가나안 복지로의 귀환, 바빌론 포로와 귀환 등 '유배와 귀환의 패러다임'으로 중요한 종교적 의미를 부여받게 된다.[2]

바빌론 유수(幽囚, Babylonian Captivity) 또는 유배(幽配), 그것은 유대인 이산(離散)의 전형적 사건이었지만, 정작 이산이 유대인 역사의 대세로 된 것은, 바빌론에서 돌아와 예루살렘에 성전을 재건한 이후, 즉 제2성전기의 일이었다.

---

1. Baumann, Martin, "Diaspora: Genealogies of Semantics and Transcultural Composition." *Namen,* vol. 47 (2000), 315-316.

2. Neusner, Jacob, "Judaism", in Sharma, Arvind(ed.), *Our Religions: The Seven World Religions Introduct by Preminent Scholors from Each Tradition.* (New York: HarperCollins, 1993), 291-356.

기원전 4세기에 동지중해 세계가 겪은 파상적 국제정세의 변화가 그 배경이었다. 알렉산드로스 대왕의 페르시아 원정, 그 뒤 팔레스타인을 두고 각축한 이집트, 시리아와 같은 헬레니즘 강국들, 그리고 마침내 '종결자' 로마제국의 대두. 그 격랑 속에서 '이스라엘 땅'(Eretz Israel)의 유대인은, 강제로 (전쟁포로) 혹은 자발적으로 (용병. 상인), 지중해 곳곳에 흩어졌다.

유대인들은 그들의 역사를 '디아스포라'(유배)와 '귀환'(歸還)의 구원사(救援史)로서 종교적으로 해석했고, 이를 이어받은 기독교 문헌에서 디아스포라 개념은 기독교인들의 삶을 이방인의 방랑으로 기술하는 수사로 등장했다.[3]

유대인 디아스포라의 역사적 기원은 BC 722년 아시리아 제국의 사르곤 2세가 북이스라엘의 수도 사마리아를 함락한 후, 강제 이주를 추진하여 유대인들이 메소포타미아 지역에 흩어져 살게 된 사건으로 본다(왕하 19장).

아시리아 제국의 식민정책은 점령지 주민들을 집단적 강제 이주시키는 것이었다. 이는 이후 제국들에도 이어져 BC 586년 남조 유대왕국의 수도 예루살렘을 함락시킨 바빌로니아의 네부카드네자르 2세도 성전을 파괴하고 이스라엘의 왕과 귀족, 기술자들과 많은 지도자들을 바빌론으로 포로로 잡아갔다.

구약성경에 '바빌론 유수'로 기술된 이 사건으로 고대 이스라엘의 남북조가 모두 멸망하고, 시리아, 메소포타미아, 이집트를 비롯한 지중

---

3. 안연희. "고대 디아스포라 종교 사례로 본 지구화 시대 종교성에 대한 전망." 「디아스포라 연구」 제25집 (전남대학교, 2019), 175.

해 연안까지 곳곳에 '유대인 디아스포라'가 생겼다.[4]

BC 7세기 무렵부터 기원까지 메소포타미아와 지중해 지역은 아시리아, 신(新)바빌로니아, 페르시아, 헬레니즘제국, 로마제국 등 거대 제국이 흥망성쇠를 거듭했고, 그 틈바구니에서 약소민족이나 약소국은 짓밟히거나 속국이 되었다.

그러다가 BC 539년 페르시아의 쿠르스(Curus) 대제가 바빌론을 점령하면서, 유대인들은 포로 생활에서 해방되어 예루살렘으로 귀환할 수 있게 된다. 바빌론으로 추방되어 살던 이민족들을 본국으로 귀향시키는 페르시아 제국의 민족유화정책에 의해 디아스포라 유대인들은 수십 년에 걸쳐 고향에 귀환했고 예루살렘 성전도 재건하였다.

또한 페르시아 왕의 신임을 얻었던 디아스포라 유대인 에스라와 느헤미야가 예루살렘으로 귀환하여 정통 야훼 신앙을 중심한 개혁을 단행하고 유대교 신앙재건의 기틀을 마련했다. 바빌론 포로 귀환과 성전 재건으로 시작된 '제2차 성전 시대'에 팔레스타인의 유대인들은 페르시아 제국 지배 아래에서 약 200여 년 일정 수준의 자치를 인정받으며 살았다.

그러다 BC 333년 이소스(Issos) 전투에 승리한 알렉산드로스가 근동 일대를 장악하면서 헬레니즘 제국의 통치하에 들어갔고, 프톨레마이오스 왕조하에서는 제국 내 세력 다툼을 틈타 상대적인 자유를 누려, 대도시 알렉산드리아의 디아스포라 유대인들의 수가 급증하여 문화적으로도 부흥하였다.

---

4. 김성, "사도 바울의 선교여정 연구: 유대인 디아스포라와 지중해의 해상교통을 중심으로." 「서양고대사연구」 제21권 (2007), 187.

그러나 셀레우코스 왕조가 팔레스타인을 장악한 후 안티오코스(Antiochos) 4세가 유대인들에게 율법을 금지하고 이교신에 대한 숭배를 강요하는 강한 헬라화 정책을 추진하면서 유대인 디아스포라는 큰 정체성의 위기를 겪었다.

이 시기에 그리스어와 그리스식 교육기관 등 그리스 도시문화를 정복지에 이식하는 제국의 강한 동화정책에 의해 유대인들은 문화적 정체성이 총체적으로 위협받는 가혹한 시련을 겪게 된다. 그 과정에서 헬라화에 저항하며 셀레우코스 왕조와 항쟁을 벌여 승리한 마카베오(Judas Machabacus) 일가(一家)가 하스모니안 왕국을 세웠다.

이 시기 디아스포라 유대인들의 총체적 위기의식은 유대 묵시문학과 종말론적 메시아사상의 배경이 되었다. 그러나 고대 이스라엘 종교에서 유대교(Judaism)로의 발전은 헬레니즘의 도전에 응하면서 이루어졌다는 역사학자이며 신학자인 마르틴 헹엘(Martin Hengel) 교수의 지적처럼, 이러한 급속한 헬레니즘화는 오히려 디아스포라 유대인들의 민족적 정체성과 종교적 정체성을 가다듬은 계기가 되었다.[5]

기독교 1세기 유대인 디아스포라는 헬레니즘 제국에 이어 강력하게 부상한 로마제국의 속주로 제국 총독의 통치를 받게 되었다.

로마제국에 영합한 기득권세력과 독립항쟁 세력의 갈등 속에서 132년 시몬 바르 코크바(Simon Bar Kokhbar)에 의한 유대인 봉기가 결국 로마에 의해 진압되었고, 예루살렘과 성전이 완전히 파괴되고 '아이올리

---

5. 헹엘, 마틴(Hengel, Martin), 『유대교와 헬레니즘—기원전 2세기 중반까지 팔레스타인을 중심으로 한 유대교와 헬레니즘의 만남 연구』(Judentum und Hellenismus), 박정수 역 (파주: 나남, 2012), 125-130.

아 카피톨리나'(Aeolia Capitoline)라는 그리스식 도시로 바뀌게 되었다.

그 이후 유대인들은 본국과 예루살렘 성전을 완전히 잃어버리고 도처에서 유랑(流浪)하는 디아스포라의 민족이 되었다. 그러나 디아스포라 유대인들에게 '고국'은 언젠가는 돌아갈 고향이었으며, 삶의 조건이 나빠질수록 그것은 하나의 '메시아적 희망'으로 추상화되었다.

디아스포라 유대인 사회는 나라가 사라진 이후부터 언제 어디서나 국경을 초월하고 정치적 · 종교적 · 문화적으로 고국과 연속적이고 지속 가능한 관계를 유지했다. 유대인 디아스포라 공동체의 핵심은 인종-국가-종교적 특성들이 어우러져 구성되었다.[6]

디아스포라 유대인들은 축복의 땅이며 다윗의 영광을 상징하는 예루살렘과 결부된 정체성과 생존의 터전인 낯선 타국의 문화적 · 종교적 · 정치적 조건이 초래하는 갈등과 긴장 속에서 상실감과 좌절을 겪었다.

그러나 한편으로는 그러한 악조건 속에서 새로운 종교적 관념과 의식들을 창조해 내는 디아스포라 종교성을 발휘하였다. 기독교에도 깊은 영향을 준 묵시 사상과 메시아주의(=救世主義, messianism)도 그중의 하나라고 할 수 있다.

여기에서 초월적 일신교 신학 체계의 정립, 토라와 탈무드 집성 및 율법을 중심으로 한 거룩한 삶의 종교성, 그리고 회당을 중심으로 한 범세계적 네트워크의 세 측면에서 디아스포라 유대교의 역동적 창조성을 살펴본다.

---

6. 최창모, "이스라엘과 유대인 디아스포라의 관계 분석 연구." 「디아스포라연구」 제10권 제2호 (2016), 9.

디아스포라 유대교의 역동적 창조성

바빌론 포로 시기와 헬레니즘 제국 시기는 유대 역사를 기록한 성경이 가장 절망적이고 묵시적 어조로 묘사한 시련기였다. 즉 이주한 제국 대도시의 화려하고 고도로 발전되고 세련된 선진문화의 공세 속에서 디아스포라 유대인들이 자신들의 문화적 · 종교적 · 민족적 정체성을 끊임없이 위협받았기 때문이다.

그러나 흥미롭게도 이 시기에 디아스포라 유대인들은 매우 창조적인 새로운 종교사상의 진전을 이룬다. 디아스포라의 진정한 의미를 발휘하게 된 것이다.

모세5경의 첫 장(章)인 '창세기'는 시기적으로 모세5경 가운데 가장 늦게 집성된 문서로 알려져 있다. 창세기의 신관은 야훼 신앙에서 유일신 '엘로힘 신앙'으로 재정립된 체계적 유일신관(唯一神觀)인데, 바로 바빌론 포로기를 배경으로 그러한 종합이 이루어졌다.

아브라함과 족장들의 하나님, 모세에게 제시되고 유대민족을 선택한 야훼 하나님이 바로 하늘과 땅을 비롯한 모든 세계를 창조한 초월적 신(神)이라는 신학이 등장한 것이다.

따라서 창세기는 야훼에 대한 묘사들을 비신화화(非神話化)하고 의인화적 표현들을 절제하며 다른 민족의 신들을 우상으로 격하시키고, 창조주와 피조물로서의 인간의 거리를 강조한다.[7]

소수의 디아스포라 공동체로 포로 상태였던 유대인들은 그들의 수

---

7. 하경택, "야훼 유일신 신앙의 형성과정에 관한 소고." 「Cannon&Culture」 제5권 제3호 (한국신학정보연구원, 2010), 164–169.

호신인 야훼 하나님을 발전시켰다고 할 수 있다. 디아스포라 상황에서 폐쇄적인 민족주의적 신관으로 후퇴하고 고립되기보다는 포괄적이고 초월적인 관념을 통해 자신들의 디아스포라적 처지에 대한 종교적 해답의 체계를 마련한 것이다.

즉 디아스포라 유대공동체가 근동 지역으로 확산된 바빌론 포로기의 가장 중요한 문화적 창조성은 유대민족의 수호신이자 전사이신 야훼 하나님이 세상의 창조주이신 유일신 하나님 관념과 통합된 것에서 발견할 수 있다.

포로로 잡혀간 유대인들은 자신들의 정체성을 유지하기 위해 자신들의 종교를 새로운 상황에 적응시켜야 했다. 그들은 유대의 민족신(民族神)인 야훼(YHWH)를 모든 인류 역사의 보편적인 신으로 재해석했다. 이에 따라, 유대 사람들에게 닥친 재앙은 바빌로니아와 그 신들의 승리가 아니라 유일신이 유대 사람들에게 내린 징벌이 되었다.

이러한 신학은 자연히 신과 인간의 관계나 그에 따른 종교적·윤리적 의무를 재검토하게 만들었다. 그리고 이런 문제들과 함께 얽혀 있던 것이 바로 유대의 옛 전통을 보존할 필요성이었다. 성서의 기록들 가운데 상당수를 탄생케 한 유대교의 학문적 전통은 이렇게 해서 시작되었다.

디아스포라 유대인들은 배타적이고 폐쇄적인 길이 아니라, 초월적 일신교를 통해 개방적이고 더 포괄적인 종교사상으로의 발전을 이뤄 냈다. 그것은 당시의 다신교 세계관을 비판적으로 바라보고 있던 이방의 지성인들로 하여금 유대교에 호감을 가지게 하는 하나의 요인이 되었다.

초기 기독교의 세계

실제로 디아스포라 유대인에 대한 로마 사회의 호감도는 이러한 일신교(一神教)에 대한 갈망 같은 것에서 비롯되었다고 서양사학자 정기문 교수는 주장한다.[8]

BC 2세기 이후 로마가 지중해 세계를 지배하게 되었지만, 로마의 지배를 받게 된 사람들뿐만 아니라 로마 사람들조차도 로마의 전통 종교에 대해서 회의를 느꼈으며 좀 더 고차원적인 종교를 갈망했다.

그리스, 로마의 종교는 근본적으로 현세 중심적이었으며, 특히 로마의 종교는 일종의 국가종교로서 개인의 신앙과 영혼의 문제를 해결해 주지 못하였다. 따라서 로마 사람들은 시민의 임무로서 로마의 신들을 숭배하면서도 개인의 영적인 문제를 해결하기 위해서는 새로운 종교를 갈망하였다.

새로운 종교에 대한 갈망에는 신분, 빈부, 성의 차이가 없었다. 스스로 신의 반열에 오르게 되었던 로마의 황제들도 동방의 종교나 신비의식에 빠져들었다.

율법과 거룩한 삶의 종교

헬레니즘 여러 국가에 디아스포라 유대교는 외래문화의 강력한 도전과 예루살렘 성전의 완전한 파괴로 인한 탈영토화의 상황 속에서 새로운 창조적 길을 찾았다.

AD 70년 예루살렘이 영원히 이교화(異教化)되어 거룩한 우주의 중심

---

8. 정기문, "로마제국 초기 디아스포라 유대인의 팽창 원인," 「전북사학」 제48호 (전북사학회, 2016), 279-302.

이며 풍요와 축복의 원천(가나안 복지)인 그 땅에 더 이상 갈 수 없고, 예루살렘 성전제의(聖殿祭儀, sacrifice)도 드릴 수 없게 된 타국의 역사를 겪으면서 그들은 이 세계를 어떻게 바라볼 것인가? 하는 문제와 직면하게 되었다.

세계를 바라보는 방식, 즉 중심을 잃어버린 디아스포라 유대인들은 중심의 상실로 인해 의미도 상실된 우주(세계)를 다시 의미 있게 만드는 방식을 생각해 내야 했다. 그 결과 현실의 구체적인 문제들과 관련하여 토라를 연구하고 주석하는 미슈나(Mishnah, 미쉬나)와 게마라(Gemara) 등 탈무드(Talmud, 구전 토라)를 통해 삶을 재조직하는 '거룩한 생활'의 종교성을 발전시켰다.[9]

디아스포라 유대인들은 거룩한 예루살렘의 파괴와 곳곳으로 흩어진 디아스포라의 상황이 자신들의 삶을 비존재의 존재, 미비한 존재로 만든다고 절망하기보다는 새로운 종교적 방식을 창조했던 것이다.

따라서 저명한 유대학자 제이콥 뉴스너(Jacob Neusner)는 성전 파괴 이후 디아스포라 유대인들의 종교는 쇠퇴와 해체의 시대로 저물어 간 것이 아니라 오히려 주목할 만한 재구성과 창조의 시대를 시작했다고 말한 바 있다.

탈영토화, 탈중심화된 디아스포라적 조건 속에서 유대인들은 가시적이며 유일무이한 성전과 성전 의례를 중심한 종교성이 아니라 토라와 율법을 중심한 거룩한 삶의 종교성으로 전환했다. 토라는 유대인들

---

9. E. Gruen, *Diaspora: Jews admist Greeks and Romans.* (Harvard Univ, Press, 2002), 232-252. 미쉬나를 법리논쟁한 것(=하브루타를 사용함: 묻고 대답하고 함께 찾는 공부법) 그리고 재해석한 것을 '게마라'라 부르며, 이는 미쉬나와 합본하여, '탈무드'라 일컫는다.

의 종교적인 규범이며 동시에 사회적인 규범, 즉 법전이다.

그렇게 하여 그들은 '율법의 민족'이 되었으며, '책의 종교'(느 8:5–12)[10]가 되었고 법(규범)과 윤리를 발전시켰다. 하나의 성전이 들고 이동할 수 있는 책(경전)으로 대체되었고 성전 의례는 율법을 준수하는 삶으로 대체되었다.

유대교 회당의 네트워크

유대교의 중심지이며 범세계적 네트워크의 기반인 회당도 바빌로니아 유배, 즉 포로기에 생겨났다. 예루살렘 성전이 파괴되고 다윗 왕조도 사라진 상태에서 타향살이를 하던 유대인들을 결속시킬 구심점이 필요했다.

유대교의 회당은 바로 성전을 대신해서 유대인들의 민족정체성과 신앙과 삶을 지탱해 주는 구심점인 토라를 낭독하고 공부하는 곳이며 디아스포라 유대인들의 교류 장소이기도 했다.

디아스포라 공동체들의 중심인 유대교 회당은 흔히 생각되듯이 고립된 게토(ghetto)[11]만은 아니었다. 오히려 당시로서는 흔치 않았던 세계적인 조직으로서 유대인들과 다른 사람들의 문화 간 소통을 가능하게 한 교류의 장이기도 했다. 유대인 디아스포라의 게토화는 중세와 근대

---

10. Dimmach, M. and Hadfield, A., *The Religion of the Book*, (New York: Palgrave Macmillan, 2009), 20.
11. 소수 인종이나 민족, 또는 소수 종교집단이 거주하는 도시 안의 한 구역을 가리키는 말. 역사적으로 볼 때, 중세기에 유럽에서 설치한 유대인 강제거주지역, 나치 독일이 만든 유대인 강제수용소, 미국에서 흑인 등이 사는 빈민가(貧民街)가 게토에 속한다.

반(反)셈족주의의 발흥과 연동된 현상으로 디아스포라 역사의 일부일 뿐이다.[12]

이주 국가와의 갈등이 첨예한 시기도 있었지만, 그들은 많은 기간 거주 국가에서 소수 민족적 종교적 집단으로서 특정한 방식의 자율성과 입지를 확보하고 자신의 정체성을 지키면서 일종의 타협을 이루며 살았다.

'허용된 종교'('permitted religion', 또는 'approved religion')라는 개념이 고대 제국에서 유대인과 유대교 공동체에 부여한 용어였다. 그들은 제국의 신을 숭배하는 종교의식에 불참하는 대신, 더 많은 세금을 내는 나름의 민족적·종교적 존재 방식을 허용받았다.

회당을 중심한 네트워크와 상업적 수완 등을 인정받아서 그에 호감을 가지고 있거나 이용하고자 했던 제국 황제들의 지원을 받기도 했다.

이런 로마의 포용적 태도는 유대인에 대한 징집령에서도 잘 드러난다. 49년 집정관(consul)이었던 렌툴루스 크루스(Lentulus Crus)가 아시아 속주에서 징집령을 내렸는데, 그때 그는 "로마 시민으로서 유대인의 풍습을 지키는 유대인"을 징집에서 면제하는 칙령을 발표했다. 유대인들의 섭생이 특이하고 안식일에 군사적 업무를 수행할 수 없다는 것을 고려한 조치였다.

로마의 유대인과 유대교에 대한 이런 온건하고 포용적인 조처는 카이사르 시기에 체계화된다. BC 48년 카이사르는 이집트에서 프톨레마이오스 13세와 싸우고 있었다. 카이사르는 파르살로스 전투에서 폼페이우스를 격파했는데, 폼페이우스는 이집트로 도망했다.

---

12. P. Schäfer, *The History of the Jews in the Greco-Roman World.* (London, 2003), 65−89.

초기 기독교의 세계

그곳에서 클레오파트라가 프톨레마이오스 13세의 내전에 연루되었다. 이때 유대의 지도자들인 히르카누스와 안티파테르는 카이사르가 향후 로마의 주도권을 장악할 것을 알고 군대를 보내 그를 도왔다. 이들의 도움을 받아서 카이사르는 전열을 정비하고 프톨레마이오스 13세에게 승리하였다.

이후 히르카누스와 안티파테르는 계속해서 카이사르에게 충성을 바쳤고 카이사르는 그들의 충성심이 확고하다는 것을 알고 친유대적인 정책을 폈다. 카이사르는 팔레스타인이 피(被)보호국(Client kingdom)이기에 유대인들에게 군복무와 징발을 요구하지 않을 것임을 확인했고 예루살렘 성벽을 재건하는 것을 허락했으며 그 건축을 위해서 세금까지 감면해 주었다.

이렇게 카이사르가 친유대적 태도를 보이자, 안티파테르는 BC 47년에 사절을 보내 로마와 유대 간의 동맹관계를 복원하려고 했고, 카이사르는 유대인이 로마의 '친구이자 동맹자'임을 인정하고 디아스포라 유대인들이 이방인들에게 괴롭힘을 당할 경우 보호해 주겠다고 약속했다.

또한 카이사르는 유대인에게 여러 특권을 제시하였다. 카이사르는 유대교를 합법 종교로 인정하고 유대인들이 예배와 공동식사를 위해서 회합을 가질 수 있는 권리, 회당을 지을 수 있는 권리, 안식일과 전통적인 유대 축제를 준수할 수 있는 권리, 자신들의 전통적인 법을 준수하고 기금을 조성할 수 있는 권리를 주었다.

그리고 카이사르는 렌툴루스 크루스가 아시아 속주의 유대인에게 주었던 징집 면제권을 확대하도록 제도화시켰다. 카이사르는 시민권을 가진 유대인뿐만 아니라 모든 유대인이 징집에서 면제받도록 했으며 그 적용 범위도 아시아 속주에서 전제국으로 확대했다.

카이사르의 후계자인 아우구스투스도 친(親)유대정책을 계속했다. 아우구스투스는 카이사르의 유대인에 대한 칙령을 재확인하고 예루살렘 성전에 대규모 기부를 했을 뿐만 아니라 유대인들에게 추가의 특권을 주었다. 그는 로마 시민에 대한 무상 곡물 분배가 유대인의 안식일에 이루어지는 경우, 유대인들의 몫을 따로 남겨두었다가 그다음 날에 주도록 했다.

그러나 그 무엇보다 유대인이 종교적 특권을 누렸다는 것을 상징하는 것은 그들이 황제숭배를 면제받았다는 것이다. 아우구스투스 이후 로마는 유대인들에게 황제숭배를 강요하는 것이 그들의 유일신 신앙을 훼손하는 것임을 알고 황제의 안녕을 위해 매일 야훼에게 제사와 기도를 드리는 것으로 대체하도록 하였다.

후에 모든 속주민들이 황제에 대한 충성의 상징으로 황제숭배에 참가해야 했을 때도 유대인들만이 이를 면제받았다는 것은 유대교에 대한 로마의 배려가 각별했다는 것을 잘 보여준다.

카이사르와 그의 후계자들이 이런 특권을 부여했기 때문에 디아스포라 유대인들은 차별과 불이익을 받는 존재가 아니라 특권을 누리는 존재였으며 이 때문에 이방인들로부터 반발을 사기도 했다.

초기 기독교의 세계

2. 디아스포라 유대인 바울

바울 시대의 헬레니즘의 에토스

팔레스타인의 유대인 예수로부터 시작된 기독교는 바로 디아스포라 유대인들이 곳곳에 퍼져 있던 헬레니즘 세계에서 출현하여 발전하였다. 기독교 형성기에 유대인 디아스포라는 이전의 헬레니즘 제국의 국제화를 위해 조성된 육로 및 해로의 발달과 로마의 식민지 확장에 의해서 더 광범위한 지역까지 퍼져 있었다.

그것은 오래된 도시국가의 틀이 제국에 의해 해체되고 펼쳐진 코즈모폴리턴적 세계, 이동과 교류가 늘고 새로운 기회도 있었지만, 한편으로는 불안하고 불확실성이 큰 세계였다.

독일 철학자 한스 요나스(Hans Jonas) 교수는 헬레니즘 제국의 에토스를 뿌리 깊은 불안으로 다음과 같이 설명한 바 있다.

> 도시국가의 낡은 구조가 해체되면서, 인간은 이제 세계시민(cosmopolitan), 즉 온 우주의 시민으로 이해되었지만, 그것은 너무나 큰 것이었다. 인간은 더 이상 우주 외의 어느 것의 일부도 아니었기 때문이다.[13]

특히 정복 전쟁과 이주 정책으로 고향 땅과 가족, 형제, 신전과 종교로부터 유리된 사람들에게는 더욱 폭압적이고 변덕스러우며 불안한 세계였다. 삶의 의미를 제공하던 기존의 신화나 관념들은 그것들이 성

---

13. Jonas, Hans, *Gnostic Religion: The Message of the Alien God and the Beginnings of Christianity*, 3rd edition. (Boston, Mass.: Beacon Press, 2001), 5–7.

스러움을 부여했던 그 질서가 더 이상 유지되지 못하는 현실이 되었다.

이 거대한 세계에서 불안과 혼돈을 느끼는 사람들은 정신적 의지처를 찾거나 새로운 삶의 지도와 틀을 갈구했다. 하나님 나라의 도래와 보편적 사랑을 외친 예수와 그의 제자들을 중심으로 기독교가 예수 운동으로 시작해 새로운 종교운동으로 퍼져나간 것이 바로 그러한 헬레니즘 도시들이었다.

갈릴리의 예수 운동이 팔레스타인을 넘어 기독교라는 새로운 종교운동으로서 로마제국 전역으로 확산되는 데 결정적인 역할을 한 사람은 헬레니즘 도시 디아스포라 출신의 유대인 바울이다.

그는 예수의 열두 제자도 아니었고, 오히려 예수 운동을 눈엣가시처럼 여기던 바리새파 유대인 사울(개종 이전의 이름)이었다.

기독교인들을 박해하러 가던 길에서 극적으로 부활한 예수를 직접 만나는 회심 체험(回心體驗)[14]을 거쳐 '이방인의 사도'를 자처한 바울(이후 히브리어 왕의 이름인 '사울'에서 그리스어로 '지극히 작은 자'를 뜻하는 '바울'(paulos))로 개명(改名)하여 기독교가 유대인의 경계선을 넘어 이방들에게까지 전파되는 기틀을 마련했다.

예수 사후 전개된 초기 기독교와 헬레니즘 기독교(Hellenistic Christianity 혹은 이방 기독교, Gentile Christianity)로 구분하는데, 베드로와 열두 제자를 중심

---

14. 개종(改宗, conversion) 또는 회심(回心, conversion)이란 무종교의 상태에서 일정 종교를 갖는다거나 하나의 종교에서 다른 종교로 옮아가는 행위를 말하는데 일반적으로는 어떠한 동기에서 정신적 변화를 일으켜 그때까지와는 전혀 다른 정신세계로 들어가는 것을 의미한다. 바울의 다마스쿠스 회심 사건에 대한 전통적 이해는 서양 사상에서는 아우구스티누스(Augustinus)가 경험한 자기 회심에 대한 이해까지 거슬러서 올라가는 긴 역사가 있다. Peter G. Stromberg, *Language and Self-Transformation: A Study of the Christian Conversion Narrative.* (Cambridge University Press, 2008), 26.

으로 한 유대기독교의 기반이 70년 예루살렘 성전 파괴로 약화된 후, 바울의 선교를 통해 성장한 로마, 코린도, 에베소 등지의 이방 기독교 공동체들로 그 중심이 이동하였다.

이것은 사도행전의 많은 부분이 디아스포라 유대인 바울과 바나바, 스데반, 디모데 등 디아스포라 출신들의 선교 이야기로 채워져 있고, 신약성경의 절반가량을 바울서신들이 차지한 것을 통해서도 충분히 알 수 있다.

나사렛 출신의 유대인 예수는 갈릴리, 예루살렘 등 팔레스타인 일대에서 주로 활동했고, 그 제자들도 주로 유대인이었다. 예수는 유대교 바리새파의 율법주의를 강하게 비판하면서도 여전히 유대공동체 내의 급진적 개혁운동으로 간주되었다.

그런데 예수 운동이 유대교 개혁운동을 넘어 세계화되는 데에는 탈유대화의 계기가 필요했다. 역사적으로 탈유대화의 중요한 계기가 된 것이 바로 예루살렘의 파괴와 바울의 이방인 선교였다.

예루살렘의 파괴는 유대교 역사에서도 탈영토화(脫領土化)의 중요한 계기였지만, 유대인 예수를 중심으로 한 종교운동을 탈영토화하고 탈유대화하는 중요한 사건이기도 했다.

전형적인 디아스포라 유대인, 바울의 일생

사실 신약성경에 등장하는 인물 가운데 전 생애의 과정을 전기물(傳記物)의 형태로 묘사할 수 있는 인물은 존재하지 않는다. 다만 인생의 한 단면만을 유추할 수 있는 자료를 성경으로부터 얻을 수 있을 뿐이다.

사도 바울의 경우도 예외는 아니다.

사도 바울로부터 우리가 얻을 수 있는 정보는 그가 혈통적으로 베냐민 지파의 태생이며 종교적으로 율법에 충실한 바리새인의 계열에 속하고 다메섹에서 예수 그리스도와 만남을 통하여 교회의 박해자에서 이방인을 위한 복음의 사도가 되었다는 간략한 내용에 지나지 않는다.

바울은 전형적인 디아스포라 유대인이다. 바울은 그 성장 과정과 생활환경에서 다양한 문화와 민족 집단, 여러 계층에 속하는 사람들을 쉽게 만날 수 있었고 끊임없이 그들과 교류했다.

그는 율법을 엄수하던 바리새파 유대인으로 혈통적으로는 베냐민 지파에 속하는 히브리인 중의 히브리인(빌 3:5)으로 태어나 생후 8일째 할례를 받았고, 예루살렘에서 자라며 유명한 랍비 가말리엘(Gamaliel) 문하(門下)에서 엄격한 율법 교육을 받았다고 자부하기도 했다.

그러나 바울은 예루살렘 밖에 있는 길리기아의 수도 타르수스(=다소. 현재 튀르키예 소재)에서 태어났으며, 유대인들이 사용하던 아람어를 자유롭게 구사하면서 그리스어로 말하고 글을 썼다. 타르수스는 당시 상업이 번창하고 스토아철학 등의 철학, 교육, 종교가 융성했던 소아시아 헬레니즘 문화의 중심지였다.

바울은 어릴 때부터 다른 민족과 혈통의 사람들을 만났고 교역과 문화의 중심지에서 나날이 세계에 대한 개방성도 체득했을 것이다. 또한 그는 자신이 고발당한 사건이 로마에서 심리(審理)되도록 요구할 수 있었던 시민권자이기도 했다.

이처럼 바울은 유대인의 종교적·민족적 정체성을 가졌고, 행정적 · 법적으로는 로마 시민이었으며, 문화적으로 헬레니즘 도시문화에 익숙하며 그리스적 교양과 학문을 겸비한 국제인이었다.

디아스포라 유대인으로서 바울은 여러 세계를 넘나들고 여러 문화적 정체성을 동시에 가지고 있었던 경계인이며, 전형적인 다중 문화인이었다. 다양한 문화의 다양한 민족들의 세계가 교차하는 도시환경은 많은 것을 자기화하고 적응, 동화시킬 수 있는 바울의 탄력적인 정신의 요람이었다.

또한 바울은 양가죽이나 천으로 천막을 만들어 팔던 가업을 물려받아 천막 기술을 가지고 있었다. 선교 중에도 공동체에 신세를 지지 않고 천막을 만들어 스스로 비용을 마련하곤 한 바울은 땅을 일구는 농부가 아니라, 이동하면서 일하고 살 수 있는 기술을 가진 도시의 수공업자로서 이동하고 경계를 넘는 디아스포라 종교성을 보여준다.

바울보다 앞선 이방인 선교자 바나바(Βαρνάβας, Barnabas)도 레위족이지만, 키프로스(=구브로)섬 출신으로 디아스포라 유대인이다. 두 세계에 모두 익숙했던 바나바는 바울을 예루살렘과 안디옥 교회에 소개하고 또 이방 선교로 이끄는 가교역할을 했다.

사도행전에 등장하는 바울의 동역자 디모데도 역시 희랍인 어머니와 유대인 아버지 사이의 혼혈인 디아스포라 유대인으로 문화와 혈통적으로 중간자적이고 매개적인 성격을 가지고 있었다.

바울과 이들 초기 이방인 전도자들이 선교했던 곳도 주로 유대인 디아스포라가 있으며 문화적 · 인종적 다양성을 보이는 대도시들이었다. 바울이 그리스도를 전파했던 곳은 대부분 시리아의 안디옥, 마케도니아의 데살로니가, 아카이아의 고린도, 소아시아의 에베소, 갈라디아의 앙키라와 같은 로마 속주의 수도들이었다.

또한 바울은 이러한 도시들에서 주로 디아스포라 유대인들의 회당에 드나들던 하나님 공경자, 하나님 경외자(God-fearer, Godfearers)라 불리던 이방인들을 선교 대상으로 삼았다.

유대교의 일신교 사상과 윤리에는 동조하지만, 할례나 음식법 등 엄격한 율법 준수는 부담스러운 상당수의 이방인들이 디아스포라 유대교 회당의 외곽에서 회당을 후원하거나 일부 모임에만 부분적으로 참여하고 있었다.

유대교 성경과 성경의 하나님에 대해서도 익숙하고 호감이 있는 그러한 이방인들은 기독교의 복음을 선교하기에 최적의 존재들이었다.

기독교는 개종자에게 믿음과 세례 외에 할례나 음식 금기 등의 어려운 조건을 요구하지 않았기에 그들에게 매우 설득력 있고 매력적으로 다가갈 수 있었다.

실제로 바울의 이러한 하나님 공경자, 하나님 경외의 선교는 유대인 디아스포라에게 우호적이던 외곽의 후원 세력들을 잃게 될 요소로 인식되어 유대인 공동체와 초기 기독교인 사이에 갈등과 긴장의 원인이 되었을 것으로 본다.[15]

바울의 기독교는 베드로와 야고보 등의 유대기독교 대표자들과 바울을 위시한 이방 선교자들이 한자리에 모였던 예루살렘 회동에서 이방인 신자들에 대한 할례의 의무를 폐지했다.

또한 이방인이나 유대인이나 어떤 다른 경계에 상관없이 기독교 신

---

15. 타우브스, 제콥(Taubes, Jacob), 『바울의 정치학』((Die) politische Theologie des Paulus), 조효원 역 (서울: 그린비, 2012), 22-34.

자들은 함께 식탁의 교제를 할 수 있는 개방성을 보여주었다.

이는 인간의 수평적 연대를 파괴할 수 있는 개방성을 보여주었다. 인간의 수평적 연대를 파괴할 수 있는 규범의 포기를 의미하는 것이었다.

독일 신약성경 학자 빌헬름 부세(Wilhelm Bousser) 박사는 이러한 초기 기독교 운동을 "보편적이 되어 확장된 디아스포라 유대교"[16]라고 표현했고, 독일 신학자 구스타프 멘싱(Gustav Mensching) 박사는 출생을 통한 공동체 귀속에 의한 구원이 아니라 개인의 선택에 의한 변화와 갱신의 구원으로 구원관(救援觀)의 구조가 변화된 것에 주목했다.[17]

구원이 비유대인에게도 전면적으로 개방됨으로써 민족종교인 유대교에서 보편종교인 기독교로의 변형이 이루어졌다는 것이다.

따라서 고대 세계에서 기독교는 분리적인 사회규범을 철폐하는 개방을 통해 "비유대인들도 들어갈 수 있는 유대교"로 자리매김하였고, 디아스포라 유대교의 신학과 윤리에 호감을 가지고 회당에 출입하던 제국의 대도시 이방인들에게 더 보편적인 종교로 다가가게 된다.

바울은 그의 서신들에서 이방인들뿐만 아니라, 차별 없이 모든 사람에게 예수를 통한 구원 사상을 피력한다. 그가 로마제국의 곳곳에 세웠던 기독교 공동체는 세계를 구성하는 다양한 경계들을 가로질러 그것들을 상대화시키고 모두에게 차별 없이 말을 건넬 수 있는 보편적

---

16. 부세, 빌헬름(Bousser, Wilhelm), 「퀴리오스 크리스토스」(Kyrios Christos), 진규선 역 (서울: 수완진, 2021), 42.

17. 테이슨, 제드(Theissen, Gerd), "유대교와 기독교-바울에게서 시작된 두 종교의 분열에 대한 사회사적 고찰." 박정수 역, 「신약논단」 제13권 제4호 (한국신약학회, 2006), 1059-1060.

종교의 실험이었다.[18]

기독교의 보편적 사랑은 예수의 복음과 행적을 통해 일차적으로 드러났지만, 기독교가 확고하게 탈민족적이고 탈중심적인 형태로 모든 곳에 누구에게나 전파될 수 있게 된 배경에는 바울과 초기 기독교인들이 가진 디아스포라적 특징이 작용했던 것은 부인할 수 없는 사실이다.

디아스포라 공동체와 달리, 천상의 하나님 도성을 본국으로 여긴 디아스포라 공동체이기도 했던 초기 기독교회는 초국가적인 네트워크를 가진 거대한 새로운 사회조직이며, 신앙결사체로서, 주어진 인종, 신분, 성별, 민족의 경계들을 넘어 새로운 정체성을 창조하였던 것이다.

사도행전에 의하면 바울은 스데반의 박해 사건에 연루되고 예수의 사도가 된 후에 안디옥을 정점으로 하여 로마제국의 동편을 3차례나 걸쳐 순회하며 복음을 전했다. 그는 마지막 예루살렘 방문 시 체포되어, 결국 로마에 압송되어 영어(囹圄)의 몸이 된다는 기사로 바울의 연대기는 끝을 맺는다.

3. 초기 기독교 신학의 디아스포라 종교성

초기 기독교 공동체는 로마제국하에서 소수 종교집단으로 박해와 수난을 겪으면서도 발전하여 로마제국의 주류 종교가 되면서 헬레니

---

18. 바듀, 알라인(Badiou, Alain), 『사도 바울: 제국에 맞서는 보편주의 윤리를 찾아서』(Saint Paul: la foundation de l'universalisme), 현성환 역 (서울: 그린비, 2008), 165–177.

초기 기독교의 세계

즘과 헤브라이즘이 융합한 서구 문명의 정신적 토대가 되었다.

역사적 · 종교사적인 시야에서 보면 서구 문명뿐만 아니라, 기독교의 주요한 교리 개념과 교의(敎義, dogma), 신학(神學)도 고대 이스라엘의 유대(히브리)적 사유와 헬레니즘 시기의 종교와 사상, 문화의 만남과 교류의 산물이다.

여기서는 바울과 초기 기독교 신학을 이루고 있는 '복음'(εύαγγέλιον, 유앙겔리온), '믿음'(πίστις, 피스티스), '은총'(恩寵, χαρις, 카리스), '의'(義, δικαιοσύνη, 디카이오수네), '평화'(Εἰρήνη, 에이레네)와 같은 개념들을 중심으로 초기 기독교가 가진 디아스포라 종교성에 대해서 간략히 살펴보려고 한다.

신앙의 관점에서 성경은 순수한 계시의 기록이지만, 역사가나 종교 연구자의 관점에서 보면 코이네 그리스어로 된 신약성경의 많은 어휘와 사상들은 헬레니즘 도시의 디아스포라 공동체들에서 발전한 종교성의 사례들이다.

바울서신들에서 중요한 개념으로 사용되는 복음, 믿음, 의, 평화와 같은 용어들은 구약성경에 자주 등장하는 말들이 아니라, 오히려 로마제국이 선전하는 이데올로기의 용어들이었다.

알렉산드리아에서 그리스어로 번역된 70인역 성경에는 바울과 초기 기독교인들이 사용한 '복음'이라는 용어, 즉 어떤 신적인 행동과 선포(宣布)이자 모든 인간에게 주어진 기쁜 소식을 의미하는 명사가 발견되지 않는다.

'복음'과 흡사한 말은 오히려 로마 황제 아우구스투스가 옛 예언을 성취하기 위해 이 세상에 출현한 것이 '복음'임을 기록한 로마제국의 비문(碑文)에서 발견된다.

바울은 로마 황제가 이 세상에 평화를 주었다는 로마의 '복음'이라는 말을 사용하여 그것을 역전시키며 기독교의 복음을 선포한 것이다. 마찬가지로 로마 황제에 대한 신실함과 신뢰, 즉 충성심의 의미인 그리스어 πιστις(피스티스, '믿음')은 로마서에서 하나님의 신실하심과 "진정한 구주인 예수 그리스도에 대한 믿음"으로 다른 맥락에서 재사용된다.

고대사회의 로마제국에서 무력에 의한 응보를 의미하던 '정의'라는 단어는 구약의 '칭의'(稱義, 히츠디크, צדק), 어떤 사람의 지위가 율법의 요구와 일치한다고 법적으로 선언 개념과 융합되어, 예수 그리스도를 믿음으로 말미암아 죄의 책임과 처벌로부터 자유롭고 의롭게 되어 하나님과의 결속됨을 의미하게 된다.

바울은 고대 그리스와 로마제국의 전쟁의 승리로 획득되는 '평화'를 그리스도의 죽음과 부활을 통한 진정한 평화와 대비시켜 로마의 폭력적 제국주의의 군사적 캠페인을 비판하고 하나님의 은총으로 "인간 몸으로 오신" 구세주 그리스도를 통한 진정한 평화를 주창하기도 했다.[19]

신약성경에 등장하는 기독교 핵심적 신학 개념들은 이러한 헬레니즘 문화와 유대인들의 헤브라이즘이 공존하며 문화 간 번역과 전유(專有, appropriation)[20]가 활발하던 디아스포라적 맥락에서 정립된 것이다.

삼위일체론이나 기독론 등과 같은 정통교리와 신학도 마찬가지이

---

19. 홀스레이, 리차드 A.(Horsley, Richard A.), 『바울과 로마제국: 로마제국주의 사회의 종교와 권력』 (Paul and empire: religion and power in Roman imperial society), 홍성철 역 (서울: 기독교문서선교회, 2011), 225–231.
20. 어느 한 문화집단의 구성원이 다른 인종이나 문화집단의 문화나 정체성 요소를 차용하는 것을 말하는데, 특히 그 문화에 대한 이해 없이 차용하는 경우에 해당한다.

초기 기독교의 세계

다. 초기 기독교 운동은 고대 근동과 그리스 · 로마의 제국환경 속에서 두 문화 사이를 끊임없이 교류하며 문화적 혼성성(混性性), 탈영토화(脫領土化)와 재영토화가 이루어지는 디아스포라 종교의 역동적인 문화적 창조의 결과물이다.

지금까지 서양 고대 근동과 지중해 지역의 제국기에 출현한 디아스포라 종교인 유대교와 기독교의 사례를 통해 두 유형의 디아스포라 종교를 살펴보았다.

민족적 정체성의 중심성이 강한 유대인 디아스포라는 존재하지만 빼앗긴 땅, 시오니즘과의 긴장 관계의 경우와 민족적 정체성이 신앙적 정체성으로 대체된 기독교의 경우였다. 두 유형에서 세계성과 특수 주의의 새로운 긴장 관계가 발견된다.[21]

확고한 중심과 질서를 중심한 종교성과는 달리 중심을 상실하고 이곳저곳으로 이동하고 흩어져 경계를 넘어 민족적 · 종교적 · 문화적 타자와 대면하며 살아가면서 형성되는 디아스포라의 종교성은 이중 혹은 다중의 정체성과 문화에 소속되어 문화 간 매개와 소통이 불가피한 현실, 탈영토화가 초래하는 정체성의 긴장을 자원으로 한다.

디아스포라 종교성은 물론 폐쇄적 고립주의와 정체성의 해체에 이르는 개방주의의 양극단으로 전개될 수도 있다. 전자는 다중문화적 현실을 극단적으로 부정하는 방식이며, 후자는 자신의 정체성을 부정함으로써 현실과 완전히 타협하는 삶이다.

그러나 디아스포라 종교의 창조성은 고유한 정체성과 다중문화적

---

21. 김경현, "로마제국의 이산(diaspora) 유대인." 「e-Journal Homo Migrans」 Vol. 7, (Feb. 2013), 이주사학회, 2013, 23–35.

현실 사이의 끊임없는 긴장을 유지하고 그 사이에서 균형을 찾으려 디아스포라적 맥락에 대한 새로운 해답의 삶을 제시하려 할 때 발휘되었던 것이다.

그런 점에서 초월적 유일신 신학과 율법을 따르는 윤리적 삶을 통해 거룩한 백성 선민으로서의 정체성을 유지하면서도 보편화의 길을 넓혀간 디아스포라 유대인들과 모든 경계를 넘어 보편적 사랑의 공동체를 제안하면서 민족과 국가를 넘어서 새로운 보편적 세계공동체의 모델을 제시하고 실험했던 초기 기독교는 디아스포라 종교의 역동적 창조성의 유의미한 선례를 보여준다고 할 수 있을 것이다.

초기 기독교의 세계

로마제국과
기독교의 선교전략

●

1. 로마제국에 대한 기독교의 이해

기독교의 선교전략, 즉 바울의 선교전략은 로마제국의 틀을 벗어나서는 쉽게 접근할 수도 없고, 이해하기도 쉽지 않다. 바울의 선교는 로마제국을 생각하지 않고는 설명될 수 없다. 그만큼 바울과 로마제국은 불가분의 관계에 있다.

황제제의가 만연된 1세기 지중해 주변 지역들을 왕래하던 바울은 불가피하게 로마의 권력을 목격하게 되었을 것이다. 말하자면 로마의 권력이란 로마제국의 이데올로기라고 부를 수 있을 것이다. 제국의 이데올로기는 하나님의 신적 통지를 담은 '복음'과 정면으로 대치되었고, 그 반대편에 선 기독교 공동체들의 편애와 그로 인한 박해가 지속되었다.

그럼에도 불구하고 바울과 그의 동역자들을 통해 여기저기서 생겨난 기독교 공동체들은 로마제국의 권력과 갈등 속에서도 '선전'(善戰)한다. 초기 기독교가 보존, 확대, 진화, 계승될 수 있었던 것은 기독교의 선교전략 때문이다. 바울은 '복음'을 위해 제국에 도전했고, 그 복음을 효과적으로 제시하기 위하여 로마제국과 합리적인 타협을 이끌어냈다.

초기 기독교의 세계

그런데 많은 신학자들은 바울이 취한 로마제국에 대한 대응 방식이 '반제국적'이라는 견해가 강하다.[1] 이런 견해를 갖는 학자들은 그리스도의 복음과 제국은 상당히 적대적인 관계라고 밝힌다. '로마의 평화'는 '황제제의'(皇帝祭儀)라는 이데올로기를 만들어냈고, 이 사상은 바울뿐만 아니라 기독교 공동체와 제국 사이의 갈등들을 양산했다는 것이다.[2]

신약성경 내에서 반제국적 메시지의 상징을 말하라면 단연 예수의 '십자가' 처형일 것이다. 사학자들은 십자가 처형이 로마의 계급사회에서 가장 낮은 부류나 제국의 질서에 저항하거나 혹은 위반했을 때 행해지는 형벌 제도라고 한다.

반면, 사회적으로 인정받는 이들에게는 조금 더 '인간다운' 형벌을 내렸다.[3] 십자가 처형 제도는 바울이 제시하는 평등한 '복음'과는 거리가 멀다. 바울은 약육강식(弱肉强食)의 제국 이데올로기에 물들어 있던 고린도 도시를 향해서 다음과 같이 외쳤다.

> 십자가의 말씀이 멸망 당하는 사람들에게는 어리석은 것이나 구원받는 우리에게는 하나님의 능력입니다(고전 1:18).

바울의 로마제국에 대한 입장을 바울의 '반제국적' 메시지에 제동

---

1. 리처드 홀슬레이(R. A. Horsley), 『바울과 로마제국: 로마제국주의 사회의 종교와 권력』(*Paul and empire: religion and power in Roman imperial society*), 홍성철 역 (서울: 기독교문서선교회, 2011), 225–227.

2. 김형동, "데살로니가전서에 나타난 환난과 로마제국의 상관성에 대한 재조명." 『신약논단』 제17권 제2호 (한국신약학회, 2010), 327.

3. 마르틴 헹엘(Martin, Hengel), 『십자가 처형』(*Mors turpissima crucis: Die Kreuzigung in der antiken Welt und die 'Torheit des Wortes vom Kreuz'*), 이영욱 역 (서울: 감은사, 2019), 78.

을 거는 입장의 최악의 형벌 도구를 최상의 복음의 메시지로 승화시켰다는 것 하나만으로도 바울이 전한 그리스도의 복음은 제국의 이데올로기에 당당히 도전할 만하다.

바울은 구약성경의 출(出)이집트의 주제들을 이용하여 로마제국에 대응하는데 그는 제국 이데올로기를 상대화하고, 그리스도의 복음의 가치를 부각시킨다.[4]

이에 비해 바울은 결코 반로마제국적이 아니었다고 주장하는 신학자들도 있다. 예컨대, 신학자 김덕기 교수는 제국의 이데올로기 용어를 통해서는 바울의 반제국적 메시지를 발견할 수 없다고 주장한다. 특히, 빌립보서에서 제시된 '하늘의 시민권자'(빌 3:20-21)로서의 권리를 "예수의 종(노예)의 형체"(빌 2:6-11)에 관한 논증과 연관 지어 재해석했다.

김덕기 교수는 역사적 상황에서 드러나고 있었던 '임박한 종말론'을 전제로 바울이 로마제국에 대해 노골적으로 도전하고 그들의 체제를 전복시켜야 할 이유가 없었다고 지적한다.[5]

2. 로마 권력에 대한 기독교의 접근

여기에서는 바울이 로마교회를 향한 이야기 가운데 '권력'에 대한 부분을 중심으로 그의 로마 권력에 대한 이해를 잠시 살펴보려고 한다.

---

4. 송영목, "데살로니가전서의 반로마적 해석과 출이집트의 결합." 「신약논단」 제23권 제2호 (한국신약학회, 2016), 477-516.
5. 김덕기, "바울의 로마제국에 대한 정치적 태도와 정치신학: 빌립보서 1:27-30과 3:20-21을 중심으로." 「신약논단」 제17권 제3호 (한국신약학회, 2010), 713-714.

바울은 로마서 13장 1-7절에서 '그리스도와 권력'에 대해 이렇게 그의 입장을 제시하고 있다.

> 각 사람은 위에 있는 권세들에 복종하십시오. 무슨 권세든 하나님께로부터 오지 않은 것이 없고 이미 있는 권세는 다 하나님께서 세우신 것입니다. 따라서 권세에 대항하는 사람은 하나님의 명을 거역하는 것이니 거역하는 사람들은 심판을 자초할 것입니다.
> 통치자에 대해서는, 선한 일 때문에 두려워할 것이 없고 악한 일 때문에 두려움의 대상이 됩니다. 권세자를 두려워하지 않기를 원합니까? 선을 행하십시오. 그러면 그에게 칭찬을 받을 것입니다.
> 그는 여러분에게 선을 이루기 위해 일하는 하나님의 일꾼입니다. 그러나 여러분이 악을 행한다면 두려워하십시오. 그는 공연히 칼을 가진 것이 아닙니다. 그는 하나님의 일꾼으로서 악을 행하는 사람에게 하나님의 진노를 집행하는 사람입니다.
> 그러므로 복종해야 할 필요가 있으니 진노 때문만이 아니라 양심을 위해서도 복종해야 할 것입니다. 여러분이 조세를 바치는 것도 바로 이 때문입니다. 그들은 하나님의 일꾼들로서 바로 이 일에 항상 힘쓰고 있습니다.
> 여러분은 모든 사람에게 의무를 다하십시오. 조세를 바쳐야 할 사람에게 조세를 바치고 관세를 바쳐야 할 사람에게 관세를 바치고 두려워해야 할 사람을 두려워하고 존경해야 할 사람을 존경하십시오(롬 13:1-7).

공적 권력에 대한 바울의 탄력적인 자세

위에서 인용한 로마서 13장에서 논의되는 '그리스도와 권력'에 대한 이야기는 많은 경우에 반제국적 해석들이 주류를 이룬다. 이 이유는 아마도 로마서에서 제공하는 '권세 혹은 권력'이라고 하는 '정치적' 용어 해석과 그간 인류 역사에 투영된 '문자적' 이해 및 적용으로 인함일 것이다.

지난 역사를 보면 권력을 가진 이들은 바울의 메시지를 오용하여 지배권을 공고히 했으며, 피지배자들은 '합리적 정당성'이라는 이름으로 희생되었다.[6]

그러나 로마서 13장의 '권력'의 이야기는 그렇게 단순하지 않다. 또한 로마교회가 디아스포라 유대인이나 그 밖의 지역 유대 기독교인들처럼 로마제국을 향해 극렬히 도전하거나 저항하진 않았을 것이다.

교회사학자 피츠 마이어(Joseph A. Fitzmyer) 교수에 의하면 바울이 로마서를 기록할 때까지 로마 도시에는 공식적으로 기독교인을 박해한 흔적이 없었다고 한다. 하지만 고린도 도시에서 로마서를 기록할 때 바울은 로마에 있는 기독교인들의 사정을 알게 되었다. 아마도 그 사정은 AD 49년에 실시된 클라우디우스 추방 명령일 것이다.[7]

앞서 언급한 예수의 십자가 처형은 로마제국 안에서는 정치범에 대한 지극히 당연한 '판결'이었다. 따라서 예수가 온 땅의 새로운 구원자라는 메시지는 제국 이데올로기와는 조화를 이룰 수 없었다. '십자가의 그리스도'는 오히려 바울의 선교전략의 방해물이었으며 동시에 바울 신앙공동체의 걸림돌이었다.

---

6. 로마서 13장은 인류 역사뿐만 아니라 교회의 역사 속에서도 많은 문제를 야기했다. 근세 들어 각국의 교회들이 지배권력 앞에서 침묵하고 복종함으로써, 로마서 13장을 진지하게 해석하지 못했던 과오를 마주한 적이 있었다. 최영실, "제국의 권력과 기독교인: 롬 13:1-7의 사회사적 편집사적 연구를 중심으로." 「신약논단」 제16권 제1호 (한국신약학회, 2009), 137-138.

7. 조셉 A. 피츠마이어(Josehp A. Fitzmyer), 『앵커 바이블 로마서』(Romans), 김병모 역 (서울: CLC, 2015), 1090-1091.

그런데 어떻게 해서 로마의 이데올로기 안으로 '복음'이 원만하게 침투될 수 있었을까? 역사 비평적 관점에서 볼 때, 지중해의 패권자였던 로마제국 체제에서 바울과 로마에 있는 신앙공동체가 정치적 발언과 정치력을 행사할 수 있을 것이라는 예견 가능성은 지극히 낮다.

아울러 시민권이나 후견인과 피후견인 제도에 의한 권력관계가 일상화된 로마 사회 안에서 굳이 로마 기독교 공동체가 제국의 심기를 불편하게 할 리도 만무하다.[8]

바울은 황제(네로)의 분노를 사지 않으면서, 어떻게 하나님의 인류 구원의 프로젝트를 제국의 땅에 뿌리를 내리게 해야 할지를 고심했을 가능성이 짙다. 로마서 13장은 바울의 혜안을 발견할 수 있는 본문이다.

바울은 로마제국 권력의 중심부에 있는 로마교회를 향해서 기독교인들이 국가와 어떤 관계를 유지해야 하는가에 대해 알려줄 필요성을 느꼈을 것이다. 제국의 이데올로기가 박해와 불편이 아닌 평안이고 유익이라고 생각하는 로마 기독교 공동체가 어떻게 창조주의 권위 아래로 돌아갈 수 있을까? 해당 본문에서 바울은 세상의 통치자를 하나님의 대항마(對抗馬)나 배반자 정도로 묘사하지 않는다.

바울이 제시하는 국가관은 하나님의 경륜에 의해 행사되는 로마의 권세이며, 권력자이다. 로마서 초반에 언급된 바울의 로마제국 시민들의 이미지는 매우 부정적이다. 그들은 악을 방치하고 있으며, 선을 추구하려는 모습이 보이지 않는다고 역설한다. 마지막 부분에서는 바울

---

8. 제임스 D. G. 던(James D. G. Dunn), 『WBC 주석 로마서(하)』(Romans 1-8, 9-16.), 김철 · 채천석 역 (서울: 도서출판 솔로몬, 2005), 422.

제8장 로마제국과 기독교의 선교전략 301

은 악에게 "지지 말 것"(롬 12:21)을 당부한다.

그런 바울이 13장에 와서는 지나치게 로마를 향해 호의적이며 심지어 '권세자'들에게 친절하기까지 하다. 혹자는 이러한 바울의 모습이 우유부단하다고 지적할지도 모른다. 그러나 그간의 바울을 안다면 쉽게 그의 태도를 표현하는 것이 쉽지 않다.

고린도 도시의 기독교 공동체를 향해서도 바울은 그리스도의 복음을 정착시키기 위해서 탄력적으로 대응하고 있는 모습이 드러난다. "내가 모든 사람에 대해 자유로우나 스스로 모든 사람에게 종이 됐습니다. 이는 내가 더 많은 사람을 얻기 위해서입니다"(고전 9:19).

바울은 그리스도를 체험한 후, 오직 하나님의 선교를 위해서 정진해 온 사람이다. 그런 그가 로마서라고 하는 마지막 사역(선교) 일지(日誌) 안에서 맹목적으로 공권력에 굴복하라는 식의 권면을 제시하지는 않았을 것이다. 이른바 바울의 '변심'은 그리스도의 복음이 로마제국을 향해 안전히 입성하기 위한 선교 전략인 것이다.

바울은 제국의 공적 권리의 행사가 로마가 추구하는 안정과 평화라는 것을 밝힌다. 결코 제국의 체제에 반감을 갖지 않아야 하며, 심지어 '하나님의 사역자'라는 말로 로마의 통치 체계에 우호적인 입장을 취한다(롬 13:4).

만일 그 지배자들이 행사하는 권력으로부터 파생되는 '선함'이 로마 시민사회의 질서를 유지시킨다면 죄에 의한 인간성의 부패는 그 질서의 존재 이유가 된다.[9]

---

9. 폴 J. 악트마이어(Paul J. Achtemier), 『현대성서 주석 로마서』(*Romans*), 김도현 역 (서울: 한국장로교출판사, 2003), 297.

바울은 십자가 처형의 예수의 부정적인 이미지를 가진 바울 공동체가 사회적 삶의 현장에서 비난당하거나 지탄받지 않아야 한다는 생각이 절실하다. 로마교회의 구성원들이 로마의 거리에서 로마의 관리들과 충돌을 일으키는 것을 바울은 염려했을지도 모른다.[10]

그러면서, 악을 행하는 기독교인들이 존재한다면 제국은 언제든지 '칼'을 내밀 수 있다고 지적한다. 하지만 엄밀히 말하면, '칼'에 대한 언급은 바울의 수사학적 묘사에 가깝다.

'칼'은 제국의 공권력을 뜻하고, 그 공권력이 행사되는 순간, 시민은 두려움에 사로잡힌다. 이러한 수사학적 통치의 원리는 명예와 수치를 중요하게 여기는 로마 사회 속에서 실질적인 위력에 버금가는 방법이었다.

신약성경학자 닐 엘리오트(Neil Elliott) 박사의 주장대로 "이 권면의 장치들로 인한 순종은 로마의 정치적 긴장감 속에서 바울의 교회들을 지켜내기 위한 바울의 현실적인 충고"[11]인 셈이다.

권세의 실체와 당위성

바울이 로마서 13장을 통해 국가의 공권력을 언급할 때는 막연한 공적 권력의 굴복을 의미하지는 않는다. 그럼에도 "복종하라"는 명령형이 불편하게 들리는 것은 "위에 있는 권세들"(govering authorities)이라는

---

10. 김종현, "로마제국과 바울의 선교 전략: 로마서 13장 1-7절에 투영된 팬데믹 시대의 '현명한' 복음." 「신학과 사회」 제35권 제3호 (21세기기독교사회문화아카데미, 2021), 10.

11. 리처드 홀슬레이(R. A. Horsley), 283에서 재인용.

문구 때문이다.[12]

'높은 위치'에 있는 누군가에게 복종하라는 어조 자체에서 국가를 향한 로마 기독교 공동체의 의무감까지 느껴진다. 신약성경에서 언급된 '권세'(ἐξουσία, 엑수시아) 힘을 가진 사람이 그 힘을 사용해서 다른 사람을 지배하거나 명령 또는 권리를 행사하여 공적인 지위를 획득하는 것을 뜻한다.

정작 바울은 본문에서 '국가'라는 말조차 아낀다. 또한 "복종하라"는 대상이 로마제국이라거나 당국자라는 언급도 없다. 물론 13장에서 바울이 로마 공동체를 향해 전하는 내용에는 정치권력에 대한 도전과 저항 정신이 묻어 있다. 1절 후반부 본문이 그 근거를 바로 제시한다.

"모든 권세는 하나님께서 정하신 바라." '모든 권세'로 언급된 부분의 희랍어 표현은 "하나님에 의해서 있는 것들" 혹은 존재한다는 의미를 나타낸다. 정리해 보면, 정치적 정점에 서 있는 권세일지라도 그 권세의 존재 근거는 단연 창조주로부터 부여되는 권위일 뿐이라는 의미다.

따라서 "제국의 권세를 거역하면 하나님을 거역하는 것"이다. 로마 시민으로서 로마의 체제에 저항하는 것은 하나님께 저항하는 것이다.

바울은 이 대목에서 13장 1절의 신학적 명제를 공동체 혹은 개인의 역사적 상황 속으로 적용할 기회를 마련한다.[13] 최소한 이 구절에서는

---

12. 존스, D. M. 로이드(Jones, D. M. Lloyd), 『로마서 강해 13. 두 나라와 그리스도인의 삶(13장)』 (Romans: (An) exposition of chapters 13, Life in tow kingdoms), 서문강 역 (서울: 기독교문서선교회, 2007), 20–32.

13. 차정식, 『대한기독교서회 창립 100주년 기념 성서주석 로마서 II』 (서울: 대한기독교서회, 2008), 325–326.

제국 이데올로기의 흑과 백은 차치하고, 바울의 다른 서신들에서 일관되게 보여 왔던 전투적인 '반제국적' 성향이 도출되지 않는다.

이러한 점에서 본다면, 바울이 "권세에 복종하라"는 의미는 공권력의 부당함에 침묵하라는 의미도 아니며, 제국의 이데올로기에 타협하며 생활하는 것도 아님을 알 수 있다.

3. 로마제국을 향한 기독교의 도전

바울의 정치적 현실주의

로마서 13장 1-7절을 바울의 다른 서신들과 구분하여 관망하면, 이 본문은 단순히 국가의 공적 행사에 적극적으로 순응하거나 반대로 저항하라는 식의 일반적 논의를 초월한다.

바울은 로마에서 자생적으로 형성되고 발전해 왔던 이 로마 공동체에 대해 분명 궁금한 것이 많았을 것이다. 바울은 로마제국의 동부 지역 선교활동을 끝마치고, 스페인 선교를 계획하며 로마서를 집필했다. 그의 계획 속에는 스페인으로 가는 길목에서 로마를 방문하여 공동체의 상황과 소식을 듣는 일이 있었다.

특히, 로마 도시의 기독교 공동체는 제국의 체제에 순응하며 생활하고 있었기에 제국의 틀 안에서는 공동체에 특별한 해가 있다는 것은 예측하기 어렵다. 이러한 배경은 앞서 인용한 J. D. G. 던(James D. G. Dunn) 교수가 지적하는 로마서 13장 1-7절 내 공동체의 상황이 이해된다.

던 교수는 로마에 있던 기독교 공동체가 적어도 '정치적 현실'에 민감하게 대처해야 했을 것이라고 말한다. 동시에 하나님의 약속의 사람들(로마 기독교인들)이 개개인의 삶에 정착된 제국의 지배구조의 현실을 신중하게 받아들일 수밖에 없는 사회적 환경이 있었을 것이라고 밝힌다.

던 교수의 이야기를 유추해 보면, 로마 기독교인이 제국 안에서 신앙을 유지하려면 현 사안을 바라보는 특별한 정치 감각이 요구되었다는 것을 알 수 있다.[14] 그리고 그 감각을 최대한 냉정하면서도 지혜롭게 끌어올릴 만한 요소가 필요했다는 것을 감지할 수 있다. 디아스포라 유대인이면서, 로마 시민사회의 일원이었던 바울 역시 그의 복음 사역에서 고민했던 부분이기도 하다.

로마서 2장에서 바울은 이방인을 폄하는 율법의 특권 의식을 가진 유대인들에게 꾸짖는 말을 하는데, 이는 단순히 유대인을 꾸짖으려는 목적보다는 유대인들의 마음을 환기시켜 이방인을 수용하기 위한 바울의 수사학적 언어이다. 여기에 바울 선교의 탁월한 외교 전략이 드러난다.

1세기 로마제국 속 바울과 그 공동체의 현실 수용 여부는 '정치적으로 신중한 정책'이 초기 기독교 공동체의 흥망을 얼마큼 좌우했는가를 가늠할 수 있다(벧전 2:13-17).

제국의 이데올로기에 익숙해지고 그 체제 안에서의 삶이 유일한 로마 기독교인들에게 적극적 투쟁을 바라기는 쉽지 않다. 아울러 바울은 로마 기독교인들이 제국과 벽을 쌓고 대치하는 것을 원하지 않았다. 그

---

14. 차정식, "바울 선교의 정치 · 외교적 지형과 신학적 동역학." 「한국기독교신학논총」 제62집 (한국기독교학회, 2009), 105-131.

것은 바울이 추구한 현명한 복음과는 거리가 멀다. 바울은 그리스도의 복음을 위해서라면 어떤 지위나 권세도 절제하고 양보하고 또 변용할 수 있는 인물이었다.

십자가의 그리스도는 바울의 로마식 소양까지도 바꾸어 놓았다. 명예를 중요하게 여겼던 로마의 사회적 구조 안에서 바울의 권고는 복음을 수용한 로마에 있는 기독교 공동체에 있어서 중요한 문제였을 것이다.

바울의 권고대로 공권력의 수용 여부가 기독교인들에게 하나님의 진노가 되어서는 안 된다. 제국의 정책을 인식하고, 그 방식들을 진지하게 경청하며, 그 안에서 옳고 그름을 분별할 수 있기까지 그들에게는 분명 바울의 권고를 들어야 하는 것임을 그들은 알고 있었다.

문화 포용주의 원칙

다소(Tarsus) 출신 바울은 어릴 적부터 다문화적인 분위기에서 성장했을 것이다. 다소는 그리스 · 로마 문화가 강하게 정착된 도시였다. BC 66년경 로마의 폼페이가 소아시아를 재구성할 때 다소는 길리기아(Cilicia)의 수도였다. 후에 안토니우스(Marcus Antonius)가 이 도시에 자유, 면책 시민권을 부여하였고, 아우구스투스가 이를 승인했다.[15]

이러한 자유는 지중해 동부 세계에서 다소라는 도시를 문화와 정치, 철학과 산업의 국제적 요충지로 전환시켰다.[16] 바울은 다소에서 유

---

15. 김경희 외 12인 공저, "바울의 삶과 활동." 『신약성서개론: 한국인을 위한 최신 연구』 (서울: 대한기독교서회, 2006), 283.

16. 톰 라이트(N. T. Wright), 『바울 평전』(Paul: a biography), 박규태 역 (서울: 비아토르, 2020), 33–34.

대인으로서의 전통과 이방 문화를 경험했다.[17] 두 세계를 경험한 바울은 그의 선교전략에 영향을 주었을 것을 쉽게 짐작할 수 있다.

바울은 유대인의 세계를 알았기에 그의 복음은 체계적이었으며, 로마 세계를 경험했기에 그의 복음은 도전적이며 탄력성을 갖추었다. 바울은 그의 신앙공동체가 의미 없이 제국에 투쟁하면서 하나님의 선교를 무의미하게 만드는 것을 좋아하지 않았을 것이다.

타 문화권을 향한 복음 선포는 문화적 차이를 인정하고, 그 문화 세계의 언어와 형식, 구조에 유연하게 대처해야 한다. 즉, 바울의 '문화 포용 원칙'과 같은 맥을 이룬다. 제국 시대의 정점이라고 할 수 있는 때의 로마 사람들은 세계시민주의(코즈모폴리터니즘) 속에 있었다.

이 용어는 헬레니즘 문화의 바통을 이어받은 로마 사람들에게는 큰 우월감이었다.[18] 바울은 코즈모폴리터니즘의 개념을 활용하여 그리스도 복음을 제시했다. 그리스도 안에서는 어떠한 차별이나 특권도 존재하지 않으며, 모든 사람과 상황을 아우르는 평등의 비전은 세계시민주의 의식과 닮아 있다. 동시에 이 복음주의 보편주의는 제국 내의 다양한 문화 안에서 탈권위적인 모습을 반영한다.

그러나 바울이 전하는 보편적 복음은 문화적 형식과 틀 속에서 결코 변질, 왜곡되지 않았다. 비록 다양한 문화와 역사의 현장 속에서 그리스도의 복음이 재해석되고, 선포되더라도 거기에는 복음의 원형이 함축되어 있다.

---

17. J. Albert Harrill, "Paul and Empire: Studying Roman Identity after the Cultural Turn," *Early Christainity*, vol. 2, no. 3 (2011), 283. 김종현, 18에서 재인용.

18. 김수연, "바울의 세계시민주의 사상과 다문화주의," 「한국기독교신학논총」 제118집 (한국기독교학회, 2020), 435.

초기 기독교의 세계

따라서 그 복음을 현명하게 받아들인 바울 신앙공동체들은 자신이 속한 문화적 테두리 안에서 영향력 있는 실존을 이어갈 수 있었다. 그리스도의 복음이 제국 시대에 편만하게 자리 잡으려면 "피(被)선교지의 정신 체계를 형성하는 문화적 상황을 파악하는 실존적 역사 이해"[19]가 선행되어야 한다.

로마서 13장 1-7절에서 투영되는 바울의 권고는 향후 바울 신앙공동체가 잦은 박해와 시련에도 선전할 수 있는 이유가 된다. 이러한 문화적 반향은 바울과 로마제국 사이를 '반제국' 도전과 투쟁으로 보는 것에서 환기(喚起)시켜 준다. 또한 제국의 문화 동화 정책에 굴복한다는 식의 논리도 성립하지 않는다.

이렇게 볼 때 사도 바울은 간문화적(間文化的, intercultural) 인물이다. 간문화적인 인물인 바울이었기에 그는 로마의 문화를 거부감 없이 포용하려고 노력했다. 그러한 결과는 서신서에서 언급된 초기 지역교회들의 모습에서 여실히 드러난다.

로마제국 이데올로기의 심장부에 거주하는 로마교회는 공동체 외부와 관련하여 어떻게 행동해야 하는가를 배우는 일이 중요했다. 그 중요성은 바울의 선교뿐만 아니라 로마교회의 향후 존치 여부까지 아우르는 일이었다.

---

19. 서동수, "고린도전서 9:19–23: 복음, 해석학, 선교, 문화에 대한 사도 바울의 이해." 「선교와 신학」 제30권 (장로회신학대학교, 2012), 225.

제9장

기독교의
국가교회화

●

1. 콘스탄티누스 시대의 정치와 기독교

1세기경 로마제국에 전파된 기독교는 이교와 심각한 갈등에 직면하게 되었다. 특히 64년 네로(Nero, 37–68년) 황제의 초기 대박해로부터 303년 디오클레티아누스(Gaius Aurelius Valerius Diocletianus, 245?–313년) 황제의 마지막 대박해에 이르기까지 약 250여 년간 양자 간의 갈등은 많은 기독교인들의 순교를 초래하게 되었다.

그런 희생 속에서도 기독교인들의 수는 날로 증가되었다. 독일의 교회사학자 게르칸(A. V. Gerkan) 박사에 의하면 3세기 말의 로마 시민의 인구는 약 70만 명이었으며, 그중 기독교가 10분의 1 정도로 증가하였다고 주장하고 있다.[1]

이러한 시대적 상황 속에서 4세기 초에 4분령체제를 붕괴시키고 최고 권력의 실권자로 등장한 콘스탄티누스 황제는 기독교인들에게 신앙의 자유를 인정하고 친기독교 정책을 통해서 기독교의 옹호자이

---

1. A. v. Gerkan in "Mitteilungen des Deutschen Archaeologischen Instituts," *Roemische Abteilungen* 55 (1940), ss. 149–195. 조인형, "콘스탄티누스 대제의 기독교의 개종배경." 「서양고대사연구」 제4집 (한국서양사학회, 1996), 149에서 재인용.

며 후원자로서 역할을 하였다.

콘스탄티누스 대제의 기독교에로의 개종의 시기와 배경을 잠시 살펴볼 필요가 있다. 3세기 말에 디오클레티아누스 황제는 행정제도를 확립했는데, 그 제도에서의 정치권력은 국가의 최고 행정 수반을 4명으로 하여 분할 통치하는 것이었다. 디오클레티아누스와 그의 요제(僚帝, Colleague) 막시미아누스는 정제(正帝, Augustus)의 칭호를 가진 황제였으며, 콘스탄티우스(Constantius)와 갈레리우스(Galerius)는 부제(Caesar)의 칭호를 가진 황제였다.

정제들(Augusti)이 권좌에서 물러난 지 20년 후에 새로운 부제들(Caesars)이 임명되면서 종래의 부제였던 콘스탄티우스와 갈레리우스가 정제로 승진하였다. 디오클레티아누스가 발휘하였던 강력한 지도력이 사라짐에 따라 중앙집권적 통치제도는 막시미누스 다이나(Maximinus Daia)와 막시미아누스의 아들 막센티우스에 대항한 콘스탄티누스와 리키니우스(Licinus)를 중심으로 한 새로운 정제들 사이의 권력투쟁으로 붕괴되었다.

서방에서 구정제(舊正帝)였던 막시미아누스는 권력을 다시 장악하기 위해서 그의 아들 막센티우스와 싸우고, 서방의 권력이 콘스탄티누스에게로 넘어간 후에는 그의 딸 파우스타(Fausta)와 결혼했던 콘스탄티누스와 다시 싸우기도 했다.

콘스탄티누스는 312년 밀비우스 다리(Pons Milvius) 전투에서 막센티우스를 패배시켰으며, 리키니우스는 다음 해에 막시미누스 다이아를 만나 그와의 두 번에 걸친 싸움에서 그를 패퇴시켰다. 그의 숙적(宿敵)인 다이아가 314년에 죽고, 리키니우스는 동방 로마제국의 일인자가 되었다.

콘스탄티누스 황제가 등극하고 AD 312년 기독교로 개종 후, 선황의 기독교 적대 정책을 뒤집고,[2] 기독교를 합법화(religio)시켰다. 이렇게 하여 기독교는 오랜 박해의 음지에서 양지로 나왔고, 기독교는 상당한 지지를 받으면서 성공했다.

밀라노 칙령을 발표한 이듬해 서방의 콘스탄티누스와 동방의 리키니우스가 싸운 적이 있었으나, 그때는 승부가 나지 않았다. 그 후 10년간 평화가 지속되는 동안 동방의 리키니우스는 지금까지 기독교를 관용하던 태도를 바꾸어 그 종교를 반대하였다. 그가 그처럼 갑자기 태도를 바꾼 것은 콘스탄티누스와의 투쟁에서 자신의 반기독교 정책이 이교도들의 지지를 유도할 것으로 생각했기 때문이다.

그러나 그것은 오산이었다. 결과는 리키니우스에 유리한 방향으로 진행되지 않았다. 오히려 유리한 입장을 차지한 것은 콘스탄티누스 대제였다. 콘스탄티누스 대(對) 리키니우스의 싸움은 마치 기독교 대 이교도라는 인상을 풍겨 성전(聖戰)으로 비화되면서 기독교인들은 콘스탄티누스 대제를 지지하였다.

기독교인들의 전폭적인 지지를 받은 콘스탄티누스는 323년 리키니우스와의 대전(對戰)을 성공적으로 이겨냈다. 리키니우스는 전쟁의 포로로 잡혔다가 1년 후 처형되었다. 결국 콘스탄티누스 대제만이 로마제국의 유일한 통치자로 등장하게 되었다.[3]

콘스탄티누스 황제는 국가의 정책에 기독교를 많이 개입시킴으로

---

2. 염창선, "4세기 교회와 국가의 '교회정치적'(kirchenpolitisch) 차원." 「한국교회사」 제18집 (한국교회사학회, 2006), 97–118.

3. Thomas W. Africa, Critical Issues in History, vol. I. (Boston D. C.: Heath and Company, 1967), 71.

써, 국가의 본질을 전환시키는 중요한 계기를 만들었다. 기독교는 로마제국의 보호와 특례를 받는 국가교회(國家敎會) 시대를 맞이하게 된다. AD 310-600년 어간은 로마의 황제가 교회의 감독권을 행사하는 제국 지배 아래의 교회 시대이다.

마침내 테오도시우스 황제가 기독교를 제국종교로 공포했다. 기독교는 콘스탄티누스 황제 이후 세속 권력을 갖고 완전히 전세가 뒤바뀌었다. 4-6세기의 약 이백 년간 황제의 비호하에 기독교는 제국의 '국교'(國敎, state religion)로 굳건한 토대를 다졌다.[4]

그런데 결과적으로 볼 때, 이 시기에 복음과 기독교는 엄청나게 확장되었다. 위대한 선교의 세기인 19세기를 제외하고는 AD 100-600년 동안에 복음과 기독교가 지리적으로 가장 널리 확장되었다.

그러나 이 시대는 제국의 권력에 맹종하는 맥락 속에서 복음의 활력을 어느 정도 상실하였고, 이에 대한 반작용으로 AD 310년 이후 수도원 운동이 일어나기도 했다. 경건한 열성적인 신자나 성직자들은 교회의 세속화를 못마땅하게 생각하고, 초기 교회의 이상으로 돌아가려는 움직임이 생기고, 그것이 수도원이라는 새로운 제도를 낳게 하였다.[5]

이 시기의 특징을 비잔틴 기독교(Byzantine Christianity)에서 찾을 수 있다. AD 330년경 콘스탄티누스 황제는 로마의 수도를 로마로부터 지금의 터키에 있는 콘스탄티노플(Constantine+polis)이라 칭하였다.

---

4. 양승환. "콘스탄티누스 대제와 기독교." 「한국교회사학회지」 제52권 (한국교회사학회, 2019), 7–43.

5. Wilken, Robert Louis. *The First Thousand Years: A Global History of Christianity*. (New Haven and London: Yale University Press, 2012), 100.

이 콘스탄티노플시가 1453년 터키족 이슬람에 의해 함락됨에 따라 그 명칭이 이스탄불로 바뀌었다. 그리하여 동로마제국의 수도인 콘스탄티노플을 중심으로 확장된 기독교가 바로 비잔틴 기독교인데, 이는 장차 로마를 중심으로 한 서방교회, 혹은 라틴교회에 대응하는 동방 정통교회, 혹은 그리스 정통교회라 부른다.

그리하여 이탈리아의 로마를 왼쪽에 포함시키면서 수직선을 내려 그을 때, 동쪽에 해당하는 지역이 바로 동방교회 지역이고, 로마를 포함한 서북 유럽 모두가 서방교회 지역이 된다.

2. 제국이 주도한 기독교 공의회

콘스탄티누스 황제는 교회의 일치와 단결을 위해 로마에서 주교회의를 개최하고 이에 참석하라고 명령까지 내리기까지 한다. 한편 콘스탄티누스 황제는 아눌리누스에게 서신을 보내 성직자들에게 국가의 공무를 면제해 주도록 하라고 명령을 내리고 있다.

황제는 점차 시간이 흐르면서 보다 더 기독교에 대해 유리한 방향으로 정책을 추진해 나갔다. 예컨대 321년에 기독교의 주일을 공휴일로 제정했으며, 교회의 절기를 존중하라는 지시를 내리기도 했다.

주교의 권한을 확대시켜 소송 사건을 주교의 법정에서 다룰 수 있도록 했으며, 일반 관헌들은 주교의 판결에 순종해야 했다. 유대인들이 기독교로 개종했을 때 돌로 쳐 죽이는 풍습을 금지했고, 교회의 건축을 장려했다.

초기 기독교의 세계

이보다도 기독교에 대한 관심이 가장 두드러진 것은 콘스탄티누스가 자신의 정부를 보스포루스(Bosphorus)의 비잔티움으로 옮긴 다음, 그 도시를 확대해 콘스탄티노플로 개명하고 그곳에 수많은 교회를 건축했다. 파손된 이교 사원을 수리하거나 다시 건립하는 것을 금지했고, 기독교인들이 이교 행사에 참여하는 것을 노골적으로 막았다.

콘스탄티노플을 '새 로마'로 건설하기 위해서 옛 성전들을 허물고 그곳의 신상들과 기물들을 사용했다는 사실은 기독교에 대한 엄청난 호의였다. 이 시기의 기독교가 "제국 지배하의 교회"라는 비판을 받는 것도 사실이다.

그러나 이 시기는 복음과 기독교는 널리 확장될 수 있었고, 세계 공의회(世界公議會, ecumenical councils)에서 삼위일체 하나님과 예수 그리스도의 위격(位格)과 같은 엄청나게 중요한 교리를 결정하는 중대한 시기임에는 틀림없다.

콘스탄티누스 황제의 기독교에 대한 호의는 결국 기독교의 신앙적 타락과 로마제국의 국교화를 초래하게 되었다. 기독교에 대한 황제의 적극적인 개입은 세계 공의회에 대해 이루어졌다.[6]

역대 일곱 개 에큐메니컬 세계공의회(世界公議會)

보편교회(普遍敎會, Καθολική Εκκλησία, Catholic Church) 전체의 회의였던 제1차 니케아 공의회(325년)로부터 제2차 니케아 공의회(787년)에 이르는 기간

---

6. 하인츠 벨렌(Heinz Bellen), "로마황제이념의 기독교화에 관하여—콘스탄티누스 황제에서 테오도시우스 황제까지." 「서양고대사연구」 제2권 (한국서양고대역사문화학회, 1994), 129.

을 종종 "일곱 공의회 기간"이라고 부른다. 이들은 동로마제국 황제가 소집 명령을 내렸고, 콘스탄티노폴리스 교회 대주교/대감독이 의장이었으며, 신약성경 언어인 코이네 그리스어로 진행되고, 코이네 그리스어로 회의록을 작성하였다.

특히, '에큐메니컬(연합) 공의회'라고 하는 이유는 동로마제국과 서로마제국에 있는 모든 교회들이 연합(에큐메니컬)하여 모인 자리이기 때문이다.

에큐메니컬 공의회(General Council. 보편공의회)라고도 불리는 에큐메니컬 공의회는 기독교 교리, 행정, 규율 및 기타 문제에 관한 사항을 고려하고 판결하는 주교 및 기타 교회 당국의 모임으로, 투표권이 있는 사람들이 전(全) '세계'(오이코우메네)[7]에서 소집되고 전체 교회의 승인을 확보하였다.

(1) 제1차 니케아 공의회(325년): "하나님의 아들"로서 예수는 영원 전부터 존재했던 것이 아닌 피조물이라는 아리우스주의를 배격하고 「니케아 신경」을 작성했다.

니케아 공의회에서 가장 중요한 사건은 예수의 신성을 부인한 아리우스파를 이단으로 단죄하고 삼위일체 교리를 확립한 사건이라고 할 수 있다.

그런데 사회사 관점에서 볼 때 더 중요한 점은 교회의 중요한 사안을 다루기 위한 공의회를 황제가 소집하고 사회를 보았다는 사실이다.

---

7. 'οἰκουμένη'(오이코우메네)는 '거주하다'는 뜻의 οἰκέω에서 나온 말로 '사람이 살고 있는 세계'라는 뜻이다. 이 단어에서 '에큐메니칼'(세계적인, 보편적인)이라는 단어가 나왔다.

초기 기독교의 세계

이른바 교회 문제에 세속 권력이 개입한 전례를 만들었다는 사실이다.[8]

(2) 제1차 콘스탄티노폴리스 공의회(381년): 「니케아 신경」을 보완하였다. 콘스탄티노플 공의회 주교들은 니케아 신앙을 이어받아 제국의 모든 교회가 서로 간의 일치와 연합을 도모해야 한다는 의미에서 콘스탄티노플 공의회의 서한을 반포하였다.

(3) 에페소 공의회(431년): 테오도시우스 2세가 소집하여 200명의 주교가 참석한 공의회로 여기서는 네스토리우스파를 단죄했다. 그리스도의 2개의 본성, 인성과 신성은 서로 "혼돈과 분리됨이 없이" 일치를 이룸을 확인했다.

(4) 칼케돈 공의회(451년): 451년 10월 8일부터 11월 1일까지 소아시아의 비티니아의 도시 칼케돈(현재의 튀르키예 이스탄불주)에서 열렸던 기독교의 공의회이다. 당시 공의회에서는 그리스도의 신성과 인성은 분리되지 않는다는 내용의 「칼케돈 신조」를 통해, 예수 그리스도는 완전한 인간이요, 완전한 하나님이라고 고백하였다.

또한 「칼케돈 신조」에 예수가 신성을 지닌 채 태어났다는 의미인 '테오토코스'라는 단어를 넣음에 따라, 예수 그리스도의 신성과 인성이 분리될 수 없음을 강조하는 테오토코스를 정통교리로 재확인하였다.

(5) 제2차 콘스탄티노폴리스 공의회(553년): 기존 공의회 결정들을 재확인하고 새로운 형태의 아리우스주의, 네스토리우스주의, 단성론을 단죄하였다.

(6) 제3차 콘스탄티노폴리스 공의회(680-681년): 단의론을 배격하고 그리스도께서는 하나님(신)으로서의 의지(뜻)와 사람(육, 肉)으로서의 의지

---

8. 최종원, 「공의회 역사를 걷다: 사회사로 읽는 공의회」, (파주: 비아토르, 2020), 18.

가 둘 다 있었다는 교리를 확정하였다.

(7) 트룰로 공의회(692년): 교리에 따른 실행 규칙을 정했던 회의였다. 라틴어로 '퀴니섹스툼 공의회'라고 한다. 제2차, 제3차 콘스탄티노플 공의회와 관련된 교회법 102개조를 공포했다.

5개 지역교회 중 콘스탄티노폴리스 교회, 알렉산드리아 교회, 예루살렘 교회, 안디옥 교회의 4개 교회는 찬성했으므로, 로마교회의 반대에도 보편교회 전체에 적용하는 규칙으로 공포하였다.

(8) 제2차 니케아 공의회(787년): 성인들과 예수, 사도들의 성화를 예배당 안에서 활용하도록 하여 동로마제국 황제 레오 3세의 성화와 성상 파괴 운동의 종지부를 찍었다. 동방교회는 이 공의회 지침에 따라 십자가와 성화만을 중요한 종교의식에 활용하며, 서방교회에서는 이를 성화와 다양한 성상을 중요한 예배 의식에 사용하고 성인에 대한 공경으로 발전시켰다.

이 일곱 개의 공의회의 교리 결정 내용 중 네 가지 정도가 오늘날 개신교 교회를 위해서도 기독교 정통성의 표준이 되고 있다.

에베소 공의회(AD 431년)는 네스토리우스의 기독론을 정죄하고 시릴의 기독론을 받아들였으며, 펠라기우스의 인간의 자유의지와 행위로 말미암는 구원론을 반대하고 아우구스티누스적인 은총과 믿음에 의한 구원론을 펼쳤다.

그다음으로 중요한 정통성의 표준은 「콘스탄티노플 신조」(381년)다. 본 신조에서 확정되고 정리된 부분은 성령론이다. 위에서 소개한 신조(325년)는 "우리는 성령을 믿는다"로 끝나는 데 반하여, 「콘스탄티노플 신조」는 "성령론"을 확장시킬 뿐만 아니라, "교회론"과 "하나의 세레"에 대한 고백까지 포함시켰다.

이미 아리우스가 성령을 아들의 경우처럼 아버지 하나님께 종속하는 것으로 본 이래, 성령의 신성을 거부하는 자들이 출현하여, 본 신앙고백서는 이 점에 대한 정통교리를 확정시켰다.

이 신조는 150명의 교회대표들이 결정한 후 보편교회(공교회)의 수의 과정을 거쳐, 확정되었다. 이미 논한 니케아 공의회의 삼위일체론 중 "성령을 믿사오며"라는 구절을 명쾌하게 그리고 결정적으로 부연하였다.

서방교회는 「사도신경」을 여러 차원에서 사용해 오고, 동방교회는 「콘스탄티노플 신조」(381년)를 이용해 오고 있는데, 후자는 「니케아 신조」(325년)의 증보판이기에 통상적으로 「니케아 신조」라고도 불리고 더 정확하게는 「니케아-콘스탄티노플 신조」(381년)라고 일컫는다.

그런데 서방교회는 AD 586년에 스페인의 수도 톨레도에서 확정된 "그리고 아들에게서도"(filioque)라고 하는 구절을 덧붙여서 사용해 오고 있다. 본래 서방교회 단독의 공의회인 톨레도에서 'filioque'(필리오케)[9]를 삽입한 이유는 반(反)아리우스 입장을 더욱 확고히 하려는 데 있었다.

즉 서방은 아들 역시 아버지 하나님처럼 하나님이시기 때문에, 이 아들에게서도 성령이 나와야 한다는 것이었다. 그런데 이 교리적 주장으로써, 동방정교회는 삼위일체 하나님의 통일성, 즉 동방은 아버지 하나님이 아들을 출생하셨고, 성령 또한 발출하셨다고 하는 것을 주장하였다.

---

9. 필리오케(Filióque)란 "성자에게서"라는 뜻으로 이 단어의 삽입으로 해당 문장은 "성령이 성부에게서뿐만 아니라 성자에게서도 발하신다"는 뜻.

이상의 일곱 에큐메니컬 공의회의 교리 결정들 가운데 삼위일체론과 기독론은 기독교의 정통성 수호에 엄청난 공헌을 해 왔다. 이 두 교리는 사도적 전승인 복음을 지키고 이에 근거한 교회의 모든 성경적 가르침들의 기본 틀 역할을 하였다.

동방 정통교회의 '정통'이란 말은 이미 언급한 일곱 에큐메니컬 공의회의 결정 내용을 성경 다음으로 중요시하고 성경의 해석과 결과인 동시에 이 성경 해석의 길잡이로 여기는 데서 비롯되었다.

대체로 로마 가톨릭교회는 위의 일곱 에큐메니컬 공의회의 모든 결정을 받아들이고, 개신교는 성상 숭배에 관한 것만을 제외한 나머지 모두를 받아들인다. 따라서 일곱 에큐메니컬 공의회의 결정 내용은 오늘날 세계교회들의 에큐메니컬 대회를 가능하게 하는 기독교의 근본 교리들이다.

그런데 AD 1054년에 가서 지중해 세계의 에큐메니컬 교회는 동방교회와 서방교회로 분열되어 오늘에 이른다.

3. 국가와 교회와의 권력투쟁

325년 「니케아 신경」이 발표된 후 4명의 아리우스파가 파문, 유형을 당하고 이 논쟁은 제국 전체를 포괄하는 싸움으로 확대되었다.[10] 아타나시우스 주교는 아리우스를 비판하고 니케아 공의회의 결정을 존

---

10. 윌리스턴 워커(Williston, Walker), 「세계기독교회사」((A) History of the christian church), 강근환 역 (서울: 대한기독교서회, 1994), 121.

초기 기독교의 세계

중했다.[11]

후기 아리우스주의자들의 입김이 거세지자 335년 두로 공의회에서 아타나시우스는 정죄되고 추방되었다.

콘스탄티누스가 337년 일찍 죽자 아타나시우스는 그의 세 아들의 라이벌 권력관계를 공략했고, 율리우스 주교와 자신의 기반인 알렉산드리아 교회 등을 이용해 자신을 보호하고 신경을 지켜나갔다.

351-353년 콘스탄티우스 2세가 등극하자 다시 아타나시우스가 「니케아 신경」을 내세우며 재등극했다. 358년 이후 로마교회에는 니케아파 주교가 반대파인 아리우스파 예배당을 점유하고 160명을 살해하는 일도 있었다. 율리아누스 황제 때도 아타나시우스는 복귀와 추방을 거듭했다. 아타나시우스는 다섯 번이나 주교직을 박탈당하고 망명자로 17년간 유배 생활을 했다.

신학자 공성철 교수는 "325년 신앙고백은 길고도 복잡하고 처절한 과정을 통해서 381년 콘스탄티노플에서 정통신앙으로 받아들여졌다"[12]고 언급한다. 교리논쟁은 표면적인 명분이었고, 교회 권력과 세속 권력을 쟁취하기 위한 정치적 싸움이 되었다.

영국의 역사학자인 디아메이드 맥클로흐(Diarmaid MacCulloch) 교수는 "콘스탄티누스가 40대에 갑자기 죽지만 않았다면 유사본질파, 곧 아리우스파가 교회를 통일하는 데 성공할 수 있었을 것"[13]이라고 한다. 곧

---

11. 배승록, 「교부와 교회」, (대전: 대전가톨릭대학교, 2005), 479.

12. 공성철, "정통신앙의 기준으로 부활한 니케아 신앙고백에 관한 일고." 「신학논단」 제43집 (2006), 577.

13. 디아메이드 맥클로흐(Diarmaid, MacCulloch), 「삼천년 기독교 역사 1(고대사)」((A) history of Christianity: the first three thousand years), 박창훈 역 (서울: 기독교문서선교회, 2013), 347.

권력 싸움에서 이기면 정통, 지면 이단이 되는 것이었다.

반세기 가까이 엎치락뒤치락할 때 결정적인 인물은 아타나시우스파의 암브로시우스 주교이다.[14] 그는 아리우스주의의 세력이 약해지고 있었지만, 잔재를 뿌리 뽑기 위해 이들을 비호하는 유스티니아누스 황제를 공격하기도 했다.

그는 교회와 국가 간의 문제에 깊숙이 개입하며 그라티아누스 황제, 벨렌티니아누스 2세, 테오도시우스 황제들의 친구요 조언자로서 교회가 최고권을 갖도록 인식시켰다.

마침내 381년 암브로시우스 주교는 150명의 주교들을 콘스탄티노플 공의회(제2차 니케아 공의회)에 소집시켜 테오도시우스 황제(379–395년)를 지지하면서 로마제국을 기독교 국가로 공포했다.

여기서 성부, 성자, 성령의 유일한 본질(ousia)을 고백하였다. 이 결정으로 모든 주교는 325년 니케아 이후의 모든 이단을 제한하고 통제하는 권한을 갖게 했다.

이렇게 황제와 주교는 325년의 「니케아 신경」을 골격으로 「신니케아 신경」을 '정통'(orthodoxy)으로 세웠으며, 아리우스를 이단으로 정죄하여 논쟁을 끝내고 마침내 '제국적 교회'(imperial church)를 출현시켰다.

「신니케아 신경」은 삼위일체 신앙과 그리스도가 성부와 '동일 본질'에 속한다는 것만을 인정하겠다는 내용을 국가의 근본적 이념으로 선언했다.

로마제국의 다종교 국가 정책을 폐기하고, 오직 기독교만을 인정하

---

14. 이은혜, "암브로시우스는 콘스탄티누스주의적 감독(Constantinian Bishop)인가?" 「장신논단」 제45집 (장로회신학대학교, 2013), 117–140.

초기 기독교의 세계

는 지배 이념으로 선포했다. 이렇듯 「콘스탄티노플 신경」은 325년 이후 양 진영 간 교회 권력 다툼에 종지부를 찍는 교회정치적인 동기가 되었던 것이다.

과거 박해받던 시절에는 다양한 기독론이 공존하며 상호 영향을 주고받았으나, 325년 니케아 공의회와 381년 콘스탄티노플 공의회를 거치며 선포된 「신니케아 신경」은 그리스도의 완전한 신성과 하나님 아버지와 신성의 동등함을 주장하며(동일 본질) 아리우스주의자들의 기독론과 모든 기독론 논쟁을 인정하지 않겠다는 강력한 의지의 표현이었다.

이에 그치지 않고 이 시기의 황제들과 교회 지도자들은 법령을 제정하여 교회에 특혜와 특권을 제도화시키고, 유대교를 포함한 모든 우상숭배를 금지하고 행정력으로 처벌하는 법령을 발표하고 전통 신들을 모신 신전들을 폐쇄(閉鎖)시켰다.

이것의 정점은 395년 테오도시우스 황제가 교리적 선포를 강력히 추진하기 위해 전통 종교들과 기독교 이단을 배척하는 15가지 칙령을 추가 공포했다. 모든 다신교적 전통들은 금지되고 신전들도 폐쇄되었다.[15]

이교도와 기독교 이단은 엄격히 금지시킴으로써 니케아적 기독교만을 인정했다. 이렇듯 테오도시우스는 니케아 신앙을 통해 국가를 통합하고, 통제하는 수단으로 삼았다.

이렇듯 「니케아 신경」을 둘러싼 반세기 동안 기독론 논쟁은 절대 진리(동일 본질)와 상대 진리(유사 본질)를 내세우는 신학적 명분의 싸움에

---

15. 남성현, "테오도시우스 칙법전 16권 1장 보편 신앙에 관한 칙법." 「서양고대사연구」 제23권 (한국서양고대역사문화학회, 2008), 281–305.

불과하고, 실제로는 교회 권력과 세속 권력을 차지하기 위한 엄한 투쟁이었다.

그러나 "두 진영 모두 구약의 해방과 예언 정신, 예수가 사회적 약자들인 민중들과 함께한 실천적 삶의 정체성, 그리고 기독교를 지키기 위해서 200여 년 넘는 박해와 순교한 자들에 대해서 한 단어, 한 문장도 삽입시키지 않았다".[16]

이 점을 보더라도 이들이 '동일 본질'과 '유사 본질'의 관념적인 논쟁으로 황제들의 비호하에 교회 권력을 쟁취하는 것을 목적으로 했다고 봐도 무방하리라 생각한다.

마침내 제국을 평정한 황제와 기독교는 '하나의 제국, 하나의 법, 하나의 시민, 하나의 종교'를 통치 이념으로 정치적 동기에서 기독교를 제국의 종교로 승격시켰다. 「니케아 신경」이 기독교 정통신앙의 지배 이념이 된 것이다.

'하나요 보편적인 것'(catholic)의 지배 이념인 381년 「신니케아 신경」은 325년 「니케아 신경」을 확대시켰다. '동일 본질'은 유지되었고, 삼위일체의 본질과 위격을 보완했다. 그리고 교회에 대해 추가하여 '하나요 보편'(catholic)이란 표현은 곧 '동일 본질'을 고백하는 기독교 하나만을 인정하겠다는 것이며, 그것이 보편적이라는 것이다.

나머지는 기독교 이단임을 명확히 한 것이다. 그것은 300여 년 내려온 다양한 기독론들에 종지부를 찍고 오직 「신니케아 신경」만을 인정하는 교회만이 로마제국이 인정하는 합법적이고 공식적이며 보편을

---

16. 김은규, "니케아 신경은 종교 권력의 지배 이념인가?" 「신학사상」, 190권 (신학사상연구소, 2020), 203.

가질 수 있다는 의미이다.

동시에 '하나와 보편'은 다신교는 폐기될 대상이며, 개종해서 기독교의 「니케아 신경」을 받아들여야만 인정하겠다는 암시의 지배적이고 통제적 의미가 담겨 있다.[17]

「니케아 신경」이 기독교의 모든 것을 담아내는 것은 아니지만, 황제 권력이 가장 최고조에 이르렀을 때 선포되었고, 이후 로마 법령들이 전통 신들을 금지하고 쳐낼 때 중심에 있었다.

즉 세속 권력과 타협하며 교회 권력을 획득해 나가는 기반이 되었다. '보편'이라는 기조는 중세교회의 권력에까지 그대로 영향을 끼쳤다.

---

17. 염창선, "4세기 교회와 국가의 '교회정치적(kirchenpolitisch)' 차원." 「한국교회사학회지」 제18집 (한국교회사학회, 2006), 97–118.

제 10 장

기독교의
로마제국의 기독교화

1. 로마황제의 친기독교정책

로마제국의 기독교화의 의미

기독교화(基督敎化, christianization)는 기독교로의 개종 또는 한 번에 전체 그룹이 변환하는 것을 말한다. 또한 기독교 사회의 강제 부과와도 관련 있을 수 있다. 기독교 원칙을 고취하기 위해, 기독교인이 되기 위한 것으로 그것은 개인, 관행, 장소 또는 전체 사회의 전환에 적용될 수 있다. 그것은 로마제국에서 시작되어 유럽의 중세 시대를 거쳐 20세기에 전 세계로 퍼졌다.

역사적으로 기독교화 과정에는 ① 선교 기간 및 개인 회심으로 시작하여, ② 통합 및 공동체 구축, ③ 때때로 혼합주의라고 하는 신념 및 신성한 공간의 교환으로 관찰할 수 있는 단계가 있다. 관찰 가능한 단계가 있다고 해서 기독교화가 오랜 역사를 통해 개종(改宗)에 대한 일관된 접근 방식을 유지했음을 나타내지는 않는다. 시대와 장소에 따라 다양한 방법과 동기, 수단이 생겨났다.[1]

---

1. Marius, Ščavinskas, "A Few Remarks on the so Called First Stage of Christianization of the

기독교를 국교로 삼은 최초의 국가는 4세기 아르메니아, 조지아, 에티오피아, 에리트레아였다. 5세기 말과 6세기 초에 로마제국의 대다수가 회심했다. 기독교 제국은 고대 기독교가 종말을 고하고 800년대에 기독교가 절충적인 중세 형태로 변모했을 때 최초의 동방 황제 유스티니아누스 치하에서 마침내 구성되었다.

중세 기독교화는 8세기와 9세기에 유럽에서 시작되었다. 나중에 동부 중앙 유럽으로 알려지게 된 유럽의 새로운 지역이 형성되었지만, 중부 및 동부 유럽 전역에서 기독교화와 정치적 중앙 집중화가 함께 진행되었다.

기독교화 과정의 단계는 두 문화 체계가 상호 연결될 때 발생하는 교류를 포함한다. 기독교화는 결코 일방적인 과정이 아니다. 고고학자 애나 콜라(Anna Collar) 박사에 따르면 서로 다른 삶의 방식을 가진 집단의 사람들이 서로 접촉하게 되면 자연스럽게 사고와 관행을 교환하게 된다.[2]

이것은 때때로 혼합주의(syncretism)라고 불리지만, 혼합주의는 논쟁의 여지가 있는 개념이기에 대신에 많은 학자들은 토착화(土着化, inculturation)란 용어와 문화변용(文化變容, acculturation)이라는 용어를 대신 사용한다.

영국 출신 가톨릭 신학자인 에일워드 쇼터(Aylward Shorter) 박사는 토착화를 기독교의 가르침과 지역 문화 간의 "지속적인 대화"(ongoing dialogue)[3]라고 정의한다.

Eastern Coast of the Baltic Region." *Tabularium Historiae.* II (2017), 57–76.

2. Anna, Collar, *Religious Networks in the Roman Empire*(illustrated, reprinted,). (Cambridge University Press, 2013), 1–10.

3. Aylward Shorter, *The Theology of Mission.* (Notre Dame, Fides Publishers, 1972), 68. 에일워

지역의 문화와 장소가 교회에 적응하듯이 교회는 특정 지역의 문화적 맥락에 적응한다. 이것은 때때로 토착 종교와 이전의 신성한 공간의 전유, 제거 및/또는 재지정을 포함하여 새로운 종교 체계에서 자리를 찾을 수 있도록 했다.

인류학자 제리 E. 클라크(Jerry E. Clark) 박사에 따르면 결과의 변화는 주로 지역 민족 구성, 정치 구조 및 지역 권력 소재지에 기반한다. 고대 게르만 사회는 개별성을 지향하기보다는 본질적으로 공동체적인 경향이 있었고, 왕에 대한 충성심은 일반적으로 통치자의 개종에 이어 백성들의 대규모 개종이 뒤따랐다는 것을 의미했다.[4]

역사는 기독교화를 식민주의, 특히 신대륙과 정착민 식민주의의 영향을 받는 다른 지역에 국한되지 않는 식민주의와 연결한다. 역사는 또한 식민주의에 대한 반대와 기독교화를 연결한다.

역사학자 라민 사네(Lamin Sanneh) 교수는 "교회와 정치 모두에서 항의와 저항"을 통해 식민주의에 대한 선교적 지원과 선교적 반대에 대한 동일한 양의 증거가 있다"[5]고 썼다.

통합은 개인이 그들의 유산 문화와 더 큰 사회 모두에 참여했을 때 일어났다. 동화 또는 분리는 개인이 하나 또는 다른 문화에만 배타적으로 지향하게 될 때 발생했다. 어떤 문화도 지향하지 않는 것은 주변화

드 쇼트(Aylward Shorter), 『토착화 신학을 위하여: 토착화의 과거, 현재 그리고 미래』(Toward a theology of inculturation), 김준철 역 (가톨릭대학교, 2017), 제3부 선교와 토착화.

4. Jerry E. Clark, "Jesuit Impact on Potawatomi Acculturation: A Comparison of Two Villages in the Mid-Plains." *Ethnohistory*. 26(4) (1979), 377-395.

5. Lamin O. Sanneh, *Disciples of all nations: Pillars of world Christianity*. (London: Oxford University Press, 2007), 271.

초기 기독교의 세계

(周邊化, marginalization)이다.

기독교화는 AD 30-40년경 예루살렘의 로마제국에서 시작되어 빠르게 퍼졌다. 학자들은 처음 3세기 동안 로마제국의 기독교화가 정치적인 힘에 의해서 일어나지 않았다는 데 동의한다.[6]

기독교는 여러 가지 이유로 박해를 당했으면서도 마침내 그것을 극복하고 불과 3백 년 동안에 로마제국 전체로 전파되었다. 그 포교의 촉진에 한 조건으로서는 로마의 세계제국의 성립, 헬레니즘 문화권의 통일성, 언어의 공통, 고대 말기의 사회 혼란에 기인한 인심의 희구 등을 지적할 수 있다.

특히 초기 기독교의 신자들은 무산자, 노예, 해방 노예 등 하층 민중이 많았다는 사례는 이 시대의 사회적 영향으로 간주된다.

기독교가 로마제국에 의한 박해의 원인으로 지적되는 것 가운데 특히 기독교는 초(超)민족적 세계종교라는 점에서 로마제국이 이교적인 황제 예배를 강제했던 시책과 충돌했다는 주인(主因)을 들 수 있다.[7]

로마제국의 기독교화 과정

확실히 기독교가 초민족적인 종교이기는 했으나, 결코 반국가적인 것이 아니고 정치와 종교의 구별을 실증하였기에 제국 당국도 종교에는 관용으로 대하고 또한 기독교를 유대교의 일파로 보았기에 양자의 충돌은 초기에는 보이지 않았다.

---

6. Anna, Collar, 6–9.

7. Carl Stephenson, *Mediaeval History*. (New York: Harper & Row, 1967), 43–44.

이것이 티투스 황제(Titus, 재위 79~81년)에 의해서 로마의 압제에 반항하는 유대인을 예루살렘에서 공략하면서 기독교와 유대교의 상이점이 분명해지고, 또한 로마제국이 황제숭배를 강화해 가는 정책상 기독교인은 이것을 거부하고 마침내 막심한 박해가 심각해지면서 4세기 초까지 절정에 달하게 되었다.

이 시기에 다소 평온한 시기를 보여주기도 했으나 결코 절대적 안정이나 혹은 결정적 평화를 누릴 수 없었다. 이 시기의 박해를 대체로 10회로 구분하는 경향이 있으며, 이 숫자는 황제의 명령에 의해서 전국적으로 박해를 한 것에 해당하고 그와 별도로 민중의 광포, 지방 장관의 독단에 의해서 분기된 박해도 수없이 많았다.

여기에 콘스탄티누스 대제(재위 306~337년)와 리키니우스 황제(Licinius, 재위 308~324년)는 313년의 밀라노 칙령에 의해서 기독교를 국가가 인정하는 다른 여러 종교의 동권으로 신자의 자유를 인정하였다.[8]

리키니우스 황제는 이미 311년 콘스탄티누스, 갈레리우스, 막시미아누스와 함께 조건부의 관용령을 내린 후, 밀라노의 칙령으로 완전한 자유령을 발했으나 후에는 무시하고 말았다.

콘스탄티누스 황제는 리키니우스에게 승리하고 동제국을 통치(324년)하고, 기독교를 국교화하려는 의도를 보였으나 그 자신은 이교를 억압하지 못했다. 그것은 아직도 이교를 고수하려는 로마 옛 귀족의 저항을 받고 콘스탄티노플을 로마제국의 새 수도로 정한 것에서 알 수 있다.

---

8. Kenneth M. Setton, *Great Problems in European Civilization*. (New York: Prentice-Hall, 1966), 75-77.

초기 기독교의 세계

337년 주교 유세비우스에 의해 세례를 받은 콘스탄티누스 대제는 기독교적 황제로서 위업을 남겼다. 그 후 콘스탄티누스 2세(재위 337~340년), 콘스탄스(Contans, 337~350년), 콘스탄티우스(Constantius, 337~361년)의 자제들은 이교에 대해서 강력히 제재했으면서도 근절하기에는 이르지 못했다.

특히 이교도를 요직에 임명하고 기독교인을 교양 기관에서 차출하여 이교에 기독교적 이념을 도입시켜, 이것을 기독교와 동등한 자격 혹은 그 이상으로 우위에 두고자 했다. 또한 그리스 철학과 기독교를 혼합한 네오플라토니즘으로써 기독교의 제도를 모방하고 일종의 계급제도를 확립하였고, 유대교도 및 각종 이교도들에게 특전을 부여하였다.

그러나 이와 같은 최후의 시도로서 소멸해 가는 이교에 새로운 생명을 고취시키고, 한산한 성전을 예배자로 충만시키지는 못했으며, 결국 율리아누스 황제는 단기간의 통치 후 363년 페르시아와의 전쟁에서 전사하자 이교의 부흥은 실현되지 못했다.

차기의 여러 황제의 치하에 있어서 이교는 부분적으로 국가의 강제시책에 의해서 점차로 소멸되어 갔다. 발렌티니아누스 1세(Valentianus, 재위 364~375년)는 아타나시우스파를 신봉했으며, 그는 초기에 공천을 금하는 것에 한했으나, 그 후의 황제는 이교를 더욱 강력히 제재했다.

로마교회의 보호자라고 할 그라티아누스 황제(Gratianus, 재위 375~383년)는 선례를 깨고 "최고 사제"(最高司祭, Pontifex Maximus)라는 이교적 칭호와 그 제한 등을 거절하고, 이교 예배의 국가 보조를 폐지했으며, 사제와 무녀(巫女)들의 수입이나 토지들을 몰수하고, 로마 원로원 회의장에 있는 '승리의 여신-빅토리아(Victoria)상'(像)을 철거시켰다.

이와 같이 이교가 소멸 직전에 이르는 동안 최후의 종지부를 찍게 한 것은 테오도시우스 황제(Theodosius, 재위 379~395년)였다. 그는 동방 황제로서 서방의 반란을 진압하고, 로마제국의 통일을 이룩한 최후의 영군(英君)이었다.

당초 이교도에 대해서 박해는 가하지 않았으나 제사 및 그 외의 종교적 행사를 금하고, 전당을 폐쇄하거나 파괴하게 되면서부터 이교에 대한 강경책을 보였다.

알렉산드리아의 세라피온(Serapion), 콘스탄티노플의 올림피우스(Olympius) 전당 등이 파괴된 것도 이 시기에 감행되었다. 392년에 예배 금지, 그리고 394년에는 이교 전폐의 법률을 발포하고 이교적 제사뿐만 아니라 전당의 참배 및 신상의 숭배를 금했다.

다음 해 테오도시우스는 이교의 동물 제사 및 그 행사 시 내장 점복(占卜) 등을 반역죄로 간주하고 고액의 벌금형에 처했다. 이러한 상황 속에서 도시는 전적으로 기독교화를 실현시키고 이교의 여러 신은 촌락으로 후퇴하여 최후의 피난처로 삼게 되었다.

지역 정부에서 제국 정부에 이르기까지 다양한 수준의 정부에서 3세기에 걸쳐 계속되는 박해를 견디는 동안 기독교는 중앙 권위 없이 '자기 조직'으로 남아 있었다. 이러한 방식으로 150명에서 250명 사이의 중요한 성공 임곗값에 도달했다.[9]

이렇게 기독교화는 AD 30-40년경 예루살렘의 로마제국에서 시작되어 빠르게 퍼졌다. 학자들은 처음 3세기 동안 로마제국의 기독교화

---

9. W. G. Runciman, "The Diffusion of Christianity in the Third Century AD as a Case-Study in the Theory of Cultural Selection," *European Journal of Sociology*, 45(1), (2004), 3–21.

336   초기 기독교의 세계

가 정치적 힘에 의해 일어나지 않았다는 데 동의한다.[10]

이때 기독교인 수는 50,000명 미만에서 백만 명 이상으로 늘어났고, 자급자족할 수 있게 되었으며 더 이상 성장할 수 없을 만큼 충분히 더 성장할 수 있게 되었다.[11]

기독교는 로마법과 그리스 문화가 지배했던 AD 1세기 혼합주의적 헬레니즘 세계의 일부인 로마 유대에서 제2성전 유대교의 분파로 등장했다. 하나님 나라의 도래를 선포하신 예수의 사역에서 시작되었다.

기독교가 유대 너머로 퍼졌을 때, 그것은 유대인 디아스포라 공동체에 처음 도착했다. 초기 복음 메시지는 아마도 원래는 아람어로 구두로 전파되었지만 거의 그리스어로도 전파되었다. 1세기 안에 메시지는 글로 기록되어 해외로 퍼지기 시작했다. 가장 초기의 글은 일반적으로 예수를 신(神)이자 인간이라고 말한 사도 바울의 글이다.

기독교는 초기 유대 기반에서 거의 즉시 이방인(비유대인)으로 확장되기 시작했다. 베드로와 바울은 때때로 이방인의 사도로 불린다. 이때, 할례 요구사항을 포함하여 전체 모세 율법을 계속 준수할 것을 요구하는 사람들과 논쟁이 벌어졌다.

야고보는 개종자들이 "우상의 오염, 음행, 목매어 죽인 것과 피"를 피해야 하지만 유대 율법의 다른 측면을 따르도록 요구되어서는 안 된다고 결정한 예루살렘 공의회(AD 50년경)를 소집했다. 기독교가 이방 세계에서 성장함에 따라 유대교에서 점진적으로 분리되었다.

로마의 기독교화는 결코 일방적인 과정이 아니었다. 토착 종교가

---

10. Anna, Collar, 6.

11. W. G. Runciman, 3-21.

기독교의 측면을 흡수한 것처럼 토착 요소를 흡수하는 일종의 평행법이 항상 있었다. 로마사 전공의 밋첼 잘즈만(Michelle Salzman) 교수는 로마 제국의 귀족을 개종시키는 과정에서 기독교가 그 귀족의 가치를 흡수했음을 보여주었다고 했다.[12]

저스틴(2세기), 테르툴리아누스, 오리겐(3세기)을 포함한 몇몇 초기 기독교 교부들은 미트라트가 기독교 신앙을 '복사'했다고 썼다. 기독교는 플라톤 사상의 측면, 월과 요일의 이름, 심지어 7일제 개념까지 로마의 이교에서 차용했다.

어떤 식으로든 크리스마스는 라이벌 종교와 경쟁하기 위해 시작되었거나, 겨울 축하 행사를 기독교 전파하는 방법으로 채택하거나, 겨울 축제를 기독교적 의미로 세례를 주기 위해 시작되었다.

전통적인 로마 종교의 추종자들에게 기독교는 기이한 존재로 여겨졌다. 기독교인들은 로마 사회의 근본적인 신념을 비판하고 의식, 축제 및 제국 숭배에 참여하는 것을 거부했다. 그들은 정치적으로 전복적이고 흑마술, 근친상간, 식인 풍습을 행했다는 소문을 포함하여 의심과 소문의 대상이었다.

기독교에로의 개종은 가족을 갈라놓았다. 순교자는 기독교인 아내를 비난한 이교도 남편에 대해 이야기하고, 테르툴리아누스는 기독교인이 되었기 때문에 상속되지 않은 아이들에 대해 이야기한다.

그럼에도 불구하고 처음 3세기 동안 기독교는 일반적으로 용인되었으며 박해의 에피소드는 폭도와 총독에 의한 지역화된 행동인 경향

---

12. Salzman, Michel, *The Making of a Christian Aristocracy: Social and Religious Change in the Western Roman Empire.* (Cambridge: Harvard University Press, 2002), 200–219.

초기 기독교의 세계

이 있었다.

수에도니우스와 타키투스는 1세기 중반에 네로 황제가 기독교인을 박해했다고 기록하고 있지만 이것은 로마 자체 내에서만 발생했다. 기독교가 3세기 중반에 중요한 시점에 도달할 때까지 제국 전체에 걸친 박해는 없었다.

1,000명 미만으로 시작하여 100년이 되자 기독교는 각각 평균 70(12-200)명의 회원으로 구성된 약 100개의 작은 가정교회로 성장했다. 이 교회들은 분할된 일련의 소규모 셀이었다. 200년까지 기독교인 수는 200,000명 이상으로 증가했으며, 평균 500-1,000명 규모의 공동체가 약 200-400개의 마을에 존재했다.

3세기 중반까지 기독교인들이 모인 작은 가정교회는 회의실, 교실, 식당이 완비된 교회로 개조되거나 설계된 건물로 이어졌다. 살아남을 수 있는 가장 오래된 건물들은 이 무렵부터 지어졌다.

기독교 사학자 로드니 스타크(Ridney Stark) 교수는 그의 수학적 모델링에서 볼 때 기독교인이 로마 인구의 약 1.9%를 차지했다고 추정한다.[13] 그 당시 기독교는 성장하여 주요 인구 통계학적 존재를 갖게 되었다.

역사가 램세이 맥뮬렌(Ramsay MacMullen) 박사는 기독교인이 300년까지 로마 인구의 약 10%를 차지했다고 추정한다.

마지막이지만 가장 치열한 공식 박해(Diocletianis Persecution)는 303년에서 311년 사이에 일어났다.

---

13. Stark, Rodney, *The Rise of Christianity: A Sociologist Reconsiders History*. (Princeton: Princeton University Press, 1996), 5.

콘스탄티누스 황제의 입법

이교사회(異敎社會)에 침투하기 시작한 기독교는 우선 이교에 대한 강력한 제재로서 그것을 소멸시키려는 여러 가지 작업이 진행되었으나, 동시에 이와 못지않게 중요한 것은 국가의 여러 제도에 기독교 정신을 침투시켜 정책이나 법제상에 많은 개선을 시도했다는 사실이다.

즉 기독교적 입법과 공적 생활의 관철이라는 양면이다. 여기에 콘스탄티누스 대제는 형법의 잔인성을 완화시키는 것을 위시하여 죄인의 이마에 낙인을 찍는다든가 혹은 경기장에서의 잔혹한 형벌을 금하고, 또한 십자가형의 폐지, 더욱이 죄인에 대해서 주교들로 하여금 또한 감옥을 방문시켜 그들의 취급을 감시, 감독하게 하여 관대한 취급과 부당한 구류를 폐지하도록 했다.

로마제국에 있어서 기독교에 대한 박해 수단으로써 악용되었던 검상(劍上) 시합(試合)은 황제에 의해서도 비난되어 많이 제한되고 그것은 서로마 초대 황제인 플라비스(Honorius, Flavis, 재위 395~423년)에 이르러 완전히 폐지되었다.

콘스탄티누스 황제의 입법 정신은 다른 로마 황제들이 기독교에 귀의한 당연한 결과로서 이룩된 정치와 종교, 국가와 교회와의 새로운 관계를 낳게 한 것과 공통의 발단이라고 할 수 있다.

여기에 그는 인간 생명의 존중을 완전히 수행할 목표로, 부권(父權)으로서 행해졌던 자녀 살해를 '친속살인죄'(親屬殺人罪)로 단정하고, 더욱이 자녀 유기(子女遺棄)의 폐해를 제거하기 위해 기아(棄兒)를 발견했을 경우, 그것을 양육자의 것으로 인정하고, 그 후 기아 행위마저 금했다.

초기 기독교의 세계

이 외에도 기독교적 황제들은 여성의 사회적 지위 향상과 노예의 관대한 취급에 관한 교회의 노력을 지지했다.

이러한 조치는 교회가 로마제국에 준 영향의 결과라고 볼 수 있다. 즉 당시 기독교는 개인의 영적인 신생은 물론이지만 국가 조직이나 행정, 법제 전면에 침투하면서 기독교의 정신으로 개혁시켰던 것이다.

특히 교회는 "모든 인간의 영혼은 하나님 앞에 평등한 가치가 있고, 또 그것은 전 우주보다 귀한 것"이라고 가르쳐 로마법에 볼 수 없었던 '인권사상'을 보급시켰다.

확실히 융성의 절정에 달하였던 고전 시대의 로마법의 우수성은 사실이지만, 이 시대에 이르러서는 노쇠의 자태를 보였다. 로마제국의 권력은 전제적인 성격을 보였으면서도 불구하고 그 실권이 상실되고 정신문명의 부진을 기독교의 성행으로 로마 법학보다도 기독교 교리의 연구에 치닫게 되었다.[14]

그러나 여러 황제는 그 강대한 권력을 행사할 시기에 있어서는 교회의 보호자로 자처하면서 입법의 정신적 기초에는 분명히 기독교적 정신에 동화된 양상으로 나타났으나, 후에 보이는 여러 황제의 보호는 어떤 면에서는 속권(俗權)과 교권(敎權)을 혼동하는 데 따라 각종의 폐단을 초래하게 되었다.[15]

---

14. 현승종, 「로마법원론」, (서울: 일조각, 1977), 39.

15. 김영식, 「간추린 가톨릭교회사」, (서울: 불휘미디어, 2021), 33.

교회와 성직자의 특전

콘스탄티누스 대제의 기독교회 보호에 관한 조치는 ① 교회재산반환을 명한 서한, ② 기독교 성직자의 공역 면제를 명한 서한, ③ 주교재판권 부여를 명한 칙법, ④ 교회에 노예해방권을 부여하기 위한 법률이 시행되었다.

첫째의 교회재산반환을 명한 서한은 312년 콘스탄티누스 대제가 로마 근교의 밀비우스(Milvius)교(橋)에서 막센티우스(Maxentius)를 격파한 후, 아프리카 총독에 대해서 교회재산반환을 명한 것이다. 이 조치는 313년 밀라노 칙법(勅法)에 의해서 전 로마제국에 일반화되었다.

둘째의 기독교 성직자의 공역(公役) 면제를 명한 서한은 313년 역시 아프리카 총독에게 명한 것이다. 즉 "그대에게 위탁되어 있는 속주 가운데서 가톨릭교회에 성스러운 종교에 그 봉사를 마치고 있는 성직자라고 불리는 사람들이 모든 강제적 공역(무네라, munera)[16]으로부터 앞으로 일체 완전한 자유로 보호될 것을 나는 원한다"[17]고 했다.

셋째의 주교재판권 부여의 칙법은 주교에게 민법적 쟁의에 관한 재판권을 부여한 칙법으로서 318년에 발포되었다. 이것은 기독교의 기구를 국가 생활에 도입한 최초의 것으로 간주된다.

넷째는 교회에 대한 노예해방권의 부여를 진술한 칙법으로서, 321

---

16. 고대 로마에서 무네라(munera, 단수 munus)는 "의무, 의무"(영어, "munificence")를 의미하며, 지역사회에 서비스를 제공하거나 기여해야 하는 개인의 책임을 나타낸다. Bispham, Edward, *From Asculum to Actium: The Municipalization of Italy from the Social War to Augustus.* (Oxford University Press, 2007), 15.

17. 위의 책.

초기 기독교의 세계

년 발포되었으나 그전에 여러 가지 권한이 부여된 바 있으며, 특히 320년에는 후세 교회의 경제적 발전에 중대한 영향을 미친 유산상속권이 부여된 바 있다.

노예해방권의 부여에 관한 칙령의 내용은 시민권이 항상 합법적으로 부여되었던 것과 동일하게 합법적으로 자유가 노예에게 부여되었다고 간주한다. 노예해방권의 부여에 관한 칙법으로 시민권이 항상 합법적으로 부여되었던 것과 동일하게 합법적으로 자유가 노예에게 부여되었다고 간주한다.[18]

기독교를 보호하는 황제들이 교회에 대해서 중요한 특권 혹은 특전(特典)을 부여하려는 것은 분명히 기독교의 정신에 입각한 공공 생활의 관철이라고 하는 교회의 임무를 용이하게 달성시키려는 의도였다. 그리고 독신에 관한 이교적 유래를 갖는 입법이 성직자에 대해 폐지되었다.

주교들은 감옥을 감독 혹은 감시하는 권한 외에 앞에서 언급한바 판결된 죄인을 위해 탄원한다든가 또는 재산 기증의 유언을 집행하고, 상고가 허용되지 않은 중재 조정도 할 수 있는 권한 등이 주어졌다. 또한 주교는 재판권을 받게 되면서 세속인이 주교의 재판에 소송할 수 있게 된 것이다.

이 외에도 콘스탄티누스 황제는 이미 성직자에게 군대의 민박 및 공공사업 부역을 면제하고, 그 후의 황제들은 이것을 전제로 교회 및 성직자에게 전면적 면세를 인정하게 되었다. 더욱이 교회에 대한 공공 단체로서의 재산의 기부를 허용하는 권리 등은 교회로 하여금 수다한

---

18. MacMullen, Ramsay, "What Difference Did Christianity Make?" *Historia*, Vol. 35, No. 3 (1986), 322–343.

교회를 건립하는 혜택을 받게 했다.[19]

이렇게 기독교는 종래 이교가 향유해 온 특전과 면허 등을 계승하면서 교회는 여러 황제의 보호에 힘입어 국가로부터의 혜택을 입은 바 컸던 것이 사실이나, 반면에 이교도에게 강압적으로 기독교 신자화(信者化)하려는 결과로써 불순분자의 교회 내 여러 양상은 오히려 부패의 화근을 초래케 했다.

더욱이 황제 자신도 교회관을 왜곡되게 인식하여 스스로 황제 겸 대주교라는 태도를 보였고, 마침내 자신들의 신학적 사상을 이유로 왕왕 종교 문제까지도 간섭을 보이기도 했다.

이상 살펴본 기독교 황제의 종교정책은 다분히 이교 사상을 배경으로 했다고 볼 수 있으며, 이 점 전제주의(Caesarian) 혹은 황제-교황 정치(Caesaro-Papismus)라고 할 때, 시초의 순수한 교회의 방어자라는 입장에서 서서히 종교를 혼동하는 면을 살필 수 있다.

이처럼 콘스탄티누스 황제는 교회를 재정적으로 지원했고, 바실리카를 건축했으며, 이전에는 이교도 사제에게만 가능했던 특권(예: 특정 세금 면제)을 성직자들에게 부여했으며, 기독교인을 고위직으로 승진시켰고, 박해 중에 압수된 재산을 반환했다.

역사학자 스타크 교수에 따르면 4세기 최초의 기독교 황제 치하에서 기독교의 급상승한 성장 곡선을 설명하기 때문에 "절대 수치로 보면 '기적처럼 보이는' 성장의 기간이었을 것"[20]이라고 덧붙였다. 세

---

19. Novak, David M., "Constantine and the Senate: An Early Phase of the Christianization of the Roman Aristocracy." *Ancient Society,* 10 (1979), 271–310.

20. Stark, Rodney, 5.

기 중반에는 기독교인이 제국 인구의 절반 이상을 차지했을 가능성이 높다.

사회과학자 에드윈 A. 저지(Adwin A. Judge) 교수의 연구에 의하면 콘스탄티누스 황제와 니케아 공의회 이전에 완전히 조직화된 교회 제도가 존재했음을 보여준다. 이것으로부터 저지 교수는 "기독교가 콘스탄티누스 대제의 채택으로 인해 승리를 거두었다는 주장은 지지될 수 없다"[21]는 결론을 내렸다.

150년에서 250년 사이의 100년 동안 임계 질량이 달성되었으며, 기독교는 50,000명 미만에서 100만 명 이상으로 이동했다. 3세기의 나머지 기간 동안 기독교인의 절대적인 수가 많이 증가했다.

테오도시우스 1세, 기독교를 로마국교로 확립

테오도시우스 1세(347–395년)는 사후 수 세기 동안 니케아 기독교를 제국의 공식 종교로 확립하기 위해 이교도를 표적으로 삼아 제거한 황제라는 명성을 얻었다. 그러므로 일부 학자들은 테오도시우스 황제가 데살로니가 칙령(380년)으로 기독교를 로마의 국교로 확립한 것으로 해석했다.

테오도시우스 1세가 희생에 대한 법을 정화하고 모든 형태의 이단에 대한 몇 가지 법을 제정하기는 했지만, 전통 숭배에 반대하는 적극적인 정책을 추구했다는 증거는 거의 없다. 학자들은 일반적으로 테오

---

21. E. A. Judge, Alanna Nobbs(ed.), *Jerusalem and Athens: Cultural Transformation in Late Antiquity.* (Tübingen: Mohr Siebeck, 2010), 4.

도시우스가 이교도에 대해 조심스럽게 관용적인 태도와 정책으로 통치를 시작했다는 데 동의한다.

391년 2월과 392년 6월, 11월에 공포된 3개의 연속적인 법률은 일부 사람들에게 관용과 이교도를 종식시키는 테오도시우스 정책의 현저한 변화로 여겨졌다. 로마 역사가 알런 카메론(Alan Cameron) 교수는 391년과 392년 6월의 법률에 대해 지역 주민들이 요청한 내용을 지침으로 재언급한 지역 항소에 대한 응답이라고 썼다.

카메론은 이러한 법률이 일반 대중에게 구속력을 가지도록 의도된 것이 아니라고 말했다. 392년 11월 8일의 법은 일부 사람들에 의해 기독교를 제국의 공식 종교로 만든 이교도에 대한 보편적 금지로 묘사되었다.[22]

교황 레오 1세의 세속적 문제에의 개입

5세기 초까지 원로원 귀족들은 거의 보편적으로 기독교로 개종했다. 이 기독교화된 로마 귀족은 이탈리아에서 6세기 말까지 로마시의 세속적 전통을 유지할 수 있었다. 이러한 세속적 전통의 생존은 제국 정부와 교황 레오 1세의 도움을 받았다.

역사학자 피터 브라운(Peter Brown) 교수는 서로마제국(440-61년)에서 교황으로 재위하던 초기부터 레오는 "'로마의 도시인'이 도시의 종교 생활에서 발언권을 갖도록 보장했다."[23]고 썼다.

---

22. Alan, Cameron, *The last pagans of Rome*. (New York: Oxford University Press, 2011), 89-96.

23. P. Brown, "Aspects of the Christianization of the Roman Aristocracy." *Journal of Roman*

서로마제국은 5세기에 쇠퇴한 반면, 동로마제국은 황제 테오도시우스 2세의 통치 기간에 잘 기능했다. 테오도시우스 2세는 제국 체제의 중심에서 강력한 위치를 누렸다. 서부의 쇠퇴로 인해 동부와 서부 당국은 서부 제국에 대한 권력과 권위에 대한 권리를 주장했다.

　　테오도시우스 2세의 주장은 로마법과 군사력에 의거한 것이었다. 레오는 물려받은 '페트린' 권위라는 개념을 사용하여 응답했다. 449년과 451년에 동방 황제 테오도시우스 2세(407–450년)와 마르키아누스(450–457년)가 소집한 에베소 공의회와 칼케돈 공의회는 교황권에서 받아들일 수 없는 것이었다.

　　교황 레오(Leo)는 이 공의회에서 내려진 제국의 결정에 이의를 제기했다. 그는 황제가 '세속적 문제'에 관심을 가져야 하는 반면에 '신성한 문제'는 다른 특성을 가지고 있고, '사제'(sacerdotes)가 관리해야 한다고 주장했다. 그러나 교황 레오는 성공하지 못했다.

　　처음 3세기 동안의 로마 황제들은 종교의 통제를 그들의 기능 중 하나로 보았고, 공식 숭배의 폰티펙스 막시무스(pontifex maximus, 대제사장)라는 칭호를 내주었다. 반면에 기독교 동방 황제들은 종교 문제의 규제가 그들의 특권 중의 하나라고 믿었다.

　　서부 황제 발렌티니아누스 3세(425–55년)는 본질적으로 테오도시우스에 의해 임명되었으며, 발렌티니아누스가 동방의 정책을 기꺼이 받아들였다는 증거가 있다. 서부 황제의 지원 없이 레오는 서부에 대한 테오도시우스의 권위를 받아들임으로써 교회에 대한 국가 통제의 경향을 나타내기 시작했다.

Studies, 51(1–2) (1961), 1–11.

535년에 유스티니아누스 1세는 이탈리아의 지배권을 주장하려고 시도했고, 그 결과 20년 동안 지속된 고딕 전쟁(Gothic War)이 발발했다. 전투가 끝나자, 원로원 귀족들은 재건 기간 동안 로마로 돌아갔다.

전쟁과 유스티니아누스의 '조정'(adjustments)에서 이탈리아 행정부로의 변화는 그 후 수십 년 동안 귀족이 권력을 유지할 수 있도록 허용했던 지원을 제거했다.

유스티아누스는 교회 문제에 적극적인 관심을 보였고, 이로 인해 국가가 교회를 통제하는 경향이 가속화되었다. 콘스탄티누스는 「밀라로 칙령」을 통해 모든 민족이 원하는 종교를 자유롭게 따를 권리를 부여했지만, 유스티아니누스 1세의 종교 정책은 통일된 제국이 믿음의 통일을 전제로 한다는 그의 확신을 반영했다.

유스티니아누스 황제 치하에서 "모든 종류의 일탈자, 특히 종교적 일탈자에 대한 제국주의 입법의 완전한 힘"이 실제로 적용되었다고 후기 고대 역사학자인 주디스 헤르인(Judith Herrin) 교수는 썼다. 밀라노 칙령이 정한 주요 기준이었던 양심의 자유(freedom of conscience)가 완전히 폐지되었다.[24]

800년대 이전에 '로마의 주교'는 로마 이외의 다른 주교들에 대해 특별한 영향력을 행사하지 않았으며, 아직 중앙 교회 권력으로 나타나지 않았다. 교황권이 승인하지 않았을 가능성이 있는 지역 성직자들이 받아들인 지역 버전의 기독교가 있었다.

---

24. Chuvin, Pierre, *A Chronicle of the Last Pagans*, (Cambridge: Harvard University Press, 1990), 59–63.

로마 황제 이념의 기독교화(Christianization)

밀라노의 주교, 암브로시우스는 AD 380년 그라티아누스 황제에게 보내는 한 서신에서 "가장 기독교적인 황제에게"[25]라고 적고 있다. 그는 "가장 기독교적인"이라는 최상급의 칭호가 새로운 형태의 언급임을 자각하고 있었다.

막센티우스에게 승리를 거둔 이후, 콘스탄티누스 황제에 의해 광장에 설립된 입상 조각의 각명(刻銘)에는 콘스탄티누스 황제를 해방자(liberator), 재건자(restitutor), 수호자(conservator)라 칭송하고 있다.

이 각명은 콘스탄티누스 황제가 조각의 상징으로 덧붙인 표식을 제시하고 있다는 점에서 주목할 가치가 있다.

이 표식이 진정한 원동력의 상징이라는 점이다. 이러한 언급을 통해 그는 자신의 권위와 관계된 듯하다. 콘스탄티누스 황제 스스로도 말하였지만, 비문(碑文) 사료(史料)도 로마를 구원한 그의 업적은 새로운 힘, 즉 막센티우스와의 전투에서 그가 보여준 용기(vera virtus)의 도움 때문이라고 증언한다.

로마 황제의 이러한 새로운 구원자적 특성을 기독교인들은 자신들과 밀접히 연관시켰으며, 자신들의 구원자, 기독교인들의 구원자라 정형화하였다. 여기에는 당연히 313년 콘스탄티누스가 밀라노에서 리키니우스와 합의한 점, 즉 기독교 박해 시 몰수당했던 교회 재산을 교회에 다시 환원시킨다는 합의가 큰 역할을 하였다.

---

25. 하인츠 벨렌(Heinz Bellen), "로마황제이념의 기독교화에 관하여—콘스탄티누스 황제에서 테오도시우스 황제까지." 「서양고대사연구」 제2권 (한국서양고대역사문화학회, 1994), 129.

이러한 밀라노 합의는 '교회의 재건'(restotita ecclesia)이라 명명(命名)될 만한 것이었다. 국가의 재건자(restitutor rei publicae)는 이를 통해 교회의 재건자가 되었다.

이러한 모든 것이 기독교의 입장에서는 광장에 건립한 콘스탄티누스 황제의 입상에 새겨진 표식에 관심을 갖게 하였다. 비문 사료에 나타난 모든 라틴어 표현처럼 유세비우스는 이 표식을 '구원의 표식'이라 해석하였다.

AD 324년 이후에는 크리스토그램(Christogram, ☧)[26]이 새겨진 황제의 깃발인 라바룸(Labarum)[27]도 이와 같이 간주되었다. 라바룸은 로마제국에 있어 그 중요성이 점점 증가되어 마침내 트로이에서 로마로 와서 수백 년간 로마를 수호한 팔라스 여신상의 위치를 대신하기에 이르렀다.

이러한 '구원의 표식'과 더불어 로마제국과 그 구원자적인 황제 이념의 기독교화(christianization)[28]가 시작되었다. 이러한 기독교화 과정은 콘스탄티누스 황제의 구원자적 행위를 구약성경에 그 기원을 두려는 시도를 경험하기에 이르렀다.

구약성경에는 기독교 신자들을 구원한 것과 비교할 만한 진술이 있었다. 즉 모세에 의한 이집트에서 노예 상태에 빠져 있던 유대인의 구출이다(출 13-15장). 유세비우스는 콘스탄티누스 대제와 구약의 모세

---

26. 크리스토그램(라틴어: 모노그램 크리스티(Monogramma Christi))은 예수 그리스도의 이름을 줄인 문자 또는 조합으로, 전통적으로 기독교 교회 내에서 종교적 상징으로 사용되었다. 가장 오래된 크리스토그램 중 하나는 카이(X)와 로이(P)다.

27. 라틴어 라바움(labaum)은 그리스도를 의미하는 그리스문자 Χριστός의 처음 두 글자 카이(X)와 로이(P)를 겹쳐 놓은 것.

28. Lim, Richard, "Christianization, Secularization, and the Transformation of Public Life." In Rousseau, Philip (ed.), *A Companion to Late Antiquity*, (John Wiley & Sons, 2012), 497.

초기 기독교의 세계

(Moses)를 비교하였다.

특히 밀비우스교(橋)(Pon Milvius)에서의 막센티우스의 몰락—그는 티베르강에서 익사함—과 파라오가 홍해에서 밀물에 의한 몰락을 입체적으로 묘사하였는데, 콘스탄티누스 황제와 테오도시우스 황제 시대의 약 30여 개의 석관의 그림으로 묘사될 정도였다.

이러한 사실은, 즉 석관의 장식예술로 모세에 의한 유대인의 구출이라는 동기를 끌어내는 것은 콘스탄티누스의 구원자적 업적을 기독교화하는 확실한 증거라고 할 수가 있다. 콘스탄티누스 황제와 모세와의 비교는 황제 휘장에 모세의 지팡이가 나타날 정도로 확대되었다. 그를 모세의 위치로 끌어올렸다고 할 수 있다. 그는 곧 새로운 모세였던 것이다.

황제의 존엄성 문제와 마찬가지로 황제의 승리 문제 역시 신앙을 통해 기독교 차원으로 발전하였다. 황제 이념에 대한 신앙 문제의 발전은 더욱 확대되었다. 이러한 발전은 이전의 황제 이념의 근본을 바꾸었을 뿐만 아니라 황제의 행동에 대한 평가규범을 새롭게 했으며, 이를 통해 황제 이념을 새로운 영역으로 확정시켰다.

기독교사상에서 로마의 전통과 유사한 점들의 도움으로 로마의 전통 개념을 변화시켜 기독교 신앙으로부터 전래의 그리고 새로 정립된 로마 황제의 미덕을 연역해 냈다는 것이다. 새로운 황제 이념의 도출에 있어서 황제 자신의 신앙도 매우 중요한 역할을 수행하였다.

콘스탄티누스 황제의 '구원의 표식'(標式)에 대한 믿음은 중요한 예이다. 이렇듯 새로 정립된 황제 이념에 따른 황제들은 '교회의 재건자'와 '신앙의 수호자', 그리고 '그리스도의 사제'로서 자신을 묘사하고 있다.

이러한 황제에게는 신의 존엄성과 승리자의 영광이 구원의 표식을 통해 나타난다. 이러한 황제는 새로운 모세이며 새로운 다윗인 셈이다. 그들의 신앙은 아브라함, 이삭 그리고 야곱의 후계자로 인도하였다. 즉, 그는 가장 '기독교적인 황제'인 것이다.

교회사가인 유세비우스에 있어서 콘스탄티누스 황제의 등극은 하나님께서 아브라함에게 한 약속의 실현이었으며, 하나님의 섭리의 실현이자 역사적 진보의 정점이었던 것이다.[29]

판테온을 제외한 모든 성전을 교회로 전환

교회와 국가의 연합은 둘의 권력과 영향력을 높이 세웠지만 비잔틴 교황권은 이슬람에 대한 손실과 그에 상응하는 기독교 내부의 변화와 함께 고대 기독교에 종지부를 찍고야 말았다. 많은 학자들은 7세기와 8세기가 '고대 세계의 종말'이 가장 결정적이고 잘 기록된 시기라는 데 동의한다.

기독교는 교황 국가의 창설과 교황권과 프랑크 왕 샤를마뉴(Charlemagne) 사이의 동맹으로 예시된 중세 형태로 변형되었다. 교황령이 형성되면서 황제의 재산은 로마 주교의 소유가 되었고, 그때부터 본격적으로 성전을 교회로 전환하기 시작했다.

암스테르담의 고전학과 슈트붐(Schuddeboom) 교수에 따르면 "판테온을 제외하고 로마시에서 알려진 모든 성전 개축은 교황 시대로부터 시

---

29. 유윤종, "유세비우스의 『연대기』와 『교회사』," 『서양사론』 제156권 (한국서양사학회, 2012), 343.

초기 기독교의 세계

작되었다."[30]

이것이 기독교화를 이교도의 과거를 파괴하려는 일반적인 노력으로 나타내는지, 아니면 단순한 실용주의인지, 아니면 아마도 과거의 예술과 건축을 보존하려는 시도인지, 아니면 어떤 조합인지에 대해 의견이 구구하다.

2. 로마제국의 기독교화 촉진 요인들

사회경제적 요인

로마제국의 일부 타고난 특성은 기독교화에 기여했다. 보편적 통화, 법률, 상대적인 내부 보안 및 제국의 좋은 도로 덕분에 여행이 한층 쉬워졌다. 종교적 혼합주의, 로마의 정치 문화, 공통 언어, 헬레니즘 철학은 페르시아나 중국과 같은 곳보다는 기독교화를 더 쉽게 했다.

유대교는 또한 기독교의 확산에 중요했다. 증거는 디아스포라 공동체가 기독교인들이 초기 선교를 많이 했던 곳임을 분명히 보여준다.

4세기에는 오래된 은본위제(銀本位制)에서 벗어나 새로운 형태의 지위와 부를 발전시켰다. 브라운(Brown) 교수는 콘스탄티누스가 그의 군대와 고위 관리들에게 금으로 지불함으로써 경제를 금으로 범람(氾濫)시키는 그의 화려한 관대함을 통해 정상에 대한 충성심을 강화했다고 말

---

30. Feyo L. Schuddeboom, "The Conversion of Temples in Rome," *Journal of Late Antiquity*, 10(1) (Johns Hopkins University Press, 2017), 167.

한다.

제국 관료는 곧 세금도 금으로 지불할 것을 요구하기 시작했다. 이로 인해 여러 문제가 발생했다. 브라운은 "4세기의 금 쟁탈전은 농촌인구가 몰리게 만들었다고"[31] 말한다. 인구의 80%가 노동력을 제공하여 제국 부의 60%를 수확했으며, 그중 대부분은 부유층이 차지했다. 이것은 사회 불안의 한 요소가 되었다.

콘스탄티누스 대제는 불안과 기타 문제에 대한 도움을 얻기 위해 지방 엘리트들에게 손을 내밀어 원로원 의원 수를 약 600명에서 2,000명 이상으로 늘렸다. 이것은 또한 노비 호미네스(novi homines, 가정에서 처음으로 로마 상원에서 봉사하는 '신인'[新人])가 종교적 변화를 더 기꺼이 받아들이면서 불안과 변화에 기여했다.

이 모든 것에 대응하여 주교들은 사회적 중보자가 되어 권력자들에게 기독교 자선을 실천하도록 로비했다. 이후, 부와 문화적 명성이 기독교 신자들에게로 이동하기 시작했다.

입법의 영향

429년 황제 테오도시우스 2세는 콘스탄티누스의 통치부터 자신과 발렌티니아누스 3세까지의 모든 법률을 찾아 성문화하도록 명령했다. 그 후 9년 동안 22명의 학자가 두 팀으로 나뉘어 기록보관소를 뒤지고 313년에서 437년 사이에 발행된 2,500개 이상의 헌법을 포함하는 16

---

31. Peter, Brown, *Through the Eye of a Needle: Wealth, the Fall of Rome, and the Making of Christianity in the West, 350-550 AD.* (Princeton: Princeton University Press, 2012), 14.

권의 경험법을 수집, 편집 및 수정했다.[32]

콘스탄티누스와 그의 후손들은 법을 사용하여 "제국의 후원, 재산을 보유할 수 있는 법적 권리, 재정 지원"을 교회에 부여함으로써 향후 100년 동안 교회의 성공에 중요한 기여를 했다. 기독교를 선호하는 법은 엘리트들에게 중요한 교회의 지위를 높였다.

콘스탄티누스는 심지어 이교도 귀족들 사이에서도 엄청난 개인적 인기와 지지를 받았고, 일부 개인들이 황제의 종교성에 대해 알게 되었다. 이것은 귀족의 친족 관계와 우정 네트워크 및 후원 관계를 통해 전달되었다.

귀족적 명예로 기독교의 도덕적 호소력을 모범으로 삼은 황제는 기독교를 귀족 계급에게 매력적으로 만드는 법과 결합하여 그라티아누스 치하에서 360년대에 시작된 귀족의 개종을 이끌었다.[33]

기독교의 포용성과 배타성

고대 기독교는 민족적 또는 지리적 유대에 의해 방해받지 않았다. 그것은 남녀, 부자와 가난한 자, 모두에게 새로운 시작으로 경험될 수 있도록 열려 있었다. 세례는 무료이고 비용이 들지 않았으며 지적으로 평등하여 문맹인 평범한 사람들도 철학과 윤리를 접할 수 있게 되었다.

---

32. John F. Matthews, *Laying Down the Law: A Study of the Theodosian Code.* (New York: Yale University Press, 2000), 10–18.

33. E. A. Judge, & Alanna Nobbs(ed.), *Jerusalem and Athens: Cultural Transformation in Late Antiquity.* (Tübingen: Mohr Siebeck, 2010), 262.

학자들은 이러한 포용성을 기독교 성공의 주된 이유로 보고 있다.[34]

역사가 레이몬드 반 댐(Raymond Van Dam) 박사는 회심이 "사람들이 자신과 타인에 대해 생각하는 방식의 근본적인 재구성을 포함하는 새로운 사고방식과 믿음을 만들어 내었다"[35]고 말한다.

기독교는 '죄인'을 포함한 모든 사람을 포용했다. 부도덕한 자를 의미하는 '죄인'(아마르토로이, αμαρτωλοί)에 대한 용어는 '외부인'에 대한 그리스 용어이다.

그것의 사용은 예수님에 의해 훼손되었다. 예수께서는 모든 사람을 죄인으로 분류하시지는 않았지만 죄인으로 생각되는 사람들에게 회개를 촉구하셨다. 바울은 모든 사람이 내부자가 될 수 있는 외부인이라고 주장하면서 이 용어의 적용을 모든 사람에게 확장했다.

이러한 포용적 공동체의 주요 특성은 정체성과 사회적 경계를 구축하기 위해 신념을 사용하는 독특한 유형의 배타성이었다. 믿음은 회원 자격의 중요하고 결정적인 특성이었다. 그것은 '불신자'를 강력하게 배제하는 '높은 경계'를 설정했다.

성경학자 폴 레이몬드 트레빌코(Paul Raymond Trebilco) 교수는 이러한 높은 경계는 사회적 거리 두기나 외부인 자체에 대한 비방 없이 설정되었다고 한다. 문맥이 이 '외부인'에 대한 분명한 개방성과 그들에 대한 강한 '다른 관심'을 나타내기 때문이다. 내부자에 대한 강한 경계와 가

---

34. Danny, Praet, "Explaining the Christianization of the Roman Empire. Older theories and recent developments." *Sacris Erudiri. A Journal on the Inheritance of Early and Medieval Christianity*. 23 (1993), 119.

35. Raymond Van Dam, *The Roman Revolution of Constantine*. (New York: Cambridge University Press, 2007), 120–140.

초기 기독교의 세계

능한 개종자로서 외부자에 대한 개방성은 둘 다 신약성경과 초기 교부들의 저술에서 매우 실제적인 긴장으로 유지된다.[36]

그러나 초기 기독교인들은 여전히 '악한 자의 종'으로 보이는 사람들과의 접촉을 피하는 것을 포함하는 엄격한 도덕 표준을 가지고 있었다.

철학자이자 문헌학자인 프레트(Danny Praet) 교수에 따르면, 기독교 유일신교의 배타성은 종교를 혼합한 사회에서 독립성을 유지할 수 있게 하는 성공의 중요한 부분을 형성했다. 그는 이것이 기독교에 엘리트주의의 강력한 심리적 매력을 주었다고 주장한다.[37]

노예제의 완화

사회의 등장 이전에 노예제(Slavery)가 고대사회에 깊이 뿌리박힌 것은 주지의 사실이다. 서양의 고전 고대는 바로 이러한 노예제 사회였던 것이다. 특히, 그리스 · 로마는 고전적 형태의 노예제가 발전했던 시대였다.

고전 고대의 노예를 대별할 때 ① 정복 관계에 의해 나타난 노예, ② 고전적 형태의 노예 등으로 2분할 수 있다. 즉 전자는 그리스의 초기, 정복이나 식민에 의해서 발생되고 스파르타 기타 도리안(Dorian)의 국가에서 보인 것이며, 후자는 아테네 기타 그리스 제국 및 로마에서

---

36. Trebilco, Paul Raymond, *Outsider Designations and Boundary Construction in the New Testament: Early Christian Communities and the Formation of Group Identity.* (Cambridge: Cambridge University Press, 2017), 282.

37. Danny, Praet, 5-119.

보이는 엄밀한 의미에서의 로마법 개념에 의한 노예였다.

로마의 지중해 대발전에 의한 대토지소유제(大土地所有制, Latifundium)와 대량의 노예 공급에 의해 대규모의 노예제 농장이 출현했다. BC 2세기에서 1세기 무렵까지 그 최성기라고 보아, 그들 노예는 농장의 숙소에서 침식하고 발을 묶이면서 감독에 의해서 3명 내지 5명의 단위로 노동에 임했다.

불복종의 경우는 지하실에 감금되기도 했다. 노예의 강제노동은 곡물의 대규모 재배에 적용되지 못했고, 전적으로 과수 재배나 목축에 사용되었다. 노예노동의 이 같은 가혹한 강제노동이라는 점에서 노예의 불만은 점차 가중되어 때때로 노예 반란을 야기시켰다.

그리스의 경우에는 심각한 집단적 대반란은 보이지 않았으나, 로마 공화정 말기부터 반란이 현저해졌다. 즉, BC 136-132년 무렵의 제1차 시실리섬의 노예 반란 시는 20만 명이 참가했고, BC 73-71년의 검투사 노예 반란 때는 12만 명에 달했으며, 그전에 BC 103-99년 제2차 시실리섬의 노예 반란을 겪었다.

이러한 상황 속에서 로마 당국은 그 진압에 많이 부심하면서 시대적 추세와 함께 점차 노예 신분의 해방 혹은 노예의 인격적 대우를 위한 인정을 불가피하게 만들었다.

이러한 실정에서 기독교 자체가 노예제를 부정하지 못한 주요한 사실은 만일 노예제를 부정했을 때 그것은 로마 사회에 대한 최대의 사회적 혁명을 의미하고, 나아가서는 국가와 교회에 예측할 수 없는 결과를 초래할 우려가 있었기 때문이다.

다만 교회는 이 노예제를 인정하면서도, 최초부터 주인과 노예라는 인적 관계를 일방적 관계로부터 도덕적으로 개선하여, 법률의 가혹성에서 기독교적 사랑의 정신으로 완화하려고 노력한 면은 극히 타당한 처사로 볼 수 있다.

예수 그리스도의 가르침과 사도들의 설교에 의하면 노예는 신 앞에 완전히 동등한 인간이며, 교회도 역시 계급의 차별 없이 주인이나 노예도 동등하게 신 앞에 하나의 형제로 보게 된다. 여기에 사실상 로마제국은 노예제의 정신이 이미 폐기되어 가면서 노예의 지위 향상을 위한 길을 열게 한 원동력으로서의 교회의 입장을 지적하게 된다.

교회는 노예에 대해서도 자유인과 대등하게 성총(聖寵)의 수단을 부여하고, 그들이 용이하게 이해될 수 있는 이유에 의해서 해방되었을 때, 그들에게도 교회의 최고직을 주게 되었다. 예컨대, 주교 칼릭스투스(Callixtus, 217–222년)는 전신(前身)이 노예였다는 데서도 증명된다.[38]

노동에 관한 기독교적 윤리관은 한층 노예해방을 촉진하였다. 그리스나 로마에 있어서는 육체노동을 노예의 노동으로 간주하여 경시했다. 사도 바울은 데살로니가의 기독교인들에게 말없이 일해서 제힘으로 벌어먹도록 권고하여 "일하기 싫어하는 자는 먹지도 말라"(살후 3:10)고 했다.

이것은 육체노동에 대한 기독교 신자의 의무로서 강조되었고, 따라서 노예의 노동에만 한정 지우려는 안일과 나태의 사고방식에 일대 경고라 볼 수 있다.

---

38. András Handl, "From Slave to Bishop. Callixtus' Early Ecclesial Career and Mechanisms of Clerical Promotion." In Zeitschrift für Antikes Christentum, *Journal of Ancient Christianity* 21, 53–73.

또한 기독교인의 주인에게 그들의 노예를 인간의 처우를 하도록 요구했다. '종과 주인'에 관해서 바울은 에베소서에서 종들에게 다음과 같이 권고하고 있다.

> 종들이여, 육신의 주인에게 순종하기를 두려움과 떨림과 성실한 마음으로 주께 하듯 하십시오. 사람을 즐겁게 하는 사람들처럼 눈가림만 하지 말고 그리스도의 종들처럼 마음으로 하나님의 뜻을 행하고 성실히 섬기되 주를 섬기듯 하고 사람에게 하듯 하지 마십시오. 이는 종이든 자유인이든 모든 사람이 무슨 선을 행하면 주께로부터 다시 이것을 받을 줄 알기 때문입니다(엡 6:5-8).

또 바울은 빌레몬에게 도망한 노예 오네시모를 돌려보냈지만, 동시에 빌레몬에게 그를 형제로 받아들여, 더욱이 자유를 부여할 것을 호소하고 있다(몬 1:8-20). 그 외에도 교부들은 노예의 합법적 결혼 및 처자에 대한 가부장으로서의 권리를 강력히 요구하였다.

복음은 하나의 순수한 종교적 사신이었고, 복음은 노예들을 선동하여 그들을 사회혁명가로 만들지 않았다. 법적이며 사회적인 하나의 기정사실이었던 노예제는 당장에 직접 폐지시킬 수 있는 성질의 것이 아니었다.

그리고 당시 노예 생활이란 정상적인 경우에 있어서 그렇게 참지 못할 정도로 비인도적인 것이 아니었다. 주인은 노동력을 확보하기 위해서라도 노예들을 잘 보살펴 주어야만 했다. 그리고 실상 주인은 노예들의 보호자였다.[39]

---

39. K. H. 셸클레(K. H. Schelkle), 「신약성서 입문」((Das) Neuen Testament), 김영선 역 (왜관: 분도출판

초기 기독교의 세계

교회는 노예의 해방을 이웃 사랑의 실천으로 보았고, 여기에 이교도들이 노예해방을 시장거래와 같이 대가(代價)를 요구한 데 대해서 기독교인들은 순수한 이웃 사랑의 발로에서 많은 노예들이 주인의 사랑을 받았었고, 그 봉사의 대가로 무상으로 자유를 얻기도 하였다.

또한 이교도가 노예해방을 그 유언에 의한 지령으로 집행한 데 반하여 기독교인의 대부분은 생전에 전 노예들에게 자유를 부여했으나, 경제적 희생도 막대하였다. 당시 사회상을 볼 때 전면적인 노예 석방은 집단적인 실업과 기아를 초래했을 것이다.

콘스탄티누스 황제를 위시한 기독교적 황제들은 확실히 노예의 지위 향상을 추진하여 교회의 노력에 대해서 열심히 지지했다. 콘스탄티누스는 성당이나 혹은 제식에 있어서의 해방은 공적 해방과 동일한 법적 효력을 갖는다고 규정했다.

성직자는 법률상의 형식을 취하지 않고도, 어떠한 유언이건 노예를 자유화시키는 것을 인정했다. 더욱이 그는 노예를 고의적으로 살해했을 때는 살인죄를 적용시켰다.

이들 교회와 기독교적 여러 황제의 노력은 4세기 후반부터 활발하게 이루어졌고 교부 크리소스토무스(Chrysostomus)는 매력 있는 언사로 노예 없는 자유로운 노동 사회의 이상을 피력하기도 했다.

여기에 동로마제국에서는 유스티니아누스(Justinianus)의 입법으로 6세기 중엽 대부분 완전히 폐지되었으나, 서로마제국에서는 게르만 민족의 침입에 의해서 오히려 악화하였다.

그러나 이러한 상태는 기독교의 정신적 진출과 특히 교회의 자선활

사, 1969), 248.

동 및 입법 등으로 마침내 노예들에게 유리하게 변전되었다. 중세 초기에는 노예를 대신한 각종의 계급상 노예제가 점차 나타나면서 중세 중기에는 종래와 같은 노예는 없어지게 되었다.

기독교 당시 노예제는 당장에 버릴 수도 없었고, 또 실상 없앨 마음도 없었지만, 그래도 주종 관계를 근본적으로 향상시켰다는 것에는 공헌이 있었음은 누구도 쉽게 인정할 수 있을 것이다.

영국의 교회 역사학자 디아메이드 맥쿨로흐(Diarmaid MacCulloch) 교수는 이 빌레몬서를 "노예제의 정당성을 다루는 기독교의 기본적인 자료 중의 하나"라고 말한다.[40]

은총(恩寵)을 강조하는 기독교의 케리그마

그리스 학자 매튜 R. 말콤(Matthew R. Malcolm) 박사에 따르면 기독교의 케리그마의 핵심은 하나님의 능력이 권력의 역전으로 예수를 통해 나타난다는 개념이다.[41] 마태복음(20:25-26)에서 예수는 다음과 같이 말씀하셨다.

> 예수께서 제자들을 함께 불러 놓고 말씀하셨습니다. "너희도 알듯이 이방 통치자들은 자기 백성들 위에 군림하고 그 고관들도 권력을 행사한다. 너희는 그렇게 해서는 안 된다. 오히려 누구든지 너희 중에서 큰 사람

---

40. Diarmaid MacCulloch, *A History of Christianity: The First Three Thousand Years.* (London: Viking Press, Penguin Books, 2010), 115.

41. Matthew R. Malcolm, *Paul and the Rhetoric of Reversal in 1 Corinthians: The Impact of Paul's Gospel on His Macro-Rhetoric.* (Cambridge: Cambridge University Press, 2013), 14-18.

초기 기독교의 세계

이 되려는 사람은 너희를 섬기는 사람이 돼야 한다."

여기에는 '계층 구조와 권력에 대한 개념의 의식적 해체가 포함되었다. 처음부터 바울 공동체는 사회적 계층을 가로지른다. 전능하신 그리스도가 무력한 인간으로 죽는 역설에 대한 바울의 이해는 고전 사회에서 유례없는 새로운 사회질서를 창조했다.

학자 라이트(N. T. Wright) 교수는 이러한 아이디어가 고전 세계에 혁명적이라고 주장한다.[42] 영국 사학자 W. E. H. 렉기(W. E. H. Lecky) 교수는 "기독교가 유럽 역사에 새로운 전환기를 맞이하는 도덕률과 인간 생명의 존엄성에 대한 새로운 기준을 제공했다"[43]고 말한다.

시대를 앞선 기독교의 참신한 여성관

초기 기독교 공동체에는 상당수의 여성들이 활동하고 있었는데 교회사학자인 주디스 로이(Judith Lieu) 교수는 초대교회에는 많은 수의 여성 개종자가 존재했다는 사실을 문헌에서 밝히고 있다.

상당수의 여성이 최초의 구성원을 구성했다는 것은 수년 동안 초기 기독교 학자들의 공리 중 하나였다.[44] 주디스 로이 교수는 기독교 내에서 여성 개종자가 많다는 사실이 통계적으로 기록되지 않았다고 썼다.

---

42. N. T. Wright, *The Day the Revolution Began: Reconsidering the Meaning of Jesus's Crucifixion*. (York: HarperOne, 2016), 4.

43. W. E. H. Lecky, *History of European Morals from Augustus to Charlemagne*. Vol. 2. (London, England: Longman's, Green, and Co., 2009), 230.

44. Judith M. Lieu, "The 'attraction of women' in/to early Judaism and Christianity: gender and the politics of conversion." *Journal for the Study of the New Testament*. 1(72) (1999), 5.

이교도 작가들은 교육을 받지 못한 대중, 어린이, "도둑, 강도, 독살자"와 함께 여성이 기독교에 매력을 느끼는 것을 비판하는 논증을 썼지만, 로이 교수는 이것을 많은 수의 여성이 존재한다는 것을 증명하기 위해 신뢰할 수 없는 정치적 동기가 있는 수사(修辭, motivated rhetoric)라고 설명한다.[45]

그는 또한 "어떤 기독교 소식통도 자신의 대열에 합류한 여성의 수를 명시적으로 축하하지 않는다"[46]고 지적한다.

로이 교수는 빌립보의 자주색 사업자인 루디아와 데살로니가, 베뢰아, 아테네의 다른 고귀한 여성들을 언급하는 사도행전에서 입증된 바와 같이 주목할 만한 여성들이 기독교에 매력을 느꼈다고 단언한다. 그는 로마제국의 일부에서 영향력 있는 여성들은 종교를 사용하여 기존의 개념적 틀이 합당하지 않은 사회에서 자신의 역할을 협상할 수 있었다고 했다.

여성신학자 엘리자베스 슈셀러 히오렌자(Elisabeth Schüssler Fiorenza) 교수는 그녀의 저서 『여성신학자의 재구성을 위하여』(In Memory of Her: A Feminist Theological Reconstruction of Christian Origins)에서 예수 추종자들이 여성이었다고 썼다.

2세기의 교회 목록에는 "과부의 직분을 행사하는 여성 그룹에 대한 결정적인 증거가 있다"고 주장했다. 역사학자 제오프레이 나단(Geoffrey Nathan) 박사는 "로마 사회에서 남편을 잃고 돈이 없는 과부는 사회적 사

---

45. 위의 책, 11.
46. 위의 책, 15.

초기 기독교의 세계

다리의 맨 아래에 있었다."[47]고 말한다. 교회는 궁핍한 상황에 빠진 사람에게 실질적인 지원을 제공했으며, 이는 아마도 새로운 여성 회원을 확보하는 데 중요한 요소였던 것이다.

브라운 대학교의 종교학 교수인 로스 크레이머 교수는 기독교가 그 시대의 여성들에게 새로운 가치관을 제공했다고 한다. 여성사회학자 J. 린제이(J. Lindsay) 교수는 로마 시대의 대가족에서도 여성들에게 딸이 거의 양육되지 않았다고 보고했다. 출산과 낙태로 인한 여성의 사망률도 높았던 것이다.[48]

모든 권력은 남성 권위자에게 있었고, 남성이 집안의 비협조적인 여성을 미치거나 귀신 들린 것으로 분류하고 그녀를 집에서 추방하고 매춘을 선고할 권리가 있었던 시대에 기독교의 참신한 여성관은 그 당시 여성들에게 매력적이 아닐 수 없었다.

예수님의 복음은 성차별을 비롯하여 인종차별, 계층차별, 연령차별 등 어떤 형태의 차별도 용납하지 않으며, 하나님의 형상을 회복하여 하나 됨을 이룰 것을 지시한다.

따라서 차별을 조장하는 행태는 그리스도의 십자가 구속을 헛되게 하는 것이다. 부활하신 그리스도께서 가장 먼저 만나신 막달라 마리아, 야고보의 어머니 마리아와 살로메 등의 여인들(마 28:1, 막 16:1), 뵈뵈, 브리스가, 마리아, 유니아, 드루배나, 드루보사, 루포의 어머니, 율리아, 네레오의 자매 등 바울의 동역자였던 초대교회의 여성 지도자들(롬 16:1-15)

---

47. Geoffrey, Nathan, *The Family in Late Antiquity: The Rise of Christianity and the Endurance of Tradition*(reprinted), (New York: Routledge, 2002), 116.

48. Rodney, Stark, "Reconstructing the Rise of Christianity: The Role of Women." *Sociology of Religion*, 56(3) (1995), 229-244.

의 존재는 당시 불의한 차별의 대상이었던 여성들을 향한 그리스도의 회복이라는 의도를 드러낸다.

참다운 혐오와 차별의 제거는 복음 안에서 남성과 여성 모두를 일으켜 세우는 데에서부터 시작할 것이다.

도덕적인 성도덕관

성적 정숙함은 남성에게 여성에게 그랬던 것과는 다른 것을 의미했고, 부유한 사람들에게는 가난한 사람들에게 기대한 것이 달랐다. 고대 로마제국에서 '수치심'은 항상 성별과 지위에 의해 매개되는 심오한 사회적 개념이었다. 그러므로 성 관념은 남성, 또는 여성에 따라 달리 생각되었다.

예컨대, 여성은 단순히 자신의 성행위를 용인된 방식으로 규제하는 것만으로는 충분하지 않았다. 이 영역에서 그녀의 미덕이 눈에 띄어야 했다. 이와 반면에 남성에게는 동거 여주인과 노예와의 섹스와 같은 성적 자유가 허용되었다.[49]

이 이중성은 로마 사회가 아내의 성행위에 대한 남편의 통제를 매우 중요한 문제로 여기고 동시에 같은 남편과 어린 노예 소년과의 성관계를 별 관심으로 보지 않도록 허용되었다.

그리스인과 로마 사람은 인류의 가장 깊은 도덕성은 운명에 의해 주어진 사회적 지위에 달려 있다고 말했다. 이런 사회 풍조 속에서 결

---

49. Harper, Kyle, *From Shame to Sin: The Christian Transformation of Sexual Morality in Late Antiquity.* (Cambridge: Harvard University Press, 2013), 12.

초기 기독교의 세계

혼 외의 성적 행위를 인정하지 않는 기독교의 심오한 성도덕이 일반 대중들에게는 매력적일 수밖에 없었다.[50]

공화정 시대와는 달리 1, 3세기에는 혼탕목욕탕이 허용되어서 성적으로, 육신적으로 쾌락을 추구했던 시대였는데, 기독교인들은 자신의 거룩한 삶을 유지하는 데 삶을 재정비하였다.

또한 기독교인들은 원형경기장에도 가지 않았다. 노예 검투사들을 단순히 관중들의 쾌락을 위해 피를 흘리게 하고, 죽음을 대수롭지 않게 생각하는 사회적 풍토에 기독교인들은 거리를 두었다.

역사학자 칼리 하퍼(Kyle Harper) 교수는 "기독교의 승리는 심오한 문화적인 변혁뿐 아니라 성도덕(sexual morality)에 있어서 새로운 관계성을 제시하며, 그리고 성도덕과 사회와의 고전적 시스템을 일대 변화시켰으며, 기독교화의 분수령을 이루었다"[51]고 결론을 맺고 있다.

빈민계급에 대한 자선 사업

콘스탄티누스 황제의 기독교 공인 후 주교의 중재 범위는 확대되어 민사와 사회문제에 미쳤고 특히 빈민계급에 한해서 신속한 절차로 처리하게끔 입법 조치되었다.[52]

종교학자 스티븐 C. 뮤어(Steven C. Muir) 교수는 기독교의 자선 정책의

---

50. Ramsay, MacMullen, *Christianizing the Roman Empire: (A.D. 100-400).* (New Haven: Yale University Press, 1986), 342–343.

51. Harper, Kyle, 14–18.

52. Paul Vinogradoff, *The New Cambridge Medieval History.* Vol. 1. (London: Cambridge University Press, 2016), 566.

효과는 기독교 확장에 유의미한 결과를 가져왔다고 주장한다. 즉, "가난한 사람들에 대한 기독교의 사회활동은 사실상 처음부터 기독교의 제도화된 정책이었다. 기독교 확장의 유일한 이유는 아니지만 매우 중요한 요인이었던 것만은 틀림없다."[53]

기독교 이전에도 로마의 부유한 엘리트들은 대부분 자신의 지위를 높이기 위해 고안된 시민 프로그램에 기부한 일도 있었지만, 이러한 기독교의 가난한 사람들에 대한 개인적인 친절 행위뿐만 아니라 공식적인 자선 행위는 일찍이 전례가 없었다.[54]

교회와 제국 당국과의 협조 가운데 기독교적 정신의 실현으로 자선사업이라 규정할 수 있는 것이 적지 않다. 그러나 그 당시에는 수도원 생활을 영위하는 수도사들의 금욕적 경신생활(敬信生活) 과정 속에서 실현되는 기독교적 자선 사업이 주로 이루어졌다.

기독교는 사랑(Agape)의 종교임을 특징으로 함에 당시의 빈자들에 대한 자선활동이 수도원을 중심으로 활발하게 움직였다. 로마제국 말기 북아프리카의 기원을 두는 수도 생활은 바로 개인의 기독교적 전수뿐만 아니라 경신을 위한 기독교적 사랑의 실천을 목적으로 한다.

그러므로 공관복음서에 표현된 "당신이 완전한 사람이 되려거든 가서 당신의 재산을 다 팔아 가난한 사람들에게 나누어주시오. 그러면 하늘에서 보화를 얻게 될 것입니다. 그러니 내가 시키는 대로 하고 나서 나를 따르시오"(마 19:21)라는 예수님의 교훈은 곧 수도 생활의 기본적

---

53. Vaage, Leif E., *Religious Rivalries in the Early Roman Empire and the Rise of Christianity*, (Waterloo: Wilfrid Laurier University Press, 2006), 215.

54. Andrew T. Crislip, *From Monastery to Hospital: Christian Monasticism & The Transformation of Health Care in Late Antiquity*, (Ann Arbor: University of Michigan Press, 2005), 461.

시작이며, 주요한 수도 생활의 과정이었다.

성 안토니우스(또는 압바스 안토니오스)는 최초로 돈독한 신앙생활을 통해서 제자들에게 자기의 신앙의 핵심 곧 수도 생활의 실천으로서 수도방식을 보여주었다. 그의 제자, 성 바실리우스(329?~379년)는 성 안토니우스의 수도방식을 더욱 발전시켜 자신의 독특한 수도방식을 이룩하고 전파하였다.

또 성 파코미우스(St. Pachomius, 292~346년)는 동시대의 수사인 팔라디우스(Palladius)의 기록을 통해서 보면 파코미우스는 특히 인류애호자이며 동포애 소유자였음을 알 수 있다.[55]

154년의 안토니우스 역병과 251년의 키프리아누스 역병이라는 두 가지 파괴적인 전염병이 제국의 많은 사람을 죽였다. 이때에도 그리스·로마의 의사는 주로 엘리트를 돌보았고, 가난한 사람들은 대부분 종교 성당에서 '기적'과 '마법'에 의지했다.

반면에 수도사들의 영향을 받은 기독교인들은 병들고 죽어가는 사람들과 노인, 고아, 추방자, 과부들을 돌보았다.[56] 그러니 자연스럽게 이들 간병인 중 다수는 사제와 수녀들이었다.

2, 3세기 두 차례의 역병에서 이교도들과는 달리 기독교 공동체는 알렉산드리아의 디오니시우스와 키푸리아누스의 가르침에 근거하여 이교도들이나 버려진 이들을 사랑으로 보살폈고, 그 결과로 사망률의 감소와 함께 종교적 이행(移行)이 나타나 4세기에는 이교의 쇠퇴와 기독

---

55. Dom. E. C. Butler, *The Cambridge Medieval History*, Vol. 1. (London: Cambridge University Press, 1995), 523.

56. Susan, Wessel, *Passion and Compassion in Early Christianity*. (Cambridge: Cambridge University Press, 2016), 142.

교의 성공에 기여하였다.

기독교인들은 감염병으로 고통당하는 이웃에게 간호 봉사를 실천했다. 2세기 역병으로 인해 로마제국 인구 중 최저 25%, 최고 30%까지 사망하는 가운데 기독교인들은 병자를 돌보고 간호, 봉사하는 데 최선을 다했다.[57]

고대역사학자 미첼 잘즈만(Salzman) 교수는 로마의 시민적 자선활동(euergetism, εὐεργετέω)[58]이 "3-6세기 후반까지 로마를 먹여 살리기 위한 정당화의 뚜렷한 구성요소로 남아 있었음에도 불구하고 기독교 자선에 영향을 끼쳤다."[59]고 서술했다.

기독교 수도원의 역할

3세기 말부터 4세기에 걸쳐 동방의 이집트, 팔레스타인, 시리아 등지에 전형적인 수도원 형태가 나타나는데 세상과 격리되어 홀로 생활을 하는 독거수도원(獨居)과 수도자들이 공동체를 이루어 규범에 따라 수도 생활을 하는 공주(共住)수도원이 등장했다.

그 수는 5세기에는 사회의 모든 영역에 영향을 미치는 지배적인 세력이 되었다. 수도원의 의료시스템은 그 방법이 혁신적이어서 병자들

---

57. Muir, Steven C. "'Look how they love one another' Early Christian and Pagan Care for the sick and other charity." *Religious Rivalries in the Early Roman Empire and the Rise of Christianity*. (Waterloo: Wilfrid Laurier University Press, 2006), 231.

58. Euergetism(그리스어, εὐεργετέω "선행을 하다"란 뜻)은 사회에서 높은 지위와 부유한 개인이 재산의 일부를 지역사회에 분배하는 고대 관행이었다.

59. Michelle Renee, Salzman, "From a Classical to a Christian City: Civic Euergetism and Charity in Late Antique Rome." *Studies in Late Antiquity*. Vol. 1, No. 1, 65.

이 특별한 혜택과 보살핌을 받을 수 있는 특별한 계층으로 수도원 내에 남아 있을 수 있었다. 이것은 질병의 오명을 없애고 질병이 포함하는 규범으로부터의 일탈을 합법화했다. 이것은 미래의 공중 보건의료의 기초를 형성했다.

의학역사가인 알버트 존슨(Albert Jonsen) 박사에 의하면 "4세기 말에 카파도키아의 가이사랴에 가난한 사람들을 위한 최초의 기독교 병원이 설립되면서 의학 역사의 두 번째 대청소가 시작되었다"[60]고 한다.

5세기에 이르러 가난한 사람들을 위한 병원 설립은 주교, 대수도원장, 수녀원장들이 흔히 하는 일이 되었다. 기독교의 성공이 단순히 메시지에 있는 것이 아니다. 지역사회의 요구에 부응하기 위해 일관되고 매우 신중하게 설립된 기관의 활동도 이에 큰 영향을 주었다.

제국에 의한 기독교의 박해

로마 정부는 250-251년 데키우스 치하에서, 257-260년 발레리아누스 치하에서 기독교 지도자들과 그들의 재산을 조직적으로 박해했고, 303년 이후 디오클레티아누스 치하에서 이를 확대했다. 학자들은 박해가 기독교의 수에 약간의 배교(背敎)와 일시적인 차질을 초래했다고 이해하지만, 기독교에 대한 장기적인 영향은 부정적이지 않았다.

피터 브라운(Peter Brown) 교수는 "디오클레티아누스 대박해의 실패는 이교도 제국의 순응주의에 대한 종교적 자기주장의 오랜 과정을 확인

---

60. Albert Jonsen, *A Short History of Medical Ethics*, (New York: Oxford University Press, 2000), 13.

하는 것으로 간주되었다"[61]고 진술했다. 박해와 고통은 당시 많은 사람들과 후대 신자들에게는 죽은 신자 개인의 신분을 합법화하고, 교회 자체의 이념과 권위를 합법화하는 것으로 여겨졌다.

로마제국 시대에 있어서 기독교 신자들의 형제애는 이교도들에게 많은 공감을 주었다. 더욱이 예루살렘의 원시 기독교 신자 공동체의 영웅적인 '이웃 사랑'은 기독교사(基督敎史) 가운데서도 가장 큰 업적이었다. 이와 같이 로마제국 박해 시대에 행해진 기독교적 빈민구제는 교부들의 지도하에 실행되었다.

교회사학자 드레이크(H. Drake) 박사는 로버트 마커스(Robert Marcus)의 말을 인용한다. 이것의 결과는 2세기에 순교자 유스티누스(Justin Martyr)에 의해 요약되었다. "우리의 고백이니 이런 일이 일어날수록 다른 사람들도 더 많아지고 더 많은 수가 예수의 이름으로 하나님께 예배하는 자들이 됩니다."[62]

영국의 역사학자이며 사회학자인 키스 호프킨스(Keith Hopkins) 교수는 3세기에 "일시적인 손실에도 불구하고 기독교는 절대적인 측면에서 가장 빠르게 성장했다. 즉, 숫자 측면에서 박해는 기독교에 유익했다"[63]는 결론을 내렸다.

---

61. Peter, Brown, "Religious Dissent in the Later Roman Empire: The Case of North Africa." *History.* 46(157) (1961), 83–101.

62. H. A. Drake, "Chapter One: Models of Christian Expansion." In Harris, William (ed.). *The Spread of Christianity in the First Four Centuries: Essays in Explanation.* (Leiden: Brill, 2005), 14.

63. Keith, Hopkins, "Christian Number and Its Implications." *Journal of Early Christian Studies.* 6(2) (1998), 185.

3. 로마제국이 기독교화된 정황

기독교회의 자체적 변화

콘스탄티누스 황제는 제위에 즉위하기 이전부터 무서운 힘으로 전파되는 기독교 및 기독교회를 의식하였다. 그가 즉위한 후 320년 무렵 제국 내의 기독교인과 이교도 간의 정확한 비율을 파악하기는 쉽지 않다.

그러나 기독교인 조직(교회)을 고려하면, 기독교가 로마제국 내 중요한 여러 지방의 여론을 장악하고 있음을 의식하게 된다.[64]

콘스탄티누스 황제 사후 그 계승자는 콘스탄티누스의 종교관용책을 일변시켜 이교주의에 반하는 입법 조치를 실시하여 이교주의를 파괴하려 했다. 동 입법 조치는 이교도 개인들에게 심한 영향을 미쳤으나, 전반적으로 로마제국 내 이교도 신앙을 근절시키지도 못하였고, 실효도 거두지 못하였다.

이뿐만 아니라 기독교회 자체도 제국 당국과 타협하게 되어서 종래의 기독교의 생동력을 상실해 감이 없지 않았다. 율리아누스(Julianus) 황제(재위 361-363년) 시에는 기독교에 대한 기회적인 저지와 아울러 이교주의의 재부흥이 추진되었다.

콘스탄티누스 황제 사후 그의 차남 콘스탄티누스(Constantinus)는 재위 독점을 위해 황족을 대대적으로 살해했다. 당시 6세의 율리아누스는

---

64. T. M. Lindsay, *The New Cambridge Medieval History*. Vol. 1, (London: Cambridge University Press, 1995), 96-97.

그 학살을 면하여서 소아시아의 미콤메디아로 피신하여 죽은 모친의 교사였던 마르노니우스(Mardonius)에게서 그리스 문학, 철학 특히 플라톤, 아리스토텔레스 및 이교사상가의 철학을 수습받고 또 심취하였다. 율리아누스는 성장 과정 속에서 기독교를 자기 혈육의 선혈을 통해서 보게 되었다.

따라서 불행한 성장 과정의 경험과 이교적 교육은 율리아누스의 제위 즉위 후 다방면으로 국가정책에 영향을 나타냈다. 그는 즉위 후 콘스탄티누스 황제에 의해서 추방된 주교들을 해방하는 관용책을 일방적으로 입법화했으나 근본적으로는 로마제국 전체를 이교주의 특히 율리아누스의 독창적 네오플라톤주의적 보편국가종교로 통일한 기획이었다.

율리아누스의 의식적 기독교 교세억제책에도 불구하고 그 정책은 성공하지 못하였다. 종교적 박애성(博愛性)에 있어서도 기독교에 비교해서 우월한 가르침을 갖지 못하였고 뿐만 아니라 이교주의에서는 교세 확장의 사명을 가진 사제가 없었다.

율리아누스 후계자들은 다시 종교신앙관용책을 실시하였으며, 테오도시우스 황제 시에는 기독교가 사실상 국교로서 등장하였다.

그러나 로마제국 전체가 기독교화된 것도 이교주의가 전멸된 것도 아니었지만, 기독교 교세가 우세했던 상태에서 제국의 후원 아래에서 더욱 발전될 수 있었다. 그리고 이교주의적 색채를 제국 말기의 철학, 문학, 예술에서 비록 강하게 인식할 수 있다고 하지만 당시 상당한 지식층의 기독교에로의 전향이 있었음을 인정하지 않을 수 없다.

로마제국의 쇠퇴하는 당시 사회적 분위기 가운데서 이교도와 기독교인은 생활방식과 개인적 행위에 있어서 상이한 지향을 표방하였으니 이 사업은 진일보해서 제국 전체를 재기하고자 하는 절망적 기획에 있어서도 기독교의 상승적 기세가 이교적 운명보다도 더욱 협조되었음을 의미한다.

기독교회 자체적 변화를 살펴보면, 콘스탄티누스 황제에 의한 니케아 공의회(325년) 개최는 아리우스파를 이단으로 규정함으로써 이른바 「사도신경」은 아리우스의 이단에 대해서 특히 그리스도의 '신성'을 강조하였다. 이미 로마 시대에서 박해와 대항하는 가운데서 또 하나의 적은 내부에서 일어난 이단이었다.

여기에 내부의 적이었던 이단은 가끔 세속세력을 배경으로 교회를 분열시켰는데, 330년에서 460년까지의 기간은 가장 논쟁이 심했던 시기로 간주된다. 그러나 당시 이러한 기독교적 상황은 교회의 교리를 천명하는 계기가 되었을 뿐만 아니라 또한 교회의 학문을 조장시키는 동기가 되었다.[65]

고대 후반기에 해당하는 '논쟁기'에는 호교적 교부들이 활발히 했던 것과 같이 교리적 교부라고 할 저명한 작가의 활발한 활동이 컸던 이 시기에 교회사를 빛나게 장식했다고 할 수 있다.

황제와 교황과의 관계

로마제국 말기에 있어서 신생 기독교회 세력과 기존 로마제국 제권 세력과의 신장 관계는 필연적으로 양 세력의 수장이 지닌 권력이나 문

---

65. 목창균, 「이단논쟁」(서울: 두란노서원, 2018), 67–190.

제로 복잡한 상호 관계를 발생하게 된다.

우선 제권에 의한 로마제국의 재기 노력을 관찰하면 디오클레티아누스 황제에 의해서 시작된 제국 정치 전반의 대개혁은 후계자 세대에도 계속되었음을 알 수 있다.

즉, 오리엔트적 전제주의의 도입 강화는 종래의 여러 황제에 의해서 존중되고 보존하게 했던 공화정체의 요소를 상실하게 했다. 예컨대, 시비타스(Civitas)의 자치권을 일소하고, 속주의 총독에게 지방정치의 절대권을 부여했다.

301년 디오클레티아누스 황제는 칙령을 발포하여 세정물가(世情物價)를 상세히 규제하고 동 칙령을 범할 시에 중벌을 부과했다. 그러나 인플레이션의 억제책은 성공하지 못하고 오히려 로마제국민 여러 계층에 불만을 조장시켰다. 그리고 로마제국 정부는 필요한 세금을 강징(强徵) 내지는 토지세 대신에 현물을 징수케 했다.

당시 3세기의 혼란으로 인하여 많은 콜로누스가 감소되었으나, 콜로누스가 토지에 동결되는 농노화(農奴化)가 나타났다. 또 개혁의 결과로 나타난 것은 제국군대를 게르만족을 중심으로 한 외인병(外人兵)에 의존한다는 사실이다.

이 사실은 능률적 통치를 위해서 로마제국의 동서 분할은 그 후 테오도시우스 황제에 의해서 영구화되었고, 각기 정제(正帝), 부제(副帝) 및 수도를 가졌으니, 이전에 콘스탄티누스 대제에 의해서 제국이 단일 통일되기도 하였지만, 콘스탄티노플의 설치는 제국과 함께 상징되던 수도 로마의 이미지가 상실되어 감을 의미하였다.

이러한 제국 내의 동요 속에서도 재기하려는 노력 외에 제국 영외에서 게르만족을 중심으로 한 훈족(Huns) 등이 내침하여 당시 민심을 더욱 동요케 했다. 410년 동고트 왕 알라릭(Alaric)에 의해서 로마시가 약탈되었던 사실은 아우구스티누스의 『신국론』(神國論, De Civitate Dei)의 저술을 자극했다는 것으로 당시 분위기를 진단할 수 있다.

그리고 330년 동방에 새로운 행정중심지로서 콘스탄티노플을 로마제국의 수도로 정립함에 따라 서방의 교회는 국가권력으로부터 내면적인 독립을 주장하는 데 성공하였고, 여기에 교황은 점차 로마 황제의 지배에서 벗어날 수 있었다.

410년 알라리크의 로마 약탈과 그 후에 계속된 게르만족의 침입으로서 보이는 로마제국의 약체 그리고 이에 부수되는 로마 황제의 권력이 얼마만큼 약화되었는지를 단적으로 보여주었다.

여기에 기독교가 수다한 박해에도 굴하지 않고, 마침내 승리를 이룩한 것이 사실이나, 그 힘은 로마제국의 위기를 구할 수 없었고, 어떤 의미에서는 현세적인 정치형태를 초월한 종교적인 의미에서의 교황의 권력이 한층 강력한 것이라 하겠다.

그러기에 당시 로마제국의 질서와 안정의 화신은 로마교황을 상징했으리만큼 기독교회는 그 자체가 신적 창립자의 약속의 실현으로 보고 진정한 '반석'(盤石)[66]을 보여주었다.

그간에 황제들의 권력이 강력하게 작용했을 시기에 있어서 기독교회의 콘스탄티노플의 황제교황주의적[67] 지배자와의 사이에 격렬한 대

---

66. 이는 사도 베드로를 의미하는데 베드로는 예수로부터 '게바'(반석, Kepha)란 별명을 받았다(요 1:42). '게바'는 아람어로 '바위'란 아람어 '케파'(Kepha)의 헬라어 음역임.
67. 황제교황주의(皇帝敎皇主義, caesaropapism)는 세속의 황제(국가원수)가 기독교의 수장보다 더 높은 권위를 가지는 것으로서 교회에 영향을 미치던 상태를 나타내기 위해서 근대에 들어서면서

립이 있었던 것이 사실이다.

그러나 서방에서는 특히 로마의 여러 교황이 동로마제국의 황제교황주의적 권력이나 권력욕에 대항하는 지위를 확보하면서 그 결과, 동로마 황제는 통일된 전 교회로부터 분리되어 별도의 국가사회를 이룩하고, 여기서만은 황제가 최종 결정권을 장악할 수 있었다.

그러면 과연 로마교회의 우위는 무엇일까? 그것은 로마교회가 갖는 조직의 힘이라는 이유로 지적될 것이다. 이 점에서 기독교의 조직의 힘이란 흔히 행정적인 수완과 아울러 극보다 더한 정신적 소질과 능력을 간직한 사람들이었다.

이 초기의 교회관리자들에서 교회의 관리기구가 발전해 나온 것이다. 그리고 이 기구는 로마의 주교요, 주교들에 대한 교권을 주장하는 완전한 조직성을 가진 성직계급의 교회(Ecclesia)임을 알 수 있다.

교회는 계급제도를 가진 집단이며, 결코 동등한 신도들이 무정부주의적 집단은 아니었다. 밀라노 칙령을 계기로 교회는 신앙의 자유를 획득했고, 특히 내부적 조직을 완성할 수 있게 되었다.

로마제국 제권과의 관계에 있어서 교황권의 향상을 초래했다는 점에서 로마교회의 '투쟁적 교회'라는 면모를 발견하게 된다. 당시 정치, 사회적 상황 속에서 로마교황의 관구가 제국의 '영원한 로마'(Eternal Roma)에 위치했다는 점은 현실적 이점이었다.

서(西)고트의 초대 왕(재위, 395–410년), 알라리크 1세(Alaric I)의 로마 점령 약탈은 당시 서로마제국민에게 영원한 로마를 희구하였던 것에 큰 상

만들어진 용어이다. 'Ceasaropapism'이라는 단어는 황제(세속의 권위)를 나타내는 'Caesar'와 교황(교회의 권위)을 나타내는 'Papa'를 조합해서 만든 말.

초기 기독교의 세계

처를 주었으며, 이 사실은 제국 말기적 상황 속에서 강력한 사회적 조직체로 군림했던 로마교황을 중심으로 한 로마교회는 당시 불안정 속에서 필연 유능한 인사 및 지식인들을 수용하게 할 매력점을 갖고 있었던 것으로 판단된다.[68]

그리하여 특히 서(西)로마 지배하에서는 라틴 교부들을 매혹시켜 그들의 창의적 지혜를 통하여 로마교회는 더욱 발전하게 되었고, 또 교리상으로는 체계화가 이룩된 것이었다.

---

68. Kulikowski, Michael, *The Tragedy of Empire: From Constantine to the Destruction of Roman Italy,* (Cambridge, MA: The Belknap Press of Harvard University Press, 2019), 122.

참고문헌

게글, 존 G.(Gager, John G). 『초기 기독교형성과정 연구』, 김쾌상 역, 서울: 대한 기독교출판사, 1989.

고경주. "서기 1세기에서 3세기 초 속주총독의 사법권 하에서 시민권의 상소권." 「서양고대사연구」 제50권, 한국서양고대사문화학회, 2017, 199-223.

곤잘레스, 자스토 L.(Gonzalez, Justo L.). 『초대교회사』((The) story of christianity), 서영일 역, 서울: 은성출판사, 1995.

공성철. "정통신앙의 기준으로 부활한 니케아 신앙고백에 관한 일고." 「신학논단」 제43집, 2006, 554-577.

권여우 · 윤요성. "기독교는 서양의 종교인가? -동서양 구별에 대한 비판적 고찰." 「동서철학연구」 제79호 한국동서철학회, 2018, 463-494.

기번, 에드워드(Gibbon, Edward). 『로마제국쇠망사』(The History of the Decline and Fall of the Roman Empire), 강석승 역, 서울: 동서문화사, 2018.

김경현. "로마제국의 이산(diaspora) 유대인." 「e-Journal Homo Migrans」 Vol. 7, Feb. 2013, 이주사학회, 2013, 23-35.

김경희 외 12인 공저. "바울의 삶과 활동." 『신약성서개론: 한국인을 위한 최신 연구』, 서울: 대한기독교서회, 2006, 265-283.

김광우. 『신학이야기』, 서울: 도서출판 지와 사랑, 2000.

김기련. 『세계 교회사』, 대전: 근화출판사, 2002.

김다은. "바실리카 양식으로 알아보는 초기 기독교 시대의 건축물." 「숙명디자인연구」 30권, 숙명여자대학교, 2021, 20-23.

김덕기. "바울의 로마제국에 대한 정치적 태도와 정치신학: 빌립보서 1:27-30과 3:20-21을 중심으로." 「신약논단」 제17권 제3호, 한국신약학회, 2010, 687-714.

김동주. "로마제국의 기독교 주화 종류에 대한 역사신학적 연구." 「신학논단」 제
　　100집, 연세대학교, 2020, 37-61.

김상엽. "황제숭배와 아우구스투스의 지위." 「한국고대사연구」 제19권, 한국서양
　　고대역사문화학회, 2006, 65-86.

김선정. "원시 기독교의 사회적 정황: 로마 황제제의를 중심으로." 「신약논단」 제
　　12권 제1호, 한국신약학회, 2005, 187-212.

김성. "사도 바울의 선교여정 연구: 유대인 디아스포라와 지중해의 해상교통을
　　중심으로." 「서양고대사연구」 제21권, 2007, 157-179.

김수연. "바울의 세계시민주의 사상과 다문화주의." 「한국기독교신학논총」 제118
　　집, 한국기독교학회, 2020, 401-435.

_____. "글로컬 시대의 세계시민주의: 바울의 종말론적 공동체 사상을 중심으
　　로." 「신학논단」 제111집, 연세대학교, 2023, 8-31.

김영식. 『간추린 가톨릭교회사』, 서울: 불휘미디어, 2021.

김유준. "로마제국과 초대교회와의 관계사." 「대학과 선교」 제35집, 한국대학선
　　교학회, 2017, 183-212.

김은규. "니케아 신경은 종교 권력의 지배 이념인가?" 「신학사상」 190권, 신학사
　　상연구소, 2020, 183-211.

김은수. "초기 기독교 확장에 대한 선교역사적 성찰." 「선교신학」 제38집, 한국선
　　교신학회, 2015, 113-139.

김종현. "로마제국과 바울의 선교 전략: 로마서 13장 1-7절에 투영된 팬데믹 시
　　대의 '현명한' 복음." 「신학과 사회」 제35권 제3호, 21세기기독교사회문화
　　아카데미, 2021, 10-32.

김형동. "데살로니가전서에 나타난 환난과 로마제국의 상관성에 대한 재조명."
　　「신약논단」 제17권 제2호, 한국신약학회, 2010, 310-349.

남성현. "테오도시우스 칙법전 16권 1장 보편 신앙에 관한 칙법." 『서양고대사연
　　구』 제23권, 한국서양고대역사문화학회, 2018, 273-313.

던, 제임스 D. G.(Dunn, James D. G.). 『WBC 주석 로마서(하)』(*Romans 1-8,*
　　9-16), 김철·채천석 역, 서울: 도서출판 솔로몬, 2005.

데이비드 웬헴스(David Wennhams). 『복음은 어떻게 복음서가 되었는가?』(*From*

good news to Gospels: What did the first Christians about Jesus?), 서울: 새물결플러스, 2021.

두란노아카데미 편집부. 『초기 라틴 신학』(*Early Latin Theology*), 이상훈 · 이은혜 역, 서울: 두란노 아카데미, 2011.

라이크, 톰(Wright, N. T.). 『바울 평전』(*Paul: a biography*), 박규태 역, 서울: 비아토르, 2020.

레미몬드 E. 브라운. 『신약개론』, 김근수 · 이은순 역, 서울: 기독교문서선교회, 2009.

레비-브룰, H.(Levy-Bruh, H.). "노예제이론." 고대대학원 서양고대사연구실 편역, 『서양고전고대경제와 노예제』, 서울: 법문사, 1981, 57-81.

레이너, A. J.(Rayner, A. J.). "로마제국의 기독교사회." 지동식 편역 『로마제국과 기독교』, 서울: 한국신학연구소, 1980.

로이드, D. M. 존스(Lloyd, D. M. Jones). 『로마서 강해 13. 두 나라와 그리스도인의 삶(13장)』(*Romans: (An) exposition of chapters 13, Life in tow kingdoms*), 서문강 역, 서울: 기독교문서선교회, 2007.

마두로, 오토(Maduro, Otto). 『사회적 갈등과 종교』(*Religion and Social Conflicts*), 강인철 역, 한국신학연구소, 1993.

마르크스, 요트. 『가톨바듀, 알라인(Badiou, Alain), 『사도 바울: 제국에 맞서는 보편주의 윤리를 찾아서』(*Saint Paul: la foundation de l'universalisme*), 현성환 역, 서울: 그린비, 2008.

맥클로흐, 디아메이드(MacCulloch, Diarmaid). 『삼천년 기독교 역사 1(고대사)』 (*(A) history of Christianity: the first three thousand years*), 박창훈 역, 서울: 기독교문서선교회, 2013.

목창균. 『이단논쟁』, 서울: 두란노서원, 2018.

문효식. "초대교회 예배에 관한 연구." 「국제신학」 제9집, 수도국제대학원대학교, 2007, 155-203.

박아청. 『정체성 이론에서 본 예수와 기독교』, 계명대학교, 2019.

박정세. "비잔틴 시대 기독교 미술의 특성과 토착화." 「신학논단」 제47집, 연세대학교, 2007, 215-244.

박정용. "제1차 니케아 공의회(325년)에 관한 고찰." 부산가톨릭대학교 석사학위 논문, 2006.

배승록. 『교부와 교회』, 대전: 대전가톨릭대학교, 2005.

버거, 피터(Berger, Peter L.). 『이단의 시대』((The) heretical imperative), 서광선 역, 서울: 문학과지성사, 1994.

번즈, E. M.(Burnz, E. M.). 『서양문명의 역사』(Western civilization), 박상익 역, 서울: 조합공동체 소나무, 1994.

벨렌, 하인츠(Bellen, Heinz). "로마황제이념의 기독교화에 관하여—콘스탄티누스 황제에서 테오도시우스 황제까지." 「서양고대사연구」 제2권, 한국서양고대역사문화학회, 1994, 118-139.

부세, 빌헬름(Bousser, Wilhelm). 『퀴리오스 크리스토스』(Kyrios Christos), 진규선 역, 서울: 수완진, 2021.

불트만, 루돌프(Bultmann, Rudolf). 『기독교 초대교회 형성사: 서양고대 종교사상사』((Das) Urchristentum), 허혁 역, 서울: 이화여자대학교, 1994.

브룬트, P. A.(Brunt, P. A.). "로마의 노동과 노예제." 고대대학원 서양고대사연구실 편역, 『서양고전고대경제와 노예제』, 서울: 법문사, 1981, 76-99.

비난트 W. 클라센(Winand W. Klassen). 『서양 건축사』(History of Western architecture), 심우섭 · 조희철 역, 서울: 대우출판사, 1990.

샤프, 필립(Schaff, Philip). 『교회사 전집 2권—니케아 이전의 기독교』, 이길상 역, 경기: 크리스천다이제스트, 2005.

서동수. "고린도전서 9:19-23: 복음, 해석학, 선교, 문화에 대한 사도 바울의 이해." 「선교와 신학」 제30권, 장로회신학대학교, 2012, 215-241.

셀클레, K. H.(Schelkle, K. H.). 『신약성서 입문』((Das) Neuen Testament), 김영선 역, 왜관: 분도출판사, 1969.

송영목. "데살로니가전서의 반로마적 해석과 출이집트의 결합." 「신약논단」 제23권 제2호, 한국신약학회, 2016, 477-516.

쇼트, 에일워드(Shorter, Aylward). 『토착화 신학을 위하여: 토착화의 과거, 현재 그리고 미래』(Toward a theology of inculturation), 김준철 역, 가톨릭대학교, 2017.

스타크 로드니(Stark Rodney). 『기독교의 발흥: 사회과학자의 시선으로 탐색한 초기 기독교 성장의 요인』(*The Rise of Christianity: a sociologist reconsiders history*), 손현선 역, 서울: 좋은씨앗, 2016.

신민석. "기독교에 대한 초기 헬라-로마 지식층의 태도: 켈수스의 예수 비판을 중심으로." 「갱신과 부흥」 28호, 고신대학교, 2021, 73-89.

아타나시우스. 『안토니우스의 생애』(*The Life of St. Antony*), 김재현 · 전경미 편역, 서울: 키아츠, 2019.

악트마이어, 폴 J.(Actemier, Paul J.). 『현대성서 주석 로마서』(*Romans*), 김도현 역, 서울: 한국장로교출판사, 2003.

안병무. "순교자 개념의 어제와 오늘." 「기독교사상」 제17집, 대한기독교서회, 1973, 131-150.

안신영. "초기 기독교와 로마제국과의 관계―황제를 위한 기도를 중심으로." 호서대학교 박사학위논문, 2014.

안연희. "고대 디아스포라 종교 사례로 본 지구화 시대 종교성에 대한 전망." 「디아스포라 연구」 제25집, 전남대학교, 2019, 126-175.

안토니오 지를란다. 『신약성경 입문』 제1권, 성염 역, 서울: 성바오르딸수도회, 2009.

알란트 쿠르트(Aland Kurt). 『인물로 본 초대교회사』(*A History of Christianity: From the Beginnings to the Threshold of the Reformation*), 김성주 역, 서울: 도서출판 엠마오, 1992.

양승환. "콘스탄티누스 대제와 기독교." 「한국교회사학회지」 제52권, 한국교회사학회, 2019, 7-43.

앤드류, 밀러(Andrew, Miller). 『성경의 예언적 관점에서 본 교회사 1』(*Short Papers on Church History*), 정형모 역, 서울: 전도출판사, 2004.

염창선. "4세기 교회와 국가의 '교회정치적'(kirchenpolitisch) 차원." 「한국교회사」 제18집, 한국교회사학회, 2006, 97-118.

_____. "기독교와 고대후기 로마제국의 놀이문화: 구경거리(spectacula)를 중심으로." 「신학과 사회」 21세기기독교사회문화아카데미, 2022, 69-95.

오리게네스. 「요한복음 주석」 28 trad. E. Corsini, Torino, 1968.

오정환. "상호적 후견인-피후견인 관계와 바울의 기독론 이해: 빌레몬서를 중심으로." 「피어선 신학논단」 제12권 제2호, 평택신학교, 2023, 35-50.

요세푸스. 『유대고대사』 14-20권, 서울: 생명의 말씀사, 1987.

요세푸스. 『요세푸스 4: 요세푸스 자서전과 아피온 반박문』, 김지찬 역, 서울: 생명의말씀사, 2007.

워커, 윌리스턴(Walker, Williston). 『세계기독교회사』(*(A) History of the christian church*), 강근환 역, 서울: 대한기독교서회, 1994.

유세비우스, 팜필루스(Eusebius, Pamphilus). 『유세비우스의 교회사』(*(The) Ecclesiatical history of Eusebius Pamphilus*), 엄성옥 역, 서울: 도서출판 은성, 1990.

유스토 곤잘레스(Justo Gonzales), 『초대교회사』(*(The) story of christianity*), 서영일 역, 서울: 도서출판 은성, 1993.

유윤종. "유세비우스의 『연대기』와 『교회사』." 「서양사론」 제156권, 한국서양사학회, 2012, 313-351.

이근혁. "디오클레티아누스의 대이집트 과세정책과 이집트 기독교 공동체의 대응." 「서양고대사연구」 제43집, 한국서양사학회, 2015, 275-290.

이대섭. "고대 로마 사회의 노예제도와 기독교에 관한 연구." 「신학과 선교」 제9권, 서울신학대학교, 1984, 101-135.

이상규. "초대교회 문헌 안에 나타나는 「순교신학」(*Martyriologia*)." 「복음과 문화」 Vol. No. 6, 대전가톨릭대학교, 2005, 27-41.

이성배. "순교(殉敎)의 신학적 의의." 「신학전망」 제11집, 광주가톨릭대학교, 1970, 57-73.

이승호. "'안디옥 사건'과 바울의 선교." 「신약논단」 제20권 제1호, 한국신약학회, 2013, 161-193.

이승희. "콘스탄티누스 황제의 신앙과 종교정책(306-324년)." 「서양고대사연구」 제38집, 한국서양고대사문화학회, 2014, 103-147.

이은혜. "암브로시우스는 콘스탄티누스주의적 감독(Constantinian Bishop)인가?" 『장신논단』 제45집, 장로회신학대학교, 2013, 117-140.

이지은. "로마제정 초기의 황제숭배." 「서양고대사연구」 제25권, 한국서양고대역사문화학회, 2009, 220-264.

이천희. "기독교 공인으로 인한 초기 로마교회 세속화 연구." 온석대학교 박사학
　　위논문, 2020.

이쾌재. "기독교 박해의 제요인." 「사총」 제26권, 고려대학교 역사연구소, 1982,
　　57-127.

이형기. "로마제국의 박해에도 불구하고 확장되는 기독교(100-313)." 「기독교사
　　상」 제44집, 대한기독교서회, 2000, 123-130.

정기문. "로마제국 초기 디아스포라 유대인의 팽창 원인." 「전북사학」 제48호, 전
　　북사학회, 2016, 279-302.

_____. "플리니우스의 기독교 박해." 「전북사학」 제64권, 전북사학회, 2022.

정용석. "초대교부들의 하나님 나라 이해. 「대학과 선교」 제7집, 한국대학선교학
　　회, 2004, 125-148.

정용한. "교회건축을 위한 로마 가옥연구: 상가교회를 중심으로." 「신학논단」 제
　　74집, 연세대학교, 2013, 243-271.

제콥, 타우브스(Jacob, Taubes). 『바울의 정치학』((Die) politische Theologie des Paulus),
　　조효원 역, 서울: 그린비, 2012.

조남진, "초기 기독교의 노예관-AD 1-4세기를 중심으로." 「역사와 담론」 제8 · 9
　　합집, 호서사학회, 1980, 178-191.

_____. "초기 기독교의 노예제개념과 평등이념." 「사학회」 11월호, 단국사학회,
　　1982, 19-38.

조병수. "로마세계에서 초기 기독교의 가옥교회." Canon&Culture, 제3권 제2호,
　　한국신학정보연구원, 2009, 91-122.

조병하. "초대교회(1-2세기) 이단형성(의 역사)과 정통 확립에 대한 연구: 영지
　　주의를 중심으로." 「성경과 신학」 제72집, 한국복음주의신학회, 2014, 291-
　　323.

조인형. "콘스탄티누스 대제의 기독교로의 개종배경." 「서양고대사연구」 제4권,
　　한국서양고대사문화학회, 1996, 152-170.

_____. "유세비우스의 콘스탄티누스 대제관." 「서양고대사연구」 제13권, 한국서
　　양고대사문화학회, 2003, 91-138.

조현미. "로마 황제숭배의 기원과 성립."『로마제정사 연구』, 서울대학교, 2001,
　　369-398.

_____. "로마 황제숭배의 그리스적 전통과 전개 양상에 관한 검토."「서양사론」
　　제72권, 한국서양사학회, 2002, 5-26.

주승민. "콘스탄티누스 대제의 국가와 기독교 이해."「신학과 선교」제45집, 서울
　　신학대학교, 2014, 312-350.

지동식 편역. "로마제국의 기독교 사회."『로마제국과 기독교』, 서울: 한국신학연
　　구소, 1983.

질송, E.(Gilson, E.). "존재란 무엇인가?"「가톨릭신학과 사상」제18호, 가톨릭신
　　학사상회, 1996, 26-41.

차전환.『고대 노예제 사회: 로마 사회경제사』, 서울: 한울아카데미, 2016.

차정식.『대한기독교서회 창립 100주년 기념 성서주석 로마서 II』, 서울: 대한기
　　독교서회, 2008.

_____. "바울 선교의 정치·외교적 지형과 신학적 동역학."「한국기독교신학논
　　총」제62집, 한국기독교학회, 2009, 105-131.

최영실. "제국의 권력과 기독교인: 롬 13:1-7의 사회사적 편집사적 연구를 중심
　　으로."「신약논단」제16권 제1호, 한국신약학회, 2009, 117-138.

최종원.『초대교회사 다시 읽기: 민족과 인종의 경계를 초월한 공동체』, 서울: 홍
　　성사, 2018.

_____.『공의회 역사를 걷다: 사회사로 읽는 공의회』, 파주: 비아토르, 2020.

최창모. "이스라엘과 유대인 디아스포라의 관계 분석 연구."「디아스포라연구」
　　제10권 제2호, 2016, 4-19.

최혜영. "비잔틴 제국에서의 기독교 변질 현상."「부산장신논총」제1집, 부산장신
　　대학교, 2001, 38-59.

_____. "로마 시대 종교의 '승리 이데올로기.'"「복현사림」제26집, 경북사학회,
　　2003, 18-39.

_____. "예수 그리스도와 로마 황제숭배."「서양고대사연구」제19권, 한국서양고
　　대역사문화학회, 2006, 48-71.

_____. "로마 황제숭배와 기독교."「서양고대사연구」제19권, 한국서양고대역사

문화학회, 2006, 67-88.

_____. "로마 황제숭배와 유대-크리스트교와의 갈등." 「서양고대사연구」 제25권, 한국서양고대사문화학회, 2009, 225-267.

최혜영 등. "로마의 종교." 『로마 제정사 연구』, 서울대학교, 2000.

카이퍼, B. K.(Kuiper, B. K.). 『세계기독교회사』((The) Church in History), 김혜연 역, 서울: 성광문화사, 1985.

케어른스, 이얼 E.(Cairns, Earle E.). 『세계교회사(상)』(Christianity through the centuries), 엄성옥 역, 서울: 은성, 2010.

케이브, S.(Cave, S.). 『신약성서와 윤리문제』, 현영학 역, 서울: 대한기독교서회, 1960.

크로익스(Croix, G. E. M. de ste). "초기 기독교의 재산 및 노예제에 대한 태도." 지동식 편역, 『로마제국과 기독교』, 서울: 한국신학연구소, 1980, 231-261.

테이슨, 제드(Theissen, Gerd). "유대교와 기독교-바울에게서 시작된 두 종교의 분열에 대한 사회사적 고찰." 박정수 역, 「신약논단」 제13권 제4호, 한국신약학회, 2006, 1043-1060.

퓌스텔 드 콜랑주(Fustel, de Coulanges). 『고대도시: 그리스. 로마의 신앙, 법, 제도에 대한 연구』((La) Cite antique, etude sur le culte, le droit, les institutions de la Grece et de Rome), 김응종 역, 서울: 아카넷, 2000.

피츠마이어, 조셉 A.(Fitzmyer, Josehp A.). 『앵커 바이블 로마서』(Romans), 김병모 역, 서울: CLC, 2015.

하성수. "니사의 그레고리우스의 노예제도 이해." 「신학과 철학」 제16호, 서강대학교, 2010, 1-32.

하위징아, 요한(Huizinga, Johan). 『호모 루덴스』(A Study of the Play-Element of Culture), 이종인 역, 서울: 연암서가, 2020.

하이들러, 로버트 D. 『메시아닉교회-언약의 뿌리를 찾아서』((The) messianic church arising), 진현우 역, 과천: WLI Korea, 2008.

허현. "링컨과 노예제, 그리고 노예제 폐지론—링컨과 노예제 폐지론들과 관계를 중심으로." 「서양사론」 제154권, 한국서양사학회, 2022, 172-205.

헌터(Hunter). 『베드로전서』, 김철손 역, 유형기 편, 『성서주해』 IVP, 서울: 감리회

총리원 출판부, 196 .

헹엘, 마틴(Hengel, Martin). 『유대교와 헬레니즘-기원전 2세기 중반까지 팔레스타인을 중심으로 한 유대교와 헬레니즘의 만남 연구』(*Judentum und Hellenismus*), 박정수 역, 파주: 나남, 2012.

_____. 『십자가 처형』(*Mors turpissima crucis: Die Kreuzigung in der antiken Welt und die 'Torheit des Wortes vom Kreuz'*), 이영욱 역, 서울: 감은사, 2019.

현승종. 『로마법원론』, 서울: 일조각, 1977.

홀스레이, 리차드 A.(Horsley, Richard A.). 『바울과 로마제국: 로마제국주의 사회의 종교와 권력』(*Paul and empire: religion and power in Roman imperial society*), 홍성철 역, 서울: 기독교문서선교회, 2011.

홍순명. "초기 기독교 교회건축에서 로마 바실리카의 기독교회와 기독교 건축의 로마화에 관한 연구." 「한국실내디자인학회 논문집」 제22권 제6호, 한국실내디자인학회, 2013, 151-161.

홍익희. 『문명으로 읽는 종교이야기』, 서울: 행성B, 2019.

황훈식. "후기 로마제국의 축제문화와 기독교-암브로시우스 시대를 중심으로." 「신학과 선교」 제55집, 기독교신학연구소, 2019, 84-102.

Aylward, Shorter. *The Theology of Mission*. Notre Dame, Fides Publishers, 1972.

Barrett, C. K. ed. *The New Testament Background: Selected Documents*. New York: Harper & Row, 1961.

Baumann, Martin. "Diaspora: Genealogies of Semantics and Transcultural Composition." *Namen*, vol. 47, 2000, 315-336.

Berger, Peter L. *A Far Glory: 'The Quest for Faith in an Age of Credulity.'* New York: Anchor Books, 1992.

Bierstein, S. "A Reading under Appia's Critical Eyes", *Feminist Biblical Interpretation*, Luise Schottroff and Marie-Theres Wacker, eds. Lisa E. Dahil et al., trans. Grand Rapids: Wm. B. Eerdmans, 2012, 811-850.

Bispham, Edward. *From Asculum to Actium: The Municipalization of Italy from the Social War to Augustus*. Oxford University Press, 2007.

Brown, Peter. *Through the Eye of a Needle: Wealth, the Fall of Rome, and the Making of Christianity in the West, 350-550 AD*. Princeton: Princeton University Press, 2012.

Bull, N. J. *The Rise of the Church*. London: Heinemann, 1967.

Burkert, Walter. *Greece Religion: archaic and classical*. Cambridge, Mass.: Harvard University Press, 1985.

Cadoux, Cecil J. *The Early Church and the World*. Edinburgh: T. & T. Clark, 1955.

Cameron, Alan. *The last pagans of Rome*. New York: Oxford University Press, 2011.

Campbell, Brian. *The Roman and Their World*. New Haven: Yale University, 2015.

Carl Andresen. *Logos und Nomos: Die Polemik des Kelsos wider das Christentum*. Berlin: Walter de Gruyter, 1955.

Chadwick, Henry. *The Church in Ancient Society from Galilee to Gregory the Great*. London: Oxford University Press, 2003.

Collar, Anna. *Religious Networks in the Roman Empire*. Cambridge University Press, 2013.

Collins, John J. "What Is Hellenistic Judaism?" *Journal for the Study of Judaism* 53, 2022, 569-578.

Cotter, John. *The New Age and Syncretism, in the World and in the Church*. Long Prairie, Minn.: Neumann Press, 1990.

Crislip, Andrew T. *From Monastery to Hospital: Christian Monasticism & The Transformation of Health Care in Late Antiquity*. Ann Arbor: University of Michigan Press, 2005.

Croix, de Ste. "Why were the Early Christians Persecuted?" *Past & Present*, No. 26 Frend, Oxford University Press, Nov., 1963, 6-38.

Davidson, Ivor J. *The Birth of the Church: From Jesus to Constantine, AD 30-312*. Grand Rapids, Mich.: Baker Books, 2004.

Dodd, C. H. *Gospel and Law*. Cambridge: University Press, 1957.

Dowley, Tim. *Introduction to The History of Christianity*. Minneapolis: Fortress Press, 2002.

Drake, H. A. "Chapter One: Models of Christian Expansion." In Harris, William (ed.). *The Spread of Christianity in the First Four Centuries: Essays in Explanation*. Leiden: Brill, 2005.

_____. *The Impact of Constantine on Christianity.* Cambridge University Press, 2006.

Ferguson, E. *Background of Early Christianity.* Grand Rapids: W. B. Eerdman Publishing Company, 1993.

Frank, H. *Kingship and the Gods.* Chicago: The University of Chicago Press, 1978.

Garnsey, Peter and Richard Saller. *The Roman Empire: Economy, Society, and Culture.* Berkeley: University of California Press, 1987.

Geoffrey, Nathan. *The Family in Late Antiquity: The Rise of Christianity and the Endurance of Tradition* (reprinted). New York: Routledge, 2002.

Gruen, E. *Diaspora: Jews admist Greeks and Romans.* Harvard Univ, Press, 2002.

Hans, Jonas. *Gnostic Religion: The Message of the Alien God and the Beginnings of Christianity,* 3rd edition. Boston, Mass.: Beacon Press, 2001.

Hengel, Martin. *The Son of God: the origin of Christology and the history of Jewish-Hellenistic religion.* Philadelphia: Fortress Press, 1976.

Hölkeskamp, Karl-J. *Reconstructing the Roman Republic: An Ancient Political Culture and Modern Research.* Princeton University Press, 2010.

Hopkins, Keith. "Christian Number and Its Implications." *Journal of Early Christian Studies.* 6(2) 1998, 185-226.

Jeffers, J. S. *The greco-roman world of the new testament era: Exploring the background of early christianity.* Illinois: IVP Academic, 2009.

Jerome Carcopino. *Daily Life in Ancient Rome.* Harmondsworth: Pernguin Books, 1981.

Joachim Jeremias. *Jerusalem in the Time of Jesus.* London: SCM Press, 1967.

Jolowicz, H. F. *Historical Introduction to the Study of Roman Law.* Cambridge University Press, 1967.

Judge, E. A. Alanna Nobbs (ed.). *Jerusalem and Athens: Cultural Transformation in Late*

Antiquity. Tübingen: Mohr Siebeck, 2010.

Kulikowski, Michael. *The Tragedy of Empire: From Constantine to the Destruction of Roman Italy.* Cambridge, MA: The Belknap Press of Harvard University Press, 2019.

Kyle, Harper. From Shame to Sin: The Christian Transformation of Sexual Morality in Late Antiquity. Cambridge: Harvard University Press, 2013.

Lieu, Judith M. "The 'attraction of women' in/to early Judaism and Christianity: gender and the politics of conversion." *Journal for the Study of the New Testament.* 1(72) 1999, 5-22.

MacCulloch, Diarmaid. *A History of Christianity: The First Three Thousand Years.* London: Viking Press, Penguin Books. 2010.

MacMullen, Ramsay. "What Difference Did Christianity Make?" *Historia,* Vol. 35, No. 3, 1986, 322-343.

_____. *Christianizing the Roman Empire: (A.D. 100-400).* New Haven: Yale University Press, 1986.

Malcolm, Matthew R. *Paul and the Rhetoric of Reversal in 1 Corinthians: The Impact of Paul's Gospel on His Macro-Rhetoric.* Cambridge: Cambridge University Press, 2013.

McGuire, Meredith B. *Religion: The Social Context.* Belmont, Cal.: Wadsworth, Inc., 1981.

Meeks, Wayne A. "Christians on Love." *The Great Appeal.* PBS. Retrieved 7, April 1998, September 2021.

Mitchell, M.; Young, F. (eds.). *The Cambridge History of Christianity.* Vol. 1. Cambridge University Press. 2006.

Mommsen, Theodor. *The History of Rome* Vol. III. Illinois: The Free Press, 1961.

Neran, G. *The Epistle of Ignatius in Antioch.* Edited by T.W. Crafer. New York: The Macmillan Co., 1945.

Neusner, Jacob. "Judaism", in Sharma, Arvind(ed.), *Our Religions: The Seven World Religions Introduct by Preminent Scholars from Each Tradition.* New York:

HarperCollins, 1993, 291-356.

Novak, David M. "Constantine and the Senate: An Early Phase of the Christianization of the Roman Aristocracy." *Ancient Society*. 10, 1979, 271-310.

Nussbaum, Martha C. "Kant and Stoic Cosmopolitanism", in *The Journal of Political Philosophy*. Vol. 5, N. 1, 1997, 1-25.

Paget, James C. and Simon Gathercole. *Celus in His World: Philosophy, Polemic and Religion in the Second Century*. London: Cambridge University Press, 2021.

Peter, Brown. *Through the Eye of a Needle: Wealth, the Fall of Rome, and the Making of Christianity in the West, 350-550 AD*. Princeton: Princeton University Press, 2012.

Praet, Danny. "Explaining the Christianization of the Roman Empire. Older theories and recent developments." *A Journal on the Inheritance of Early and Medieval Christianity*. 23, 1993, 372-398.

Rodney, Stark. The Rise of Christianity: A Sociologist Reconsiders History. Princeton: Princeton University Press, 1996.

_____. "Reconstructing the Rise of Christianity: The Role of Women." *Sociology of Religion*. 56(3) 1995, 229-244.

Runciman, W. G. "The Diffusion of Christianity in the Third Century AD as a Case-Study in the Theory of Cultural Selection." *European Journal of Sociology*. 45(1), 2004, 3-21.

Salmon, Edward T. *A History of the Roman World from 30 BC. to AD 138*. London: 1959.

Salzman, Michel. *The Making of a Christian Aristocracy: Social and Religious Change in the Western Roman Empire*. Cambridge: Harvard University Press, 2002.

Sanneh, Lamin O. *Disciples of all nations: Pillars of world Christianity*. Oxford University Press, 2007.

Ščavinskas, Marius. "A Few Remarks on the so Called First Stage of Christianization of the Eastern Coast of the Baltic Region." *Tabularium Historiae*. II 2017, 57-

76.

Schäfer, P. *The History of the Jews in the Greco-Roman World.* London, 2003.

Schaff, Philip. *History of the Christian Church,* Vol. II. Grand Rapids: Wm. B. Eerdmans Publisher Co. 1959.

Schuddeboom, L. Feyo. "The Conversion of Temples in Rome." *Journal of Late Antiquity.* 10(1) Johns Hopkins University Press, 2017, 166-186.

Scullard, H. H. *Festivals and Ceremonie of the Roman Republic.* London: Thames and Hudson, 1981.

Setton, Kenneth M. *Great Problems in European Civilization.* New York: Prentice-Hall, 1966.

Steven C. Muir. "'Look how they love one another' Early Christian and Pagan Care for the sick and other charity." *Religious Rivalries in the Early Roman Empire and the Rise of Christianity.* Waterloo: Wilfrid Laurier University Press, 2006.

Stromberg, Peter G. *Language and Self-Transformation: A Study of the Christian Conversion Narrative.* Cambrdge University Press, 2008.

Tacitus. *The Annals,* trans. John Jackson, 5 vols. Havard University Press, 1970.

Trebilco, Paul Raymond. *Outsider Designations and Boundary Construction in the New Testament: Early Christian Communities and the Formation of Group Identity.* Cambridge: Cambridge University Press, 2017.

Vaage, Leif E. *Religious Rivalries in the Early Roman Empire and the Rise of Christianity.* Waterloo: Wilfrid Laurier University Press, 2006.

Wessel, Susan. *Passion and Compassion in Early Christianity.* Cambridge: Cambridge University Press. 2016.

Westermann, Cullmann, Oscar. *The Early Church.* London: SCM Press, 2012.

Wilken, Robert L. *Christians as the Romans Saw Them.* New Haven, CT: Yale University Press, 1984.

Wirt, S. E. *The Social Conscience of the Evangelical.* New York: Harper & Row, 1961.

Wright, N. T. *The Day the Revolution Began: Reconsidering the Meaning of Jesus's Crucifixion.* York: HarperOne, 2016.

초기 기독교의 세계

찾아보기

초기 기독교의 세계

초기 기독교의 세계

초기 기독교의 세계

초기 기독교의 세계

초기 기독교의 세계

Philip Schaff 222

R

R. A. Horsley 297, 303
R. C. H. Lenski 213
R. M. Grant 63
R. Thorton 121
Ramsay, MacMullen 367
Raymond Van Dam 356
Richard A. Horsley 68, 72
Roderic L. Mullen 8, 80
Rodney, Stark 365
Ronald F. Hock 24

S

S. Bierstein 207
S. Cave 213
Salzman, Michel 338
Samuel Dill 135
Scaarre, Chris 29
Schaff, Philip 83, 153
Stark, Rodney 339, 344
Susan, Wessel 369

T

T. M. Lindsay 373
T. W. Walibank 193
Tacitus 205–206, 255

Taubes, Jacob 288
Tertulianus 75, 143
Thedor Mommsen 205
Theissen, Gerd 289
Thomas W. Africa 314
Tim Dowley 95, 102, 106
Trebilco, Paul Raymond 357

V

Vaage, Lief E. 368

W

W. D. Davies 39
W. E. H. Lecky 363
W. G. Rinciman 336–337
W. H. C. Frend 256
Walter Burkert 182
Watts 5
Wayne A. Meeks 50
Wennhams, David 37
Wiliston, Walker 322
Wilken, Robert Louis 91, 315
Willam Barclay 22
Woodhead, Linda 62

Y

Yaakov Y. Teppler 36

저자 박아청(朴雅晴) acp@kmu.ac.kr
계명대학교 사범대학 교육학과(B.A.)
연세대학교 대학원 교육학과 문학석사(M.A.)
오사카대학(大阪大學, Osaka University)
인간과학부 대학원 학술박사(Ph.D.)
미주리-캔자스시티대(UMKC) 사범대 연구교수
계명대학교 사범대학장, 교육대학원장
한국교육심리학회 회장, 한국교육학회 감사
(현) 계명대학교 사범대학 교육학과 명예교수

저 서
『자기의식세계의 탐색』(교육과학사)
『인간과 교육』(교육과학사)
『정체감 연구의 과제와 전망』(학지사)
『아이덴티티의 탐색』(정민사)
『성격심리학: 성격과 인간이해』(교육과학사)
『정체성이론에서 본 예수와 기독교』(계명대출판부)
『교육학의 원조: 구약성경』(교육과학사)
『예수교육학의 세계화』(교육과학사)
『프로데우스적 인간 바울』(기독교 문서선교회)
『성경의 교육사상사』(계명대출판부)
『초대교회의 기원과 본질』(기독교문서선교회)
『초대교회 신도들의 사생관』(기독교문서 선교회)
『바이블, 교육학으로 읽다』(기독교문서선교회)
『초대교회 리더들이 그토록 꿈꿨던 교회』(기독교문서선교회) 등 다수

초기 기독교의 세계
−초대교회의 발흥, 확장 및 세속화

초판인쇄 2024년 09월 13일
초판발행 2024년 09월 13일

지은이 박아청
펴낸이 채종준
펴낸곳 한국학술정보(주)
주 소 경기도 파주시 회동길 230(문발동)
전 화 031-908-3181(대표)
팩 스 031-908-3189
홈페이지 http://ebook.kstudy.com
E-mail 출판사업부 publish@kstudy.com
등 록 제일산−115호(2000. 6. 19)

ISBN 979-11-7217-545-0 93230